Das sogenannte Supervermächtnis

Forum Unternehmens-, Steuer- und Bilanzrecht

Deutsche, europäische und internationale Rechtsfragen
Herausgegeben von Oliver Fehrenbacher / Michael Stöber

Band 31

Matthias Balkenhol

Das sogenannte Supervermächtnis

Zivil- und steuerrechtliche Probleme

PETER LANG

Berlin - Bruxelles - Chennai - Lausanne - New York - Oxford

Bibliografische Information der Deutschen Nationalbibliothek
Die Deutsche Nationalbibliothek verzeichnet diese Publikation in der Deutschen Nationalbibliografie; detaillierte bibliografische Daten sind im Internet über http://dnb.d-nb.de abrufbar.

Zugl.: Fürstentum Liechtenstein, Univ., Diss., 2024

ISSN 2366-293X
ISBN 978-3-631-92130-2 (Print)
E-ISBN 978-3-631-92133-3 (E-PDF)
E-ISBN 978-3-631-92134-0 (E-PUB)
10.3726/b21971

Verlegt durch:
Peter Lang GmbH, Berlin, Deutschland

info@peterlang.com www.peterlang.com

Diese Publikation wurde begutachtet.

Inhaltsverzeichnis

Einleitung

I. Die Entstehung des sogenannten Supervermächtnisses

Die regelmäßig als *Berliner Testament* bezeichnete Erbeinsetzung des länger lebenden Ehegatten bzw. eingetragenen Lebenspartners mit gleichzeitiger Schlusserbeinsetzung des gemeinsamen Kindes oder der gemeinsamen Kinder erfreut sich nach wie vor großer Beliebtheit. Laut einer Studie des Institutes für Demoskopie Allensbach haben in Deutschland im Jahr 2018 insgesamt 39 % der potenziellen Erblasser bereits ein Testament gemacht. 65 % der potenziellen Erblasser, die ein Testament errichtet haben, haben ein gemeinsames Testament mit dem Partner errichtet. 59 % der potenziellen Erblasser, die ein Testament errichtet haben, haben bestimmt, dass der Ehegatte zunächst alles erbt.[1]

Dabei haben sich die auf der Interessenlage eines testierenden Paares beruhenden Gesichtspunkte für das Berliner Testament in den letzten hundert Jahren noch verstärkt.[2]

Während die durchschnittliche Lebenserwartung in den Jahren 1910/1911 für Frauen 50,7 Jahre und für Männer 47,4 Jahre betrug, lag sie in den Jahren 2019 bis 2021 für Frauen bei 83,4 Jahren und bei Männern bei 78,5 Jahren.[3] Diese starke Zunahme der durchschnittlichen Lebenserwartung hat dazu geführt, dass durch eine Vererbung an Kinder das Vermögen regelmäßig nicht von der älteren auf die jüngere Generation übergeht, sondern von sehr alten Personen auf solche, die regelmäßig schon älter als 50 Jahre sind.[4]

Mit zunehmendem Alter wird auch das Bedürfnis des Längerlebenden größer, das wesentliche Vermögen des Paares für den eigenen Lebensunterhalt zur Verfügung zu haben.[5] Zudem führen ein relativ frühes Heiratsalter und ein Familienzyklus von 20 bis 30 Jahren bei steigender Lebenserwartung dazu, dass die Ehegattengemeinschaft mit dem Fortgang des jüngsten Kindes eine Alterssolidität hervorbringt, die sich in dem erbrechtlichen Verfügungsverhalten

---

1 Deutsche Bank, Erben und Vererben, S. 43.

2 *Kanzleiter*, ZEV 2014, S. 225 (226).

3 www.statista.com/statistik/daten/studie/185394/umfrage/entwicklung-der-lebenserwartung-nach-geschlecht/.

4 *Kanzleiter*, ZEV 2014, S. 225 (226); *Werner*, NWB-EV vom 01.07.2020, S. 222 (223).

5 *Kanzleiter*, ZEV 2014, S. 225 (226).

spiegelt, nämlich in der Erbeinsetzung der Ehegatten zu Vollerben und gegebenenfalls der Einsetzung der Abkömmlinge zu Schlusserben.[6]

Die Alleinerbeinsetzung des länger lebenden Ehegatten bzw. Lebenspartners hat aber den Nachteil, dass für die Kinder oder Enkelkinder der ihnen zustehende steuerliche Freibetrag bei der Erbschaftssteuer verloren geht.[7]

Aus diesem Grund war die Kautelarjurisprudenz bereits vor der Erbschaftsteuerreform im Jahr 1974 bemüht, Lösungen zu finden, die einen Erhalt der Freibeträge nach dem Tod des Erstversterbenden ermöglichten.[8] Einer empirischen Untersuchung des Emnid-Institutes aus den Jahren 1970/1971 zufolge sollen zum damaligen Zeitpunkt drei von vier letztwilligen Verfügungen in der Form des Berliner Testaments abgefasst worden sein.[9]

Das BVerfG hat am 22.02.1995 zur Erbschaftssteuer entschieden hat, dass es mit Art. 3 Abs. 1 GG unvereinbar ist, bei der Erbschaftsteuer als Bemessungsgrundlage für Grundbesitz die zuletzt zum 01.01.1964 festgestellten Einheitswerte heranzuziehen, während für Kapitalvermögen Gegenwartswerte maßgebend waren.[10] Mit dieser Entscheidung hat das BVerfG dem Gesetzgeber aufgegeben, mit Wirkung zum 01.01.1996 eine Belastungsgleichheit herzustellen. Diese Vorgabe hat der Gesetzgeber durch das Jahressteuergesetz 1997[11] umgesetzt, womit nach § 137 BewG ein vierter Abschnitt eingefügt wurde, mit dem Vorschriften für die Bewertung von Grundbesitz für die Erbschaftsteuer erlassen wurden, die sich nicht mehr am Einheitswert, sondern vielmehr am Verkehrswert orientieren.[12]

Nachdem mit der Erbschaftsteuerreform nach dem Gesetz vom 27.02.1997[13] zwar die Freibeträge der Kinder von bislang 90.000 DM auf sodann 400.000 DM angehoben wurden, gleichzeitig aber für den Grundbesitz nicht mehr die Einheitswerte, sondern die Verkehrswerte Bemessungsgrundlage waren, stand zu erwarten, dass es schon bei mittleren Vermögen zu empfindlichen Steuerbelastungen kommt, wenn die Freibeträge nicht ausgenutzt werden.[14] Die Auswirkungen der Erbschaftsteuerreform wurden von *Martin Bühler* anhand von

6 *J. Mayer*, ZEV 1998, S. 50; *Zawar*, NJW 1988, S. 16.
7 *Schmidt*, BWNotZ 1998, S. 97.
8 Vgl. z. B. *Keller*, BWNotZ 1970, S. 49–54.
9 *Stöcker*, FamRZ 1971, S. 609 (612).
10 BVerfG, Beschluss vom 22.06.1995, Az.: 2 BvR 552/91, BVerfGE 93, S. 165–179.
11 BGBl. Jahrgang 1996 Teil I, S. 2049.
12 *Bühler*, BB 1997, S. 551.
13 BGBl. Jahrgang 1997 Teil, S. 378.
14 *Schmidt*, BWNotZ 1998, S. 97.

zahlreichen Beispielen anschaulich dargestellt.[15] *Bühler* gelangte zu dem Ergebnis, dass bei einer fühlbaren Erbschaftsteuerbelastung vom Berliner Testament Abschied genommen werden müsse.[16] Von *Jörg Mayer* wurde die Frage aufgeworfen, ob das Berliner Testament nunmehr wegen zu hoher Erbschaftsteuerbelastung ein Auslaufmodell sei.[17]

Im Rahmen der aufgrund der Erbschaftsteuerreform entstandenen Diskussion über Lösungen, die einen Erhalt der Freibeträge nach dem Tod des Erstversterbenden auch dann ermöglichen, wenn der Längerlebende zunächst über das gesamte beiderseitige Vermögen verfügen können sollte, schlug *Siegfried Schmidt* neben anderen Gestaltungen vor, ein kombiniertes Bestimmungs- und Zweckvermächtnis auszusetzen, dessen Zweck es ist, den von der Erbfolge ausgeschlossenen Abkömmlingen als Ersatz für ihren Ausschluss von der Erbfolge eine Abfindung zu gewähren und hierdurch ihre Erbschaftsteuerfreibeträge ganz oder teilweise auszuschöpfen. Die Befugnis, unter den Benannten auszuwählen und unter den Auserwählten zu bestimmen, was jeder erhalten solle, sollte dem Längerlebenden als mit dem Vermächtnis oder den Vermächtnissen Beschwerten zustehen.[18]

Dieser Vorschlag wurde von *Gerrit Langenfeld* im Rahmen seinen Vortrages zum Ehegattentestament auf der ZEV-Jahrestagung 1999/2000 aufgegriffen und neben anderen Vorschlägen zur Abmilderung erbschaftsteuerlicher Nachteile des Berliner Testaments als weitaus interessantester Gestaltungsvorschlag sowie als ***Supervermächtnis*** bezeichnet.[19]

Diese von *Langenfeld* erschaffene Bezeichnung hat sich in der Literatur zwischenzeitlich für ein kombiniertes Bestimmungs- und Zweckvermächtnis mit dem Zweck, die Ausnutzung erbschaftsteuerlicher Freibeträge zu ermöglichen, durchgesetzt.

Der als Supervermächtnis bezeichnete Vorschlag von *Schmidt* ist bis heute Gegenstand zahlreicher Diskussionen in der Literatur. Teilweise ist das sogenannte Supervermächtnis dabei als überkonstruiert[20] bzw. nicht empfehlenswert[21] beurteilt worden. Teilweise ist das sogenannte Supervermächtnis aufgegriffen und mit eigenen Gestaltungsvorschlägen ergänzt oder modifiziert worden.[22]

---

15 *Bühler*, BB 1997, S. 551 (554–557).
16 *Bühler*, BB 1997, S. 551 (557).
17 *J. Mayer*, ZEV 1998, S. 50–62.
18 *Schmidt*, BWNotZ 1998, S. 97 (99–101).
19 *Langenfeld*, Das Ehegattentestament, Ziff. 4.4.1.
20 *Kanzleiter*, FS Brambring, S. 225 (234).
21 *Kanzleiter*, ZEV 2014, S. 225.
22 Vgl. hierzu KAPITEL 2.

II. Aufgabenstellung und Gang der Untersuchung

Dem zuvor beschriebenen sogenannten Supervermächtnis widmet sich diese Untersuchung.

Seit seiner erstmaligen Erwähnung ist das sogenannte Supervermächtnis sowohl in zivilrechtlicher als auch in steuerrechtlicher Hinsicht auf zahlreiche Kritik mit jeweils sehr unterschiedlichen Begründungen gestoßen. Dabei herrscht in der Literatur mit wenigen Gegenstimmen die zutreffende Auffassung, dass das sogenannte Supervermächtnis in seinem Kern grundsätzlich funktioniert, aber mit zahlreichen Problemen behaftet ist.

Da das sogenannte Supervermächtnis als Korrektiv zum Berliner Testament konzipiert ist, beschäftigt sich diese Untersuchung in KAPITEL 1 zunächst mit dem Berliner Testament und dessen Vor- und Nachteilen. Aufbauend hierauf folgt in KAPITEL 2 eine umfassende Darstellung des Ursprungs und der seit der ersten Erwähnung entwickelten Formen des sogenannten Supervermächtnisses.

Im Anschluss hieran werden die einzelnen Elemente des als Supervermächtnis bezeichneten kombinierten Bestimmungs- und Zweckvermächtnis untersucht. KAPITEL 3 beschäftigt sich mit den einzelnen Voraussetzungen der das Bestimmungsvermächtnis normierenden Vorschrift des § 2151 BGB. Anschließend werden in KAPITEL 4 die einzelnen Voraussetzungen des zweiten Teils des sogenannten Supervermächtnisses – des Zweckvermächtnisses gemäß § 2156 BGB – untersucht.

Die für das sogenannte Supervermächtnis neben dem von *Schmidt* ursprünglich vorgeschlagenen Zweck, den von der Erbfolge ausgeschlossenen Abkömmlingen eine Abfindung zu gewähren und hierdurch ihre Erbschaftsteuerfreibeträge auszunutzen, zwischenzeitlich vorgeschlagenen zahlreichen weiteren Zwecke werden sodann in KAPITEL 5 auf ihre zivilrechtliche Zulässigkeit hin untersucht.

Im Anschluss an die mit KAPITEL 5 abgeschlossene zivilrechtliche Untersuchung des sogenannten Supervermächtnisses folgt in KAPITEL 6 eine Untersuchung der im Zusammenhang mit dem sogenannten Supervermächtnis stehenden erbschaftsteuerlichen Probleme und der Auswirkungen auf die einzelnen Gestaltungsvarianten des sogenannten Supervermächtnisses.

Bevor in KAPITEL 8 abschließend die ertragsteuerlichen Konsequenzen des sogenannten Supervermächtnisse betrachtet werden, erfolgt in KAPITEL 7 eine umfassende Untersuchung zur steuerlichen Beachtung unwirksamer Vermächtnisse gemäß § 41 AO sowie eine Untersuchung zur Vereinbarkeit der

Zwecke des sogenannten Supervermächtnisses mit dem Missbrauch steuerlicher Gestaltungsmöglichkeiten gemäß § 42 AO.

Nach der Zusammenfassung der getroffenen Feststellungen werden anschließend an die Untersuchung Alternativen zu dem sogenannten Supervermächtnis aufgezeigt sowie eigene Vorschläge zur Gestaltung des sogenannten Supervermächtnisses und der genannten Alternativen präsentiert.

Kapitel 1 Das Berliner Testament

I. Begriff

Welche Art eines gemeinschaftlichen Testaments begrifflich als Berliner Testament zu bezeichnen ist, ist umstritten. Einigkeit besteht jedoch dahingehend, dass unter einem Berliner Testament ein gemeinschaftliches Testament im Sinne des § 2265 BGB zu verstehen ist, in dem sich Ehegatten oder Lebenspartner gegenseitig und einen oder mehrere Dritte zu Erben des Längerlebenden einsetzen.[23] Ein gemeinschaftliches Testament kann gemäß § 2265 BGB lediglich von Ehegatten und gemäß § 10 Abs. 4 LPartG in entsprechender Anwendung des § 2265 BGB von eingetragenen Lebenspartnern errichtet werden.

Zahlreiche Autoren bezeichnen nur diejenigen Testamente, die der sogenannten Einheitslösung und damit der Auslegung des § 2269 I BGB folgen, als Berliner Testament.[24] Nach anderer Auffassung ist die Bezeichnung unabhängig davon, welcher „Lösung" bzw. welchem „Prinzip" das Testament folgt, als Oberbegriff des klassischen Ehegattentestamentes zu verstehen.[25] Wenn Ehegatten bzw. Lebenspartner sich gegenseitig und einen Dritten zum Erben des Längerlebenden einsetzen, soll nach der zuletzt genannten Auffassung durch Auslegung ermittelt werden, was die beiden Erblasser damit gewollt haben. Hierbei sollen zwei Möglichkeiten denkbar sein; entweder das Trennungsprinzip bzw. die Trennungslösung (1.) oder das Einheitsprinzip bzw. die Einheitslösung (2.).[26]

1. Trennungsprinzip

Nach dem Trennungsprinzip wird der überlebende Ehegatte bzw. Lebenspartner Vorerbe. Mit dem Tod des Letztversterbenden tritt der Nacherbfall ein und derjenige, der nach dem Tod des Letztversterbenden als Erbe benannt ist, wird Nacherbe in Bezug auf den Nachlass des Erstversterbenden und Vollerbe in Bezug auf den Nachlass des Letztversterbenden.[27] Da zwei rechtlich

---

23 *Brox/Walker*, § 15, Rn. 12; *Sticherling*, JuS 2002, 1248.

24 Z. B. *Grüneberg/Weidlich*, § 2269, Rn. 1; *Kipp/Coing*, § 79 VI.1.; *Lange/Kuchinke*, § 24 IV.1.; *Langenfeld*, JuS 2002, 351; *RGRK/Johannsen*, § 2269, Rn. 12; *Soergel/Wolf*, § 2269, Rn. 4; *Staudinger/Kanzleiter*, § 2269, Rn. 4.

25 *Brox/Walker*, § 15, Rn. 12; *Sticherling*, JuS 2002, S. 1248.

26 *Brox/Walker*, § 15, Rn. 12.

27 *Kipp/Coing*, § 79 III.1.; *Lange/Kuchinke*, § 24 IV.1.; *MüKoBGB/Musielak*, § 2269, Rn. 2.

voneinander getrennte Vermögensmassen bestehen, spricht man von dem Trennungsprinzip oder der Trennungslösung.[28]

2. Einheitsprinzip

Nach dem Einheitsprinzip wird der überlebende Ehegatte Vollerbe des Erstversterbenden und derjenige, der nach dem Tod des Letztversterbenden als Erbe eingesetzt ist, erbt das Vermögen des Letztversterbenden, in dem auch das Vermögen des Erstversterbenden enthalten ist. Da das Vermögen des Erstversterbenden bei dessen Tod mit dem Vermögen des länger lebenden Ehegatten rechtlich zu einer Einheit verschmilzt, spricht man von dem Einheitsprinzip oder der Einheitslösung.[29]

3. Stellungnahme

Ob nur ein Testament, das der Einheitslösung folgt, als Berliner Testament zu bezeichnen ist oder der Begriff auch in einem anderen Sinn aufgefasst werden kann, ist für die vorliegende Untersuchung ohne Bedeutung. Die Kritik derjenigen Autoren, die nicht der Auffassung sind, dass der Begriff lediglich für solche Testamente reserviert ist, die der sogenannten Einheitslösung folgen, ist grundsätzlich berechtigt. Das Allgemeine Landrecht für die preußischen Staaten von 1794 – und damit das für Berlin vor Inkrafttreten des BGB maßgebliche Recht – enthielt keine dem § 2269 BGB entsprechende Auslegungsregel. Vielmehr setzte sich in der preußischen Gerichtspraxis Mitte des 19. Jahrhunderts die Konstruktion der Trennungslösung durch.[30] Der Begriff „Berliner Testament“ wurde durch die 10. Auflage des Koch'schen Formularbuchs, das ab der 9. Auflage von *Hermann Jastrow* bearbeitet wurde, erstmals geprägt.[31] In einer Fußnote zu einem Testamentsmuster, das der Trennungslösung entsprach, führte *Jastrow* aus, dass die Bestimmungen das Muster eines sogenannten Berliner Testaments sind, das seinen Namen durch die besonders häufige Anwendung in Berlin trage.[32] In der 12. Auflage des Formularbuchs von *Koch/Jastrow* – der ersten, die nach dem Inkrafttreten des BGB erschien – wurde

28 *Kipp/Coing*, § 79 III.1 *(Trennungsprinzip)*; *Lange*, Kap. 4, § 16, Rn. 99; *MüKoBGB/Musielak*, § 2269, Rn. 2 *(Trennungslösung)*.

29 *Kipp/Coing*, § 79 III.2 *(Einheitsprinzip)*; *Lange*, Kap. 4, § 16, Rn. 100; *MüKoBGB/Musielak*, § 2269, Rn. 2 *(Einheitslösung)*.

30 *Sticherling*, JuS 2002, 1248.

31 *Carlebach*, DNotV 1912, S. 490 (492); *Scheuren-Brandes*, Jura 2002, S. 734 (735).

32 *Carlebach*, DNotV 1912, S. 490 (492).

das Formularmuster bereits in der Überschrift als Berliner Testament bezeichnet. Dabei wurde in der gegenüber der 10. Auflage abgeänderten Fassung des Formularmusters ausdrücklich bestimmt, dass der Überlebende Vorerbe des Erstversterbenden und die Kinder Nacherben sein sollen.[33] Auch hier wurde somit ein Testament, das der Trennungslösung folgt, als Berliner Testament bezeichnet.

Nach dem Inkrafttreten des BGB und aus dem aus der Rechtsänderung resultierenden Bedürfnis der Errichtung neuer Testamente bildete sich dann vielfach der technische Ausdruck *Berliner Testament* für ein solches Testament aus, das dem Längerlebenden die Stellung eines Vollerben einräumt.[34] Dies entspricht heute dem überwiegenden juristischen Sprachgebrauch.[35]

Ob dieser überwiegende juristische Sprachgebrauch den Begriff des Berliner Testamentes zutreffend definiert oder der Begriff auch berechtigterweise ein Testament definieren kann, das der Trennungslösung folgt, kann dahingestellt bleiben. Denn es ist müßig, über Begriffe zu streiten, worauf *Musielak* zu Recht hinweist.[36]

Sämtliche Vorschläge zu dem sogenannten Supervermächtnis basieren auf einem gemeinschaftlichen Testament von Ehegatten bzw. eingetragenen Lebenspartnern, das der Einheitslösung folgt und als Berliner Testament betitelt wird.[37]

Soweit im Folgenden der Begriff *Berliner Testament* verwendet wird, ist damit dem heutigen überwiegenden Sprachgebrauch entsprechend ein gemeinschaftliches Testament von Ehegatten oder eingetragenen Lebenspartnern gemeint, das der Einheitslösung folgt.

---

33 *Carlebach*, DNotV 1912, S. 490 (492).

34 *Carlebach*, DNotV 1912, S. 490 (497).

35 *MüKoBGB/Musielak*, § 2269, Rn. 11.

36 *MüKoBGB/Musielak*, § 2269, Rn. 11.

37 *Beckervordersandfort/Bock*, ZErb 2020, S. 117 (120); *Ebeling*, ZEV 2000, S. 87; *Evertz*, Zerb 2004, S. 373; *Holler*, ErbR 2015, S. 495 (496); *Kanzleiter*, ZEV 2014, S. 225; *Keim*, ZEV 2016, S. 6 (7); *Lange*, Kap. 6, § 28, Rn. 123a; *Langenfeld*, JuS 2002, S. 351; *Lorz/Kirchdörfer*, Kap. 5, Rn. 80; *J. Mayer*, DStR 2004, S. 1409 (1412); *von Oertzen/Lindermann*, ZEV 2020, S. 144; *Roth/Holtz/Klose/Holtz*, § 66, Rn. 142; *Siebert*, EE 2007, S. 194; *Wachter*, ErbR 2019, S. 621 (622); *Werner*, NWB, S. 222.

II. Vorteile

Leben die Ehegatten bzw. eingetragene Lebenspartner im gesetzlichen Güterstand gemäß § 1363 BGB, ist der Längerlebende nach § 1931 Abs. 1 BGB neben den Erben der ersten Ordnung zu einem Viertel des Nachlasses als Erbe berufen. Zusätzlich wird seine Grundquote gemäß § 1371 Abs. 1 BGB um ein Viertel erhöht. Haben die Ehegatten bzw. eingetragenen Lebenspartner Gütertrennung gemäß § 1414 BGB vereinbart, ist der Ehegatte bzw. Lebenspartner nach § 1931 Abs. 4 BGB neben einem Kind zur Hälfte, neben zwei Kindern zu einem Drittel und neben drei und mehr Kindern gemäß § 1931 Abs. 1 BGB zu einem Viertel als Erbe berufen. Neben Verwandten der zweiten Ordnung oder neben Großeltern erhält der Ehegatte bzw. Lebenspartner die Hälfte der Erbschaft zuzüglich der Erhöhung um ein Viertel gemäß § 1931 Abs. 1 BGB, soweit gesetzlicher Güterstand besteht. Die gesamte Erbschaft erhält der Ehegatte nach den Regeln über die gesetzliche Erbfolge gemäß § 1931 Abs. 2 BGB nur dann, wenn weder Verwandte der ersten oder der zweiten Ordnung noch Großeltern vorhanden sind.

Diese gesetzliche Regelung entspricht vielfach nicht dem Wunsch und auch nicht dem Versorgungsbedürfnis der Ehegatten bzw. eingetragenen Lebenspartner.

Hauptmotivation der Ehegatten bzw. eingetragenen Lebenspartner bei der Nachfolgeplanung ist regelmäßig die bestmögliche wirtschaftliche Absicherung des Längerlebenden. Der Längerlebende soll, solange er lebt, das gemeinschaftlich erworbene Vermögen für seine Zwecke frei verwenden können.[38] Die Versorgung des Längerlebenden ist das Primärziel der Ehegatten bzw. Lebenspartner, die Erhaltung des Vermögens für die Abkömmlinge lediglich das Sekundärziel. Die Abkömmlinge sollen das erhalten, was übrig bleibt.[39] Vielfach ist eine Regelung, die dem Längerlebenden die freie Verfügungsgewalt sichert, aus Sicht der letztwillig Verfügenden auch deswegen notwendig, um die Nutzung des Familienheimes für den Längerlebenden sicherzustellen, wenn dieses das wesentliche beiderseitige Vermögen darstellt.

Durch das Berliner Testament lassen sich diese Ziele erreichen. Mit dem Berliner Testament wird abweichend von der gesetzlichen Erbfolge bestimmt, dass der Überlebende Alleinerbe des Erstversterbenden wird. Damit bleibt dem länger lebenden Ehegatten bzw. Lebenspartner die weiterhin freie Verfügungsgewalt über das gemeinsame Vermögen erhalten. Derjenige, der nach dem Tod

---

38 *Holler*, ErbR 2015, S. 495.

39 *Langenfeld*, JuS 2002, S. 351.

des Letztversterbenden als Schlusserbe eingesetzt wird – meist die gemeinsamen Kinder –, erhält das, was bis zum Tod des Letztversterbenden noch vorhanden ist. Das Berliner Testament bietet somit Ehegatten oder eingetragenen Lebenspartnern, die nicht ohnehin gemäß § 1931 Abs. 2 BGB die ganze Erbschaft erhalten, den Vorteil, dass der Längerlebende weiterhin allein frei über das beiderseitige Vermögen der Ehegatten verfügen kann.

III. Nachteile

Das Bestreben der Ehegatten bzw. Lebenspartner, bis zum Tod des Letztversterbenden die freie Verfügungsgewalt über das gemeinsame Vermögen zu erhalten, ist jedoch sowohl mit zivilrechtlichen (1.) als auch erbschaftsteuerlichen Nachteilen (2.) verbunden.

1. Zivilrechtliche Nachteile

Ein möglicher zivilrechtlicher Nachteil ergibt sich aus dem Pflichtteilsrecht. Sind Abkömmlinge oder Eltern des Erblassers vorhanden, löst das Berliner Testament im ersten Erbfall gemäß § 2302 BGB Pflichtteilsansprüche in Höhe der Hälfte des gesetzlichen Erbteiles aus. Die Möglichkeit der Geltendmachung von Pflichtteilsansprüchen durch einen Pflichtteilsberechtigten kann vor dem ersten Erbfall nur dadurch vermieden werden, dass dieser selbst gemäß § 2346 Abs. 2 BGB auf den Pflichtteil verzichtet. Der Verzichtsvertrag bedarf gemäß § 2348 BGB der notariellen Beurkundung.

Ein weiterer Nachteil kann für Ehegatten oder eingetragene Lebenspartner mit Kindern darin bestehen, dass beim Tod des Erstversterbenden gemeinsame Kinder noch minderjährig sind. In diesem Fall steht die elterliche Sorge gemäß § 1680 Abs. 1 BGB dem länger lebenden Elternteil zu. Der Längerlebende ist gemäß §§ 1629 Abs. 2 S. 1, 1824 Abs. 2 und 181 BGB von der Vertretung des Kindes bei Vereinbarungen über den Pflichtteil ausgeschlossen. *Rainer Kanzleiter* weist aber zu Recht darauf hin, dass sich dieser Nachteil in der Regel nicht auswirkt. Dass das Familiengericht dem länger lebenden Ehegatten gemäß §§ 1629 Abs. 2 S. 3, 1789 Abs. 2 S. 3 und 4 BGB die Vertretungsmacht zur Geltendmachung des Pflichtteils entzieht und einem Pfleger überträgt, ist deswegen praktisch ausgeschlossen, weil bei der Entscheidung über die Entziehung auch der Gesichtspunkt des Familienfriedens zu berücksichtigen ist.[40] Der

40 *Kanzleiter*, ZEV 2014, S. 225 (227).

Gesichtspunkt des Familienfriedens spricht dafür, Ansprüche gegen den allein sorgeberechtigten Elternteil nicht geltend zu machen.[41]

Als Nachteil genannt wird sodann die Bindung des Längerlebenden an die für seinen Tod getroffenen Anordnungen, die dazu führen können, dass der Längerlebende seine Beerbung nicht mehr angemessen an veränderte Umstände anpassen kann.[42] Eine Bindung des Längerlebenden an die gemeinsamen letztwilligen Verfügungen tritt grundsätzlich für wechselbezügliche Verfügungen im Sinne des § 2270 BGB gemäß § 2271 Abs. 1 BGB mit dem Tod des Erstversterbenden ein, soweit der Überlebende nicht das ihm Zugewendete ausschlägt. Ausnahmen hiervon bestehen nach der Annahme gemäß § 2271 Abs. 2 S. 2 BGB nach Maßgabe der §§ 2294, 2336 BGB.

Diese Rechtsfolge ist jedoch nicht immer ein Nachteil. Wenn Ehegatten bzw. eingetragene Lebenspartner den Wunsch haben, dass nach ihrem Tod als Erstversterbende gerade lediglich die von beiden gewählten Schlusserben das gemeinschaftliche Vermögen erhalten sollen, dann ist die gesetzliche Folge des § 2271 Abs. 1 BGB als Vorteil und nicht als Nachteil anzusehen. Nur dann, wenn es dem Wunsch der Ehegatten bzw. Lebenspartner entspricht, dass der Längerlebende völlig frei in Bezug auf die – auch letztwillige – Verfügung über das gemeinsame Vermögen sein soll, ist diese Rechtsfolge als Nachteil zu bewerten. Dieser Nachteil tritt aber nicht zwangsläufig ein, denn die letztwillig Verfügenden können dem Längerlebenden mit der letztwilligen Verfügung ein freies Widerrufsrecht einräumen.[43]

2. Erbschaftsteuerliche Nachteile

In erbschaftsteuerlicher Hinsicht kann das Berliner Testament nachteilig sein, wenn die Freibeträge gemäß § 16 ErbStG überschritten werden, und zwar in doppelter Hinsicht.

Erstens unterliegt das Vermögen des Erstversterbenden – soweit es nicht vom Längerlebenden verbraucht wird – zweimal der Steuerpflicht: das erste Mal beim Erwerb durch den Längerlebenden und das zweite Mal beim Erwerb durch den Schlusserben. Die Freibeträge der Kinder oder Enkelkinder oder auch der sonstigen Personen, die als Schlusserben eingesetzt werden, bleiben nach dem Tod des Erstversterbenden ungenutzt.

---

41 *BayObLG*, FamRZ 1963, 578 (579); *Kanzleiter*, ZEV 2014, S. 225 (227).

42 *Kanzleiter*, ZEV 214, S. 225 (226).

43 BGH NJW 1951, S. 959.

Zweitens umfasst der Nachlass des Letztversterbenden – soweit es nicht verbraucht wurde – das kumulierte Vermögen der Ehegatten bzw. eingetragenen Lebenspartner, sodass bei größeren Vermögen die Freibeträge der Schlusserben überschritten werden können.[44] Zusätzlich kann aufgrund der erhöhten Bemessungsgrundlage ein Progressionsnachteil entstehen, wenn gemäß § 19 ErbStG ein höherer Steuersatz Anwendung findet.[45]

Diese Nachteile sollen durch das sogenannte Supervermächtnis kompensiert werden, welches im nachfolgenden KAPITEL 2 mit seinem Ursprung und seinen Erscheinungsformen dargestellt wird.

---

44 *Keim*, ZEV 2016, S. 6 (7); *Nieder/Kössinger/R. Kössinger/Zintl*, § 6, Rn. 203.

45 *Nieder/Kössinger/R. Kössinger/Zintl*, § 6, Rn. 203.

Kapitel 2 Ursprung und Formen des sogenannten Supervermächtnisses

I. Ursprung

Die heute als sogenanntes Supervermächtnis bezeichnete Kombination eines Bestimmungsvermächtnisses im Sinne des § 2151 BGB mit einem Zweckvermächtnis im Sinne des § 2156 BGB geht auf einen Gestaltungsvorschlag von *Schmidt* im Jahre 1998 zurück.[46] *Schmidt* hat dargelegt, dass das Bestimmungsvermächtnis nach §§ 2151, 2153 BGB und das Zweckvermächtnis nach § 2156 BGB sowie die Fälligkeitsbestimmung nach § 2181 BGB miteinander kombiniert werden können, und als entsprechende Testamentsbestimmung vorgeschlagen:

> *„Der Zuerstversterbende wendet den auf seinen Tod von der Erbfolge ausgeschlossenen Kindern, A, B, C, D ein Vermächtnis zu, dessen Zweck es ist, ihnen als Ersatz eine Abfindung einzuräumen und ihre Erbschaftsteuerfreibeträge auf den Tod des Zuerstversterbenden ganz oder teilweise auszuschöpfen zu ermöglichen. Der überlebende Ehegatte als Beschwerter hat die Befugnis unter den Benannten den bzw. die Bedachten gem. § 2151 BGB und unter den Auserwählten zu bestimmen, was jeder hieran gemäß § 2153 BGB erhält. Er kann gem. § 2156 BGB die Leistung nach billigem Ermessen bestimmen und die Zeit der Erfüllung nach freiem Belieben gem. § 2181 BGB festlegen."*

Dieser Vorschlag wurde von *Langenfeld* aufgegriffen und auf der ZEV-Jahrestagung 1999/2000 von diesem wie bereits eingangs dargelegt als „Supervermächtnis" betitelt.[47]

Diese Bezeichnung wurde von *Jürgen Ebeling* übernommen und von *Langenfeld* sowie zahlreichen weiteren Autoren in der Literatur weiterverwendet.[48]

---

46 *Schmidt*, BWNotZ 1998, S. 97 (100, 101).

47 *Langenfeld*, Skript ZEV Jahrestagung 1999/2000, 4.4.1 u. 4.4.2.

48 *Beckervordersandfort/Bock*, ZErb 2020, S. 81; *Ebeling*, ZEV 2000, S. 87; *Erman/Nobis*, § 2156, Rn. 3; *Evertz*, Zerb 2004, S. 373; *Geuder*, RNotZ 2021, S. 305 (319); *Grüneberg/Weidlich*, § 2156, Rn. 1; *Hartmann*, RNotZ 2022, S. 469; *Holler*, ErbR 2015, S. 495 (496); *JurisPK-BGB/Reymann*, § 2156, Rn. 6; *Kanzleiter*, FS Brambring, S. 225; *Keim*, ZEV 2016, S. 6 (7); *Kroiß/Horn/Solomon/Holler/Schmidt*, Rn. 302; *Lange*, Kap. 6, Rn. 123a; *Langenfeld*, JuS 2002, S. 351; *Lorz/Kirchdörfer*, Kap. 5, Rn. 87; *J. Mayer*, DStR 2004, S. 1409 (1412); *Nieder/Kössinger/R. Kössinger/Zintl*, § 6 R. 208; *von Oertzen/Lindermann*, ZEV 2020, S. 144; *Roth/Holtz/Klose/Holtz*, § 66, Rn. 142; *Roth/Maulbetsch/Schulte/Maulbetsch*, § 4, Rn. 165; *Sammet*, 5.1.4.1.1;

Gegen die Zulässigkeit der Kombination eines Bestimmungsvermächtnisses gemäß § 2151 BGB mit einem Zweckvermächtnis gemäß § 2156 BGB bestehen nach allgemeiner Meinung zu Recht keinerlei Bedenken.[49]

II. Formen

Der Vorschlag von *Schmidt* wird heute als „Supervermächtnis mit offenem Erfüllungszeitraum" (1.) bezeichnet. Als Varianten dieses sogenannten Supervermächtnisses werden das „Supervermächtnis mit festgelegtem Auffangtermin für die Erfüllung" (2.) und ein „Sockelvermächtnis mit aufgesetztem Supervermächtnis" (3.) genannt.

1. Supervermächtnis mit offenem Erfüllungszeitpunkt

Als Supervermächtnis mit offenem Erfüllungszeitpunkt wird ein kombiniertes Bestimmungs- und Zweckvermächtnis bezeichnet, bei dem entsprechend bestimmt wird, dass der Zeitpunkt der Erfüllung in das freie Belieben des Bestimmungsberechtigten gestellt wird. Dem Vorschlag von *Schmidt* folgend schlagen hierzu zahlreiche Autoren vor, zu bestimmen, dass die Zeit der Erfüllung des angeordneten sogenannten Supervermächtnisses in das freie Belieben des Beschwerten zu stellen ist.[50]

Dies wird damit begründet, dass nach der Grundregel des § 2176 BGB ein Vermächtnisanspruch mit dem Erbfall entsteht, womit aber nicht die Fälligkeit des Vermächtnisses geregelt ist. Hat der Erblasser keine Regelung zur Fälligkeit getroffen, ist das Vermächtnis nach § 271 Abs. 1 BGB mit dem Anfall des Vermächtnisses fällig.[51]

Der Erblasser kann aber anordnen, dass die Fälligkeit erst zu einem späteren Zeitpunkt eintritt. Ein Aufschub der Fälligkeit liegt nach der Auslegungsregel des § 2181 BGB im Zweifel vor, wenn der Erblasser den Erfüllungszeitpunkt

---

Siebert, EE 2007, S. 194; *Staudinger/Otte*, § 2156, Rn. 2; *Streppel*, ZErb 2022, S. 139 (141); *Uricher*, § 7, Rn. 299; *Wachter*, ErbR 2019, S. 621; *Werner*, NWB, S. 222.

49 RG, Urteil vom 13.05.1919, Az.: VII 89/19, RGZ 96, S. 15 (19); BeckOKG/Hölscher, § 2156, Rn. 4; *Hartmann*, RNotZ 2022, S. 469 (470); *MüKoBGB/Rudy*, § 2156, Rn. 2.

50 *Langenfeld*, JuS 2002, S. 351 (353); *Roth/Maulbetsch/Schulte/Maulbetsch*, § 4, Rn. 165; *Sammet*, 5.1.4.1.1, Rn. 3; *Siebert*, EE 2007, S. 194 (196); *Uricher*, § 7, Rn. 300.

51 *Bamberger/Roth/Hau/Poseck/Müller-Christmann*, § 2181, Rn. 1; *Damrau/Tanck/Linnartz*, § 2176, Rn. 5.

dem freien Belieben des Beschwerten überlassen hat.[52] Das Vermächtnis ist dann gemäß § 2181 BGB im Zweifel mit dem Tod des Beschwerten fällig.

Bestimmen die letztwillig Verfügenden also, dass die Zeit der Erfüllung des Vermächtnisses in das freie Belieben des Beschwerten gestellt wird, ist der Erfüllungszeitpunkt jedenfalls bis zum Tod des Beschwerten als offen zu bezeichnen.

2. Supervermächtnis mit festgelegtem Auffangtermin für die Erfüllung

Der Vorschlag, bei der Bestimmung eines sogenannten Supervermächtnisses einen offenen Erfüllungszeitpunkt zu bestimmen, ist in der Literatur auf Kritik gestoßen. *Arne Evertz* und *Christopher Keim* haben darauf hingewiesen, dass nach ihrer Auffassung der Erfolg der erbschaftsteuerlichen Abziehbarkeit nach dem Tod des Erstversterbenden bei der Anordnung eines offenen Erfüllungszeitpunktes nicht erreicht wird. Dies wird damit begründet, dass dann, wenn die Leistung gemäß § 2181 BGB im Zweifel erst mit dem Tod des Beschwerten fällig wird, die Anwendbarkeit des § 6 Abs. 4 ErbStG gegeben ist.[53]

Um dieses angenommene Problem zu überwinden, schlägt *Keim* vor, einen festen Auffangtermin zu bestimmen, der aber realistisch gewählt werden muss. Nach Auffassung von *Keim* ist § 6 Abs. 4 ErbStG nicht anwendbar, wenn der Erfüllungszeitpunkt nicht im freien Belieben des Beschwerten steht, sondern nur seinem billigen Ermessen im Sinne von § 315 BGB überlassen bleibt. Als realistischer Auffangtermin wird von *Keim* ein Zeitpunkt von fünf Jahren nach dem ersten Erbfall genannt.[54] Zur Vermeidung der nachteiligen Folge des § 6 Abs. 4 ErbStG hat *Guido Holler* zuvor dargelegt, dass bei der Bestimmung eines sogenannten Supervermächtnisses darauf geachtet werden sollte, dem Längerlebenden aufzuerlegen, das Bestimmungsvermächtnis innerhalb einer angemessenen Frist auszuüben. Das kommt im Ergebnis dem Vorschlag von *Keim* zur Festlegung eines Auffangtermines gleich.[55]

---

52 *Staudinger/Otte*, § 2181, Rn. 2.

53 *Evertz*, ZErb 2004, S. 373 (374); *ders.* NJW 2008, S. 557 (558); *Keim*, ZEV 2016, S. 6 (11).

54 *Keim*, ZEV 2016, S. 6 (12).

55 *Holler*, ErbR 2015, S. 495 (496).

Thomas Maulbetsch legt ohne nähere Begründung dar, dass der Erfüllungszeitraum länger als der Zeitraum der Verjährung des Pflichtteilsanspruches und kürzer als die Lebenserwartung des letztlebenden Ehegatten sein sollte, und schlägt in seinem Formulierungsbeispiel einen Erfüllungszeitraum von vier Jahren nach dem Tod des Erstversterbenden vor.[56]

3. Sockelvermächtnis mit aufgesetztem Supervermächtnis

Mit Rücksicht auf mögliche zivilrechtliche und steuerrechtliche Probleme und darauf, dass es keine höchstrichterliche Rechtsprechung gibt, die sich mit der Gestaltung des sogenannten Supervermächtnisses auseinandersetzt, schlagen *Ansgar Beckervordersandfort/Merle Bock* ein Sockelvermächtnis mit einem aufgesetzten Supervermächtnis vor. Hierdurch soll einerseits dem Umstand Rechnung getragen werden, dass die Gestaltung des Supervermächtnisses in zivilrechtlicher Hinsicht einer gewissen Unsicherheit unterliegt, da es noch keine höchstrichterliche Rechtsprechung gibt. Andererseits soll hierdurch dem Wunsch vermögender Familien entsprochen werden, dass das Vermögen des erstversterbenden Ehepartners zumindest teilweise sicher an die Abkömmlinge fällt.[57]

Jeder Abkömmling soll ein Sockelvermächtnis bis zur Höhe seines Erbschaftsteuerfreibetrages erhalten, allerdings in der Höhe insoweit beschränkt, als die Summe aller Vermächtnisse einen bestimmten Anteil am Nachlass nicht überschreiten darf. Zusätzlich soll ein Supervermächtnis angeordnet werden, um sowohl durch das Sockelvermächtnis nicht ausgeschöpfte Erbschaftsteuerfreibeträge auszunutzen als auch – für den Fall des Überschreitens der Erbschaftsteuerfreibeträge – die Erbschaftsteuerprogression nach § 19 ErbStG abzumildern.[58] Hier wird somit neben dem eigentlichen Zweck des sogenannten Supervermächtnisses – der Ausnutzung steuerlicher Freibeträge – als weiterer Zweck die Ausnutzung der Erbschaftsteuerprogression nach § 19 ErbStG genannt. Dieses Sockelvermächtnis mit aufgesetztem Supervermächtnis wird mit festgelegter Frist für die Erfüllung vorgeschlagen. Der Beschwerte soll verpflichtet sein, die Vermächtnisse innerhalb eines Jahres nach dem Erbfall zu erfüllen.[59]

56 *Roth/Maulbetsch/Schule/Roth*, § 4, Rn. 165.
57 *Beckervordersandfort/Bock*, ZErb 2020, S. 117 (119).
58 *Beckervordersandfort/Bock*, ZErb 2020, S. 117 (119, 120).
59 *Beckervordersandfort/Bock*, ZErb 2020, S. 117 (120).

Alle bekannten und zuvor dargestellten Vorschläge zu dem sogenannten Supervermächtnis basieren darauf, dass ein Bestimmungsberechtigter bestimmen können soll, wer das Vermächtnis erhalten soll. Im nachfolgenden Kapitel 3 wird daher untersucht, welche Voraussetzungen an ein solches Bestimmungsvermächtnis zu stellen sind.

Kapitel 3 Das Bestimmungsvermächtnis gem. § 2151 BGB

Den ersten Hauptbestandteil des sogenannten Supervermächtnisses bildet ein Bestimmungsvermächtnis, im Rahmen dessen der überlebende Ehegatte oder Lebenspartner oder gegebenenfalls auch ein Dritter aus einem Kreis von Personen diejenige auswählen soll, die das Vermächtnis erhalten soll.

I. Begriff

Als Bestimmungsvermächtnis wird die dem Erblasser durch § 2151 Abs. 1 BGB eröffnete Möglichkeit bezeichnet, ein Vermächtnis zu verfügen, bei dem der Erblasser es einem anderen überlassen kann, aus einem durch ihn selbst bezeichneten Personenkreis denjenigen zu bestimmen, der das Vermächtnis erhalten soll. Hierbei kann die Bestimmung sowohl dem Beschwerten selbst als auch einem Dritten überlassen werden.

II. Hinreichend bestimmter Personenkreis der Bedachten

Nach dem Wortlaut des § 2151 Abs. 1 BGB kann der Erblasser *mehrere* in der Weise bedenken, dass der Beschwerte oder ein Dritter zu bestimmen hat, wer von den *mehreren* das Vermächtnis erhalten soll. Dem Wortlaut der Vorschrift lässt sich hierbei auf den ersten Blick nicht entnehmen, welche Anforderungen an die Bestimmung der „mehreren" – also des Personenkreises – gestellt werden. Insoweit stellt sich einerseits die Frage, ob ein Erblasser berechtigt ist, dem Beschwerten bzw. dem Dritten die Auswahl des Bedachten aus einem beliebig großen Kreis von Personen zu überlassen (1.), und andererseits, was geschieht, wenn der Personenkreis nicht bestimmbar ist (2.) und welche Auswirkungen Veränderungen in dem bestimmten Personenkreis haben (3.).

1. Bestimmbarkeit des Personenkreises

Die Vorschrift des § 2151 BGB gehört wie die nachfolgenden Regelungen in den §§ 2152–2154, 2156 BGB zu einer Reihe von Auflockerungen des in § 2065 BGB geregelten Prinzips der materiellen Höchstpersönlichkeit der Verfügung von Todes wegen, nach dem ein Erblasser unter anderem gemäß § 2065 Abs. 2 BGB die Bestimmung der Person, die eine Zuwendung erhalten soll, sowie die

Bestimmung des Gegenstandes der Zuwendung nicht einem Dritten überlassen kann.[60]

Zweck dieser Vorschrift ist, dass die Entscheidung über das Schicksal des Nachlasses nicht von Personen getroffen wird, die sich der Verantwortung für die Verwendung dieses Vermögens als Inhaber desselben nicht bewusst werden konnten.[61] Vielmehr ist es ist Aufgabe des Erblassers, seine letztwilligen Verfügungen zu durchdenken und seinen eigenen Willen zu bilden.[62] Der Erblasser soll damit selbst Verantwortung für seine letztwilligen Verfügungen übernehmen.[63] Aufgrund der Testierfreiheit hat der Erblasser das Recht, von der gesetzlichen Erbfolge abzuweichen. Diese Verfügungsbefugnis kann er jedoch nicht auf Dritte abwälzen, denn die gesetzliche Erbfolge ist nach Ansicht des Gesetzgebers prinzipiell schützenswert, sodass nur der Erblasser selbst hiervon abweichen darf.[64] Ist der Erblasser nicht in der Lage, eine abschließende Entscheidung zu treffen, ist es der Wille des Gesetzgebers, dass es bei der gesetzlichen Erbfolge verbleibt.[65]

Dem Vermächtnis kommt aber nach seiner Stellung im Erbrecht eine geringere Bedeutung zu als der Erbeinsetzung. Das BGB stellt daher an die Entschiedenheit des Erblassers bei der Anordnung eines Vermächtnisses geringere Anforderungen als bei der Bestimmung der Erben.[66]

Hierbei kann die Auswahl des Bedachten aber nicht völlig frei in das Belieben des zur Auswahl Berufenen gestellt werden. Nach allgemeiner Auffassung ist es erforderlich, dass der Personenkreis, aus dem ausgewählt werden soll, durch den Erblasser hinreichend genau bestimmt sein muss.[67] Diese zutreffende Auffassung geht auf eine Entscheidung des Reichsgerichtes vom 13.05.1919 zur

---

60 Z. B. *Staudinger/Otte*, § 2151, Rn. 1.

61 *Staudinger/Otte*, § 2065, Rn. 2; *Beckervordersandfort/Bock*, ZErb 2020, S. 81.

62 *Damrau/Seiler/Rudolf*, § 2065, Rn. 1; *MüKoBGB/Leipold*, § 2065, Rn. 1.

63 BGH, Urteil vom 18.11.1954, Az.: IV ZR 152/54, BGHZ 15, 199 (200).

64 *Damrau/Seiler/Rudolf*, § 2065, Rn. 1; *MüKoBGB/Leipold*, § 2065, Rn. 1.

65 *Damrau/Seiler/Rudolf*, § 2065, Rn. 1; *MüKoBGB/Leipold*, § 2065, Rn. 1.

66 *Lange/Kuchinke*, § 29 III.2.b).

67 RG, Urteil vom 13.05.1919, Az.: VII 89/19, RGZ 96, 15 (17); BayObLG, Beschluss vom 02.12.1997, Az.: 1 Z BR 93/97, ZEV 1998, 385 (386); *Bamberger/Roth/Hau/Posek/Müller-Christmann*, § 2151, Rn. 2; *BeckOK/Müller-Christmann*, § 2151, Rn. 2; *BeckOGK/Hölscher*, BGB § 2151, Rn. 4; *Brox/Walker*, § 27, Rn. 2; *Damrau/Tanck/Linnartz*, § 2151, Rn. 6; *Erman/Nobis*, § 2151, Rn. 1; *Grüneberg/Weidlich*, § 2151, Rn. 1; *Haegele*, BWNotZ 72, S. 74 (78); *Jauernig/Stürner*, § 2151, Rn. 2; *jurisPK-BGB/Reymann*, § 2151, Rn. 10; *Keim*, ZEV 2016, S. 6 (9); *Lange/Kuchinke*, § 29 III.2.b); *Maulbetsch* in Roth/Maulbetsch/Schulte, § 4, Rn. 63; *MüKoBGB/Rudy*, § 2151, Rn. 2; *NK-BGB/Horn/Mayer*, § 2151, Rn. 3 *von Oertzen/Lindermann*, ZEV 2020, S. 144

Abgrenzung von Vermächtnissen gegenüber einer letztwilligen Anordnung von Auflagen zurück, in der das Reichsgericht ausgeführt hat, dass die Vorschrift des § 2151 BGB ein erheblich engeres Anwendungsgebiet als der Auflagen betreffende § 2193 Abs. 1 BGB hat; die wesentliche Voraussetzung bilde das Vorhandensein eines beschränkten, leicht überschaubaren Personenkreises, aus welchem der oder die Vermächtnisempfänger auszuwählen seien.[68] Zur Begründung verweist das Reichsgericht auf die Protokolle der Kommission für die 2. Lesung des Entwurfs des Bürgerlichen Gesetzbuchs, denen deutlich entnommen werden könne, dass der Gesetzgeber davon ausgegangen ist, es könne immer nur ein beschränkter Kreis von Personen, unter denen auszuwählen ist, infrage kommen.[69]

Zudem führt das Reichgericht zu Recht an, dass § 2151 Abs. 3 BGB nicht unbeachtet bleiben könne.[70] § 2151 Abs. 3 BGB bestimmt, dass in dem Fall, in dem der Bestimmungsberechtigte die Bestimmung nicht trifft oder nicht treffen kann, die Bedachten Gesamtgläubiger sind. Würde man insoweit einen beliebig großen Personenkreis, aus dem der Bestimmungsberechtigte auswählen könnte, zulassen – z. B. *„alle Einwohner Liechtensteins"* – dann würden alle Personen dieses Personenkreises in Anwendung des § 2151 Abs. 3 BGB Gesamtgläubiger werden. Dies würde wiederum dazu führen, dass alle Personen des beliebig großen Personenkreises gemäß § 2151 Abs. 3 BGB einen Antrag bei dem Nachlassgericht stellen könnten, dem Bestimmungsberechtigten eine Frist zur Abgabe der Erklärung zu setzen, denn schließlich ist jede Person, die nach der Verfügung von Todes wegen als Vermächtnisnehmer bestimmt werden kann, antragsberechtigter Beteiligter im Sinne der Vorschrift.[71]

Zudem gebietet der Umstand, dass § 2151 BGB eine Ausnahme zu § 2065 Abs. 2 BGB darstellt, die Forderung nach einer hinreichenden Bestimmbarkeit des Personenkreises. Nach der Regel des § 2065 Abs. 2 BGB kann der Erblasser die Bestimmung einer Person, die eine Zuwendung erhalten soll, nicht einem Dritten überlassen. Bei den Beratungen der Kommission für die 2. Lesung des Entwurfes des Bürgerlichen Gesetzbuchs wurde die Frage aufgeworfen, ob man abweichend hiervon bei einem Vermächtnis eine solche Verfügung – also die Übertragung des Bestimmungsrechtes auf einen anderen – überhaupt zulassen

(145); *RGRK/Johannsen*, § 2151, Rn. 3; *Soergel/Wolf*, § 2151, Rn. 2; *Staudinger/Otte*, § 2151, Rn. 3.

68 RG, Urteil vom 13.05.1919, Az.: VII 89/19, RGZ 96, 15 (17).

69 *Protokolle V*, S. 26.

70 RG, Urteil vom 13.05.1919, Az.: VII 89/19, RGZ 96, 15 (17).

71 *NK-BGB/Horn/Mayer*, § 2151, Rn. 13.

solle.[72] Diese Frage wurde bejaht, wobei zur näheren Begründung angeführt wurde, dass „doch immer nur ein beschränkter Kreis von Personen, unter denen auszuwählen sei, in Frage komme" und „das Bedürfnis des praktischen Lebens entscheidend" sei.[73] Hieraus folgt, dass der Gesetzgeber bereits bei der Abfassung des BGB erst vor dem Hintergrund, dass immer nur ein beschränkter Personenkreis in Betracht kommt, eine Ausnahme von der Regel des § 2065 Abs. 2 BGB zugelassen hat.

Im Ergebnis ist damit festzuhalten, dass der Kreis der infrage kommenden Vermächtnisnehmer nicht zu weit ausgedehnt werden darf.

Bezogen auf das sogenannte Supervermächtnis wirft daher die Anordnung, dass der Bestimmungsberechtigte aus dem Kreis der Kinder und/oder Kindeskinder eine Auswahl treffen soll, keine Bedenken auf.

Einzig problematisch ist der Fall, wenn aufgrund der Familienkonstellation lediglich ein Kind vorhanden ist, da dann kein Personenkreis zur Auswahl gegeben ist. Ein Personenkreis im Sinne von § 2151 Abs. 1 BGB muss – wie schon dem Wortlaut der Vorschrift zu entnehmen ist – aus „mehreren" bestehen, d. h. aus mindestens zwei Personen, worauf *Kurt Herbert Johannsen* zu Recht hinweist.[74]

Würden Ehegatten bzw. Lebenspartner, die lediglich ein Kind haben, unter Verwendung eines üblichen Formulierungsvorschlages für ein sogenanntes Supervermächtnis bestimmen, dass der Längerlebende aus dem Kreis der gemeinsamen Kinder auswählen können soll, führt das zur Unwirksamkeit des Bestimmungsvermächtnisses, da dem Bestimmungsberechtigten eine Auswahl nicht möglich ist, während § 2151 Abs. 1 BGB aber gerade die Möglichkeit einer Auswahl voraussetzt.

Dies hätte in Anwendung von § 2084 BGB für das sogenannte Supervermächtnis zur Folge, dass kein kombiniertes Bestimmungs- und Zweckvermächtnis vorliegen würde, sondern ein Zweckvermächtnis, bei welchem der Bedachte bereits von vorne herein feststeht. Der Bestimmungsberechtigte könnte damit nur die Vermächtnisleistung gemäß § 2156 BGB bestimmen, nicht aber, ob die einzig in Betracht kommende Person überhaupt ein Vermächtnis erhalten soll. Eine derartige Vermächtnisanordnung würde daher der Idee des sogenannten Supervermächtnisses zuwiderlaufen.

72 *Protokolle V*, S. 25.
73 *Protokoll V*, S. 25, 26.
74 *RGRK-Johannsen*, § 2151, Rn. 3.

Diese Problematik lässt sich aber leicht überwinden. Zu dem Personenkreis gemäß § 2151 Abs. 1 BGB können – da § 2151 BGB ebenfalls für das Vorausvermächtnis gilt[75] – auch die Erben[76] sowie der Beschwerte[77] und der Bestimmungsberechtigte selbst[78] gehören.

Insoweit besteht bei einer Familienkonstellation von Ehegatten oder eingetragenen Lebenspartnern mit nur einem Kind die Möglichkeit, zur Aufrechterhaltung der größtmöglichen Freiheit des Längerlebenden einen Personenkreis dadurch herzustellen, dass der Längerlebende, der im Rahmen des sogenannten Supervermächtnisses regelmäßig zum einen der Erbe und zum anderen auch der Beschwerte und gegebenenfalls sogar der Bestimmungsberechtigte ist, selbst als Teil des Personenkreises benannt wird. Dies könnte beispielsweise dadurch erfolgen, dass als Personenkreis „alle Pflichtteilsberechtigten" oder „alle gesetzlichen Erben" genannt werden.

2. Fehlende Bestimmbarkeit des Personenkreises

Bleibt zweifelhaft, wer zu dem Personenkreis gehören soll, liegt kein wirksames Vermächtnis vor. Allerdings bleibt – soweit der Zweck der Zuwendung angegeben wurde – eine Umdeutung in eine Auflage möglich.[79]

Eine fehlende Bestimmbarkeit des Personenkreises kommt aber für das sogenannte Supervermächtnis nur in Ausnahmefällen in Betracht, da im Rahmen des sogenannten Supervermächtnisses aus Sicht der testierenden Ehegatten bzw. eingetragenen Lebenspartner ohnehin nur ein sehr eingeschränkter Personenkreis überhaupt als zu bestimmender Personenkreis in Betracht kommt, bei dem die Ausnutzung steuerlicher Freibeträge von Relevanz ist, nämlich die

75 KG, Beschluss vom 05.05.1937, Az.: 1 Wx 157/37, JW 1937, 2200 (2201); *Bamberger/Roth/Hau/Poseck/Müller-Christmann*, § 2151, Rn. 2.

76 *Bamberger/Roth/Hau/Poseck/Müller-Christmann*, § 2151, Rn. 2; *Beck OGK/Hölscher*, § 2151, Rn. 5; *Beckervordersandfort/Bock*, ZErb 2020, S. 82; *Ermann/Nobis*, § 2151, Rn. 1; *MüKoBGB/Rudy* § 2151, Rn. 3; *Staudinger/Otte*, § 2151, Rn. 4.

77 *Bamberger/Roth/Hau/Poseck/Müller-Christmann*, § 2151, Rn. 2; *Beckervordersandfort/Bock*, ZErb 2020, S. 82; *Ermann/Nobis*, § 2151, Rn. 1; *MüKoBGB/Rudy* § 2151, Rn. 3; *Soergel/Wolf*, § 2151, Rn. 2.

78 *Bamberger/Roth/Hau/Poseck/Müller-Christmann*, § 2151, Rn. 2; *Beck OGK/Hölscher*, § 2151, Rn. 5; *Beckervordersandfort/Bock*, ZErb 2020, S. 82; *Ermann/Nobis*, § 2151, Rn. 1; *MüKoBGB/Rudy* § 2151, Rn. 3; *Staudinger/Otte*, § 2151, Rn. 4.

79 RG, Urteil vom 27.05.1919, Az.: III 86/15, RGZ 96, 15 (19f); *BeckOGK/Hölscher*, § 2151, Rn. 6; *Haegele*, BWNotZ 1972, 74 (78); *MüKoBGB/Rudy*, § 2151, Rn. 6; *Staudinger/Otte*, § 2151, Rn. 2.

Kinder, die Kinder verstorbener Kinder und die Enkelkinder. Werden diese benannt, ist unzweifelhaft die hinreichende Bestimmbarkeit gegeben.

Denkbar ist auch ein sogenanntes Supervermächtnis, bei dem kinderlose Ehegatten bzw. eingetragene Lebenspartner im ersten Erbfall die Erbschaftsteuerlast dadurch verringern möchten, dass sie dem Längerlebenden gestatten, aus einem zu bestimmenden Kreis von Personen der Steuerklassen II und III gemäß § 15 Abs. 1 ErbStG eine oder mehrere Personen als Vermächtnisnehmer auszuwählen, um den für diese Personen geltenden Freibetrag von 20.000 € gemäß § 16 Abs. 1 Nr. 5 und 7 ErbStG auszunutzen. Das ist indes eher theoretischer Natur und wird in der Kautelarjurisprudenz kaum vorkommen, weil Ehegatten bzw. eingetragene Lebenspartner regelmäßig eher eine Erbschaftsteuerbelastung hinnehmen werden, als zugunsten von Personen der Steuerklassen II und III die teilweise Verfügungsmöglichkeit über das gemeinsame Vermögen zu verlieren.

3. Veränderungen im Personenkreis

Die Errichter letztwilliger Verfügungen gehen bei der Errichtung ihrer letztwilligen Verfügungen regelmäßig von den Verhältnissen zum Zeitpunkt der Errichtung aus, und zwar sowohl in finanzieller als auch in personeller Hinsicht. Soweit im Rahmen der Bestimmung eines sogenannten Supervermächtnisses abweichend von dem Zeitpunkt der Bestimmung Änderungen im Personenkreis eintreten, stellt sich die Frage, inwieweit hiermit Auswirkungen für das sogenannte Supervermächtnis verbunden sind.

Denkbar ist zum einen eine Änderung des Personenkreises durch den Wegfall einer oder mehrerer zum Personenkreis gehörender Personen. Der Wegfall kann vor dem Erbfall eintreten (a)), er kann zur Reduzierung des Personenkreises auf nur noch eine Person führen (b)) oder der Wegfall kann nach dem ersten Erbfall erfolgen (c)). Denkbar ist weiterhin das Hinzutreten weiterer Personen, die in den bestimmten Personenkreis fallen (d)).

a) Wegfall einer Person vor dem Erbfall

Fällt eine Person vor dem Erbfall weg, kann sie nicht mehr ausgewählt werden. Somit stellt sich für das sogenannte Supervermächtnis die Frage, ob gegebenenfalls die Abkömmlinge des Weggefallenen oder auch andere nahe Verwandte in dessen Position eintreten.

Soweit keine Ersatzberufung gemäß § 2190 BGB erfolgt ist, womit eine mögliche Unwirksamkeit des Vermächtnisses gemäß § 2160 BGB umgangen werden kann, ist fraglich, ob sich eine Ersatzberufung durch ergänzende

Testamentsauslegung ermitteln lässt. Das wird von der Rechtsprechung und teilweise auch in der Literatur jedenfalls für die Kinder von nahen Verwandten des Erblassers befürwortet.[80]

Dem ist zumindest dann zuzustimmen, wenn der Erblasser einen Personenkreis bestimmt hat, der aus seinen Kindern besteht. Die ergänzende Auslegung dient zur Regelung planwidriger Lücken im Testament durch Anpassung der letztwilligen Verfügung, insbesondere solcher Lücken, die nachträglich durch Veränderungen zwischen Testamentserrichtung und Erbfall eingetreten sind.[81] Bestimmt ein Erblasser, dass aus dem Kreis seiner Kinder eine Auswahl zu treffen ist und fällt ein Kind nach Testamentserrichtung weg, entsteht jedenfalls insoweit eine Lücke, als dieses Kind nicht mehr ausgewählt werden kann. § 2069 BGB bestimmt, dass in dem Fall, in dem ein Erblasser einen seiner Abkömmlinge bedenkt und dieser nach der Testamentserrichtung wegfällt, im Zweifel anzunehmen ist, dass die Abkömmlinge des Weggefallenen insoweit bedacht sind, als sie bei der gesetzlichen Erbfolge an dessen Stelle treten würden.

Zwar ist derjenige, der zu einem Personenkreis der möglichen Vermächtnisnehmer gemäß § 2151 Abs. 1 BGB gehört, noch kein Bedachter, sodass die Auslegungsregel des § 2069 BGB keine direkte Anwendung findet. In entsprechender Anwendung dieser Auslegungsregel muss aber – soweit sich keine Anhaltspunkte für einen entgegenstehenden Willen des Erblassers ergeben – angenommen werden, dass ein Erblasser, der als Personenkreis im Sinne des § 2151 Abs. 1 BGB seine Kinder bestimmt hat, für den Fall, dass er den Wegfall eines Kindes bedacht hätte, die Abkömmlinge des weggefallenen Kindes nach den Regeln der gesetzlichen Erbfolge ersatzweise in den Personenkreis aufgenommen hätte.

Hierfür spricht bei dem sogenannten Supervermächtnis zudem der Umstand, dass den Kindern eines weggefallenen Kindes gemäß § 16 Abs. 1 Nr. 2 ErbStG der gleiche Steuerfreibetrag zusteht wie dem weggefallenen Kind selbst zugestanden hätte. Da es nach der Idee des sogenannten Supervermächtnisses darum geht, Steuerfreibeträge im ersten Erbfall nicht ungenutzt zu lassen, ist anzunehmen, dass ein Erblasser zum Zwecke der Möglichkeit der Ausnutzung der Steuerfreibeträge des § 16 Abs. 1 ErbStG auch die Kinder eines

80 BayObLG, Beschluss vom 19.12.1996, Az.: 1 Z BR 107/96, FamRZ 1997, S. 1177 (1179); *Damrau/Tanck/Linnartz*, § 2160, Rn. 2; *Grüneberg/Weidlich*, § 2084, Rn. 8.

81 *Grüneberg/Weidlich*, § 2084, Rn. 8.

weggefallenen Kindes in den Personenkreis der Vermächtnisnehmer gemäß § 2151 Abs. 1 BGB berufen hätte.

Eine Ersatzberufung anderer naher Verwandter in den Personenkreis wird bei dem sogenannten Supervermächtnis hingegen nicht anzunehmen sein. Werden ein Kind oder auch dessen Abkömmlinge nicht durch den Erblasser in den Personenkreis berufen, ist davon auszugehen, dass der Erblasser dieses Kind oder seine Abkömmlinge bewusst nicht in den Personenkreis einbezogen hat. Ohne nähere Anhaltspunkte kann deshalb nicht angenommen werden, dass der Erblasser bei Wegfall eines in den Personenkreis berufenen Kindes gerade das andere zuvor nicht einbezogene Kind ersatzweise bestimmt hätte.

Auch für nahe Verwandte wie Geschwister des Erblassers oder deren Abkömmlinge wird für das sogenannte Supervermächtnis bei Wegfall einer Person, die in gerader Linie mit dem Erblasser verwandt ist, keine Ersatzberufung in den Personenkreis angenommen werden. Das sogenannte Supervermächtnis ist darauf ausgelegt, dem länger lebenden Ehegatten oder eingetragenen Lebenspartner die größtmögliche Freiheit bei der Verfügung über das gemeinschaftliche Vermögen zu erhalten und gleichzeitig die Steuerfreibeträge der Kinder oder Kindeskinder nicht ungenutzt zu lassen. Geschwister und deren Abkömmlinge sind gemäß § 15 Abs. 1 ErbStG in die Steuerklasse II einzuordnen und haben gemäß § 16 Abs. 1 Nr. 5 ErbStG lediglich einen Freibetrag von 20.000 €. Dass der Erblasser gewollt hätte, bei einem sogenannten Supervermächtnis solle eine Person an die Stelle eines Kindes oder Kindeskindes treten, der nur ein Bruchteil des Freibetrages einer weggefallenen Person der Steuerklasse I zukommt, ist angesichts des Umstandes, dass das Interesse an der Erhaltung der Verfügungsgewalt über das gemeinsame Vermögen das Interesse an einer Ausschöpfung von Freibeträgen durch Personen der Steuerklasse II überwiegt, jedenfalls nicht ohne nähere Anhaltspunkte hierfür anzunehmen.

Um der Fragestellung einer Ersatzberufung im Streitfall zu entgehen, empfiehlt es sich daher, für die Anordnung eines sogenannten Supervermächtnisses bei der Testamentserrichtung eine Ersatzberufung gemäß § 2190 BGB vorzunehmen, wenn diese nach der Familienkonstellation möglich und darüber hinaus auch gewollt ist.

Soweit dies nach der Familienkonstellation nicht möglich oder eine Ersatzberufung nicht gewollt ist, ist der Wegfall in Bezug auf den eigentlichen Sinn und Zweck des sogenannten Supervermächtnisses ohne Belang, weil dem Längerlebenden bedingt durch den Wegfall eines Kindes ohnehin die Möglichkeit verbleibt, möglichst lange über das gemeinsame Vermögen der Ehegatten bzw. Lebenspartner zu verfügen. Zudem ist die Ausnutzung steuerlicher Freibeträge infolge des Wegfalles eines Kindes jedenfalls dann, wenn Abkömmlinge des Kindes nicht vorhanden sind, in Bezug auf das weggefallene Kind auch nicht mehr möglich.

b) Reduzierung des Personenkreises auf eine Person

Unbeantwortet in Rechtsprechung und Literatur ist bislang die Frage, inwieweit sich die Reduzierung des Personenkreises auf nur eine Person im Rahmen des § 2151 Abs. 1 BGB auswirkt. Soweit die Bestimmung der Vermächtnisleistung selbst durch den Erblasser erfolgt ist, ist die Frage dahingehend zu beantworten, dass in diesem Falle gewollt war, der verbleibenden Person das Vermächtnis zukommen zu lassen, denn nach dem Willen des Erblassers soll dem Beschwerten oder Dritten nur das Recht obliegen, zwischen den Personen zu entscheiden, und nicht die Befugnis zustehen, über die Vermächtnisleistung als solche zu bestimmen. In diesem Falle steht somit der Vermächtnisnehmer infolge der Reduzierung des Personenkreises bereits fest, sodass die Auswahl durch den Bestimmungsberechtigten nicht mehr notwendig ist.

Nichts anderes gilt dann, wenn die Vermächtnisleistung noch nicht feststeht, weil der Erblasser auch die Bestimmung der Leistung gemäß § 2156 BGB dem billigen Ermessen des Beschwerten oder eines Dritten überlassen hat. Hier soll zwar der Bestimmungsberechtigte zusätzlich auch die Vermächtnisleistung bestimmen, was aber von der Auswahl der Person aus dem vom Erblasser bestimmten Personenkreis unabhängig ist. Die Leistung kann ohne Weiteres auch dann bestimmt werden, wenn sich der Personenkreis auf eine Person reduziert hat. Aufgabe des Bestimmungsberechtigten ist in diesem Fall dann nur noch die Auswahl der Leistung, nicht aber die Auswahl des Begünstigten, denn dieser steht durch die Reduzierung des Personenkreises bereits fest.

Dies steht nicht im Widerspruch dazu, dass dann, wenn Ehegatten bzw. Lebenspartner bereits bei Errichtung der letztwilligen Verfügung den Kreis der Bedachten so eng ziehen, dass von vorneherein überhaupt nur eine Person zur Auswahl in Betracht kommt, das Bestimmungsvermächtnis als unwirksam anzusehen ist und damit die bestimmte Angabe eines Personenkreises fehlt, die von § 2151 Abs. 1 BGB vorausgesetzt wird.

Für die Beurteilung der Wirksamkeit letztwilliger Verfügungen kommt es maßgelblich auf den Zeitpunkt ihrer Errichtung an. Davon gehen Rechtsprechung und Literatur im Rahmen der nach § 2084 BGB zugunsten der Wirksamkeit vorzunehmenden Auslegung letztwilliger Verfügungen zu Recht einhellig aus.[82] Soweit die Personen, zwischen denen auszuwählen war, bei Testamentserrichtung vorhanden waren oder deren Vorhandensein aus Sicht des Erblassers für den Zeitpunkt des Todes jedenfalls erwartet wurde, ist die Bestimmung als uneingeschränkt wirksam anzusehen. Das trifft beispielsweise dann zu, wenn der Erblasser Enkelkinder bedenken will, die zum Zeitpunkt der Errichtung der letztwilligen Verfügung noch nicht geboren sind.

Fällt anschließend eine bei Testamentserrichtung vorhandene oder noch ungeborene Person weg, beeinträchtigt das die Wirksamkeit der testamentarischen Bestimmung nicht. Eine ursprünglich wirksame Bestimmung kann daher nicht durch nachträglichen Wegfall von Personen mit gleichzeitiger Reduzierung des Personenkreises auf nur eine Person unwirksam werden.

Für diese Annahme sprechen im Übrigen auch die Vorschriften der §§ 2158 und 2160 BGB. Während § 2158 BGB bei Wegfall eines Bedachten bei insgesamt zwei Bedachten eine Anwachsung für den verbleibenden Bedachten anordnet, soweit der Erblasser nicht die Anwachsung in gemäß § 2158 Abs. 2 BGB zulässigerweise ausgeschlossen hat, ordnet § 2160 BGB die Unwirksamkeit eines Vermächtnisses für den Fall an, wenn der Bedachte zur Zeit des Erbfalles nicht mehr lebt. Hieraus folgt, dass ein Vermächtnis nach dem Willen des Gesetzgebers nicht unwirksam wird, soweit mindestens noch ein Bedachter vorhanden ist.

c) Wegfall einer Person nach dem Erbfall

Fällt eine Person nach Eintritt des Erbfalles durch Tod weg, kann sie gleichwohl mit der Folge ausgewählt werden, dass die Erben der weggefallenen Person das Vermächtnis zu fordern haben.[83] Insoweit bleibt eine Änderung im Personenkreis nach Einritt des Erbfalles für das sogenannte Supervermächtnis im Hinblick auf die Auswahlmöglichkeit des Bestimmungsberechtigten ohne Auswirkungen.

d) Erweiterung des Personenkreises

Denkbar ist zusätzlich auch eine Erweiterung des Personenkreises, beispielsweise dadurch, dass in den bestimmten Personenkreis ein Kind hineingeboren wird, es sei denn, der Erblasser hat nur die ihm zum Zeitpunkt der

---

82 BayObLG, Urteil vom 30.09.1996, Az.: 1 Z BR 42/96, NJW 1996, S. 133; *Grüneberg/Weidlich*, § 2084, Rn. 2; *Lange/Kuchinke*, § 34 III.7.a).

83 *MüKoBGB/Rudy*, § 2151, Rn. 4; *RGRK/Johannsen*, § 2151, Rn. 5; *Staudinger/Otte*, § 2151, Rn. 4.

Testamentserrichtung bekannten Kinder gemeint.[84] Eine solche Erweiterung wirft keine Probleme in Bezug auf das sogenannte Supervermächtnis auf, weil die Auswahl der Person und auch die Auswahl der Leistung durch den Bestimmungsberechtigten nicht beeinträchtigt werden.

III. Person des Bestimmungsberechtigten

§ 2151 BGB eröffnet dem Erblasser die Möglichkeit, die Bestimmung der Person des Vermächtnisnehmers entweder dem Beschwerten (1.) oder einem Dritten (2.) zu überlassen.

1. Der Beschwerte als Bestimmungsberechtigter

Im Rahmen des sogenannten Supervermächtnisses soll regelmäßig der länger lebende Ehegatte bzw. eingetragene Lebenspartner, der zum einen Erbe des Erstversterbenden und zum anderen auch mit dem Vermächtnis beschwert ist, Bestimmungsberechtigter im Sinne des § 2151 Abs. 1 BGB sein. Dies stößt jedenfalls in formaler Hinsicht mit einer Ausnahme auf keine Bedenken, da sich bereits aus der Vorschrift des § 2151 Abs. 1 BGB ergibt, dass unter anderem der Beschwerte Bestimmungsberechtigter sein kann und ihm im Zweifel, wenn der Erblasser keinen Bestimmungsberechtigten benannt hat, auch die Auswahlbefugnis nach § 2152 BGB zusteht.[85]

Gehört der Beschwerte aber auch zum Kreis der Bedachten – etwa bei der oben erwähnten Familienkonstellation von Ehegatten bzw. Lebenspartnern mit nur einem Kind – stellt sich die Frage, ob er dann noch als Bestimmungsberechtigter in Betracht kommt.

Während *Johannsen* dies ohne nähere Begründung bejaht, wird dies von *Gerhard Otte* mit der Begründung, § 2151 BGB gehe von Chancengleichheit aus, abgelehnt.[86] Die Begründung von *Otte* überzeugt jedenfalls in Bezug auf das sogenannte Supervermächtnis nicht, denn hier geht es in erster Linie nicht darum, den Vermächtnisnehmern eine Chance auf ein Vermächtnis zu gewähren, vielmehr ist beabsichtigt, dem länger lebenden Ehegatten bzw. eingetragenen Lebenspartner die Möglichkeit zu verschaffen, möglichst lange über das gemeinsame Vermögen der Ehegatten bzw. der eingetragenen Lebenspartner

---

84 *MüKoBGB/Rudy*, § 2151, Rn. 4.

85 *BeckOGK/Hölscher*, § 2151, Rn. 8; *MüKoBGB/Rudy*, § 2151, Rn. 8; *Staudinger/Otte*, § 2151, Rn. 6.

86 *RGRK/Johannsen*, § 2151, Rn. 4; *Staudinger/Otte*, § 2151, Rn. 6.

verfügen zu können, und gleichwohl die Möglichkeit der Ausnutzung steuerlicher Freibeträge zu gewährleisten.

Darüber hinaus gilt – wie bereits oben ausgeführt – § 2151 BGB auch für das Vorausvermächtnis, sodass auch der Erbe selbst zum Personenkreis des § 2151 Abs. 1 BGB gehören kann.[87] Der Erbe ist – soweit kein Untervermächtnis angeordnet ist und der Erblasser nichts anderes bestimmt hat – gemäß § 2147 S. 2 BGB regelmäßig auch derjenige, der mit dem Vermächtnis beschwert ist, und damit bei fehlender Anordnung durch den Erblasser im Zweifel auch gemäß § 2152 BGB der Bestimmungsberechtigte. Wenn somit der Erbe selbst einerseits Bedachter eines (Voraus-)Vermächtnisses sein kann und andererseits gleichzeitig nach § 2152 BGB bestimmungsberechtigt ist – sofern der Erblasser nicht Abweichendes angeordnet hat – dann folgt hieraus, dass der Gesetzgeber ohne Weiteres auch den Bestimmungsberechtigten zum Kreis der Bedachten zulassen wollte. Eine Einschränkung, wie sie von *Otte* wohl angenommen wird, findet keine Stütze in der Vorschrift des § 2151 BGB selbst. Dort ist weder ausdrücklich bestimmt, dass der Bestimmungsberechtigte nicht gleichzeitig zum Kreis der Bedachten gehören kann, noch findet sich in der Vorschrift irgendein Hinweis, dass für alle Bedachten eine Chancengleichheit bestehen muss.

Daher bestehen in keinem Fall Bedenken, den länger lebenden Ehegatten bzw. eingetragenen Lebenspartner im Rahmen der Anordnung eines Supervermächtnisses als Bestimmungsberechtigten zu benennen, auch wenn der länger lebende Ehegatte bzw. Lebenspartner in der konkreten Anordnung gleichzeitig zum Kreis der Bedachten gehört.

2. Ein Dritter als Bestimmungsberechtigter

§ 2151 Abs. 1 BGB bestimmt ausdrücklich, dass außer dem Beschwerten auch ein Dritter Bestimmungsberechtigter sein kann. In Bezug auf die Person des Dritten bestehen keinerlei Einschränkungen. Das Bestimmungsrecht kann nach allgemeiner Auffassung auch mehreren Dritten zustehen, die nach § 317 Abs. 2 BGB im Zweifel übereinstimmend zu entscheiden haben.[88] Bei mehreren Testamentsvollstreckern gilt § 2224 BGB.[89] Als mögliche Dritte werden in der

87 KG, Beschluss vom 05.05.1937, Az.: 1 Wx 157/37, JW 1937, 2200 (2201); *Bamberger/Roth/Hau/Poseck//Müller-Christmann*, § 2151, Rn. 2.

88 *BeckOGK/Hölscher*, § 2151, Rn. 7; *Ermann/Nobis*, § 2151, Rn. 1; *MüKoBGB/Rudy*, § 2151, Rn. 9; *Roth/Maulbetsch/Schulte/Maulbetsch*, § 4, Rn. 67; *NK-BGB/Horn/Mayer*, § 2151, Rn. 8; *Staudinger/Otte*, § 2151, Rn. 6.

89 *BeckOGK/Hölscher*, § 2151, Rn. 7; *MüKoBGB/Rudy*, § 2151, Rn. 9; *Roth/Maulbetsch/Schulte/Maulbetsch*, § 4, Rn. 67.

Literatur insbesondere der Testamentsvollstrecker, der Ehegatte oder der Steuer- bzw. Unternehmensberater genannt.[90] Die Rechtsprechung hat die Ernennung des Leiters eines Waisenhauses zum Bestimmungsberechtigten gebilligt.[91] Ob auch juristische Personen als Dritte im Sinne des § 2151 Abs. 1 BGB in Betracht kommen, ist bislang nicht beschrieben. Hiervon muss aber unzweifelhaft ausgegangen werden, weil nach allgemeiner Auffassung auch der Testamentsvollstrecker Bestimmungsberechtigter sein kann. Als Testamentsvollstrecker kommen sowohl natürliche Personen als auch juristische Personen wie beispielsweise eine Aktiengesellschaft oder eine GmbH in Betracht.[92] Wenn eine juristische Person als Testamentsvollstrecker Bestimmungsberechtigter im Sinne des § 2151 Abs. 1 BGB sein kann, dann kann sie auch direkt und nicht über den Umweg der Testamentsvollstreckung als Bestimmungsberechtigter durch den Erblasser ernannt werden.

Im Falle des sogenannten Supervermächtnisses ist der Ehegatte bzw. der eingetragene Lebenspartner nicht Dritter, sondern Beschwerter. Als mögliche Dritte kommen daher andere – aus Sicht des Erblassers geeignete – Personen oder der Testamentsvollstrecker in Betracht.

Personen, die nicht gleichzeitig Testamentsvollstrecker sind, sind als Bestimmungsberechtigte für das sogenannte Supervermächtnis nicht geeignet. Zum einen kann nicht sichergestellt werden, dass diese Personen zum maßgeblichen Zeitpunkt der notwendigen Bestimmungsausübung noch leben oder das Bestimmungsrecht tatsächlich ausüben können. Zum anderen kann auch nicht gewährleistet werden, dass diese Personen das Bestimmungsrecht ausüben werden. Üben sie die Bestimmung nicht aus, besteht keine rechtliche Möglichkeit, die Ausübung des Bestimmungsrechtes durch den bestimmungsunwilligen Dritten zu erzwingen. Gemäß § 2151 Abs. 3 S. 2 BGB besteht lediglich die Möglichkeit, bei dem Nachlassgericht zu beantragen, dem Bestimmungsberechtigten eine Frist zur Ausübung zu setzen. Diese Fristbestimmung führt aber nicht zwingend dazu, dass der Bestimmungsberechtigte das Bestimmungsrecht auch ausübt. Er kann die Frist vielmehr auch verstreichen lassen.

Soweit ein Testamentsvollstrecker als Bestimmungsberechtigter benannt ist, bestehen entsprechende Bedenken nicht, da der Testamentsvollstrecker gemäß § 2203 BGB verpflichtet ist, die letztwilligen Verfügungen des Erblassers

90 *JurisPK/BGB/Reymann*, § 2151, Rn. 20, *NK-BGB/Horn/Mayer*, § 2151, Rn. 8.
91 BayObLG, Beschluss vom 02.12.1997, Az.: 1 Z BR 93–97, NJW-RR 1998, S. 727 (729).
92 *Damrau/Tanck/Bonefeld*, § 2197, Rn. 48.

auszuführen, und weil die Testamentsvollstreckung grundsätzlich nicht durch den Wegfall der Person des Testamentsvollstreckers endet.[93]

Für den Fall des Wegfalls des Testamentsvollstreckers wird regelmäßig entweder durch die letztwillig Verfügenden ein Ersatztestamentsvollstrecker benannt oder jedenfalls bestimmt, dass das Nachlassgericht einen geeigneten Testamentsvollstrecker benennen soll. Ist das nicht der Fall, stellt sich die Frage, ob durch ergänzende Auslegung des Testaments von Amts wegen ein Testamentsvollstrecker zu bestimmen ist. Gemäß § 2200 Abs. 1 BGB kann das Nachlassgericht die Ernennung des Testamentsvollstreckers vornehmen, wenn der Erblasser in dem Testament das Nachlassgericht hierzu ersucht hat. Der Wegfall einer durch den Erblasser bestimmten Person führt zwar nicht ohne Weiteres dazu, dass von einem Ersuchen nach § 2200 Abs. 1 BGB auszugehen ist.[94] Es genügt aber der erkennbare Wille des Erblassers, die Testamentsvollstreckung auch bei Wegfall der von ihm benannten Personen fortbestehen zu lassen. An die Feststellungen des stillschweigenden Ersuchens sind dabei keine überspannten Anforderungen zu stellen.[95] Nach den Grundsätzen über die ergänzende Testamentsauslegung ist von einem Ersuchen auszugehen, wenn der Erblasser bei der Berücksichtigung der später eingetretenen Sachlage mutmaßlich die Ernennung eines Testamentsvollstreckers durch das Nachlassgericht gewünscht hätte.[96]

Der mutmaßliche Wille des Erblassers für die Ernennung des Testamentsvollstreckers ist durch das Nachlassgericht festzustellen. Maßgeblich sind dabei die Gründe des Erblassers für die Anordnung der Testamentsvollstreckung und die Klärung der Frage, ob die Gründe nach dem Wegfall des Testamentsvollstreckers fortbestehen.[97] Hierbei ist vorrangig danach zu differenzieren, ob der Erblasser die Testamentsvollstreckung aus sachlichen Gründen der Nachlassabwicklung oder aber personenbezogen, etwa mit Rücksicht auf die besondere Wertschätzung der Person des Testamentsvollstreckers angeordnet hat.[98]

---

93 *Grüneberg/Weidlich*, § 2225, Rn. 1.

94 OLG Schleswig, Beschluss vom 06.07.2015, Az.: 3 Wx 41/15, juris.

95 OLG Schleswig, Beschluss vom 06.07.2015, Az.: 3 Wx 41/15, juris.

96 OLG Zweibrücken, Beschluss vom 16.03.2006, Az.: 3 W 42/06, juris; *jurisPK-BGB/Linnartz*, § 2084, Rn. 86.

97 OLG Hamm, Beschluss vom 30.12.2014, Az.: 15 W 248/14, ZEV 2015, S. 532; *jurisPK-BGB/Linnartz*, § 2084, Rn. 87.

98 OLG Hamm, Beschluss vom 30.12.2014, Az.: 15 W 248/14, ZEV 2015, S. 532; OLG Hamburg, Beschluss vom 04.07.2018, Az.: 2 W 32/18, juris.

Ordnet der Erblasser an, dass Bestimmungsberechtigter der Testamentsvollstrecker ist, geschieht dies unzweifelhaft aus sachlichen Gründen der Nachlassabwicklung. Die Ausübung des Bestimmungsrechts als Teil der Nachlassabwicklung kann nur erfolgen, wenn ein Testamentsvollstrecker vorhanden ist. Zusätzlich ist der Wille des Erblassers zu erkennen, dass bei Wegfall der von ihm benannten Person die Testamentsvollstreckung fortzusetzen ist, da andernfalls das von ihm angeordnete Bestimmungsvermächtnis nicht zum Tragen kommen kann. Hat der Erblasser die Testamentsvollstreckung gemäß § 2208 BGB auf die Ausübung des Bestimmungsrechts beschränkt, liegt das Ersuchen gemäß § 2200 Abs. 1 BGB bei Wegfall der benannten Person auf der Hand.

Daher ist die Ausübung des Bestimmungsrechtes dann, wenn ein Testamentsvollstrecker zum Bestimmungsberechtigten ernannt wird, dadurch gesichert, dass das Nachlassgericht bei Wegfall des vom Erblasser benannten Testamentsvollstreckers gemäß § 2200 Abs. 1 BGB einen Ersatztestamentsvollstrecker benennen wird.

IV. Die Übertragbarkeit des Bestimmungsrechtes

Das Bestimmungsrecht ist – ohne dass hierfür eine Begründung genannt wird – nach ganz herrschender Meinung weder übertragbar noch vererblich.[99] Nach der Auffassung von *Steffen Kurth*,[100] der sich jüngst auch *Christian Hartmann*[101] angeschlossen hat, soll dies allerdings fraglich sein, wobei nicht per se eine Vererbbarkeit oder Übertragbarkeit angenommen werden könne, sondern im konkreten Einzelfall zu ermitteln sei.[102]

Kurth argumentiert hierbei mit den Gesetzesmaterialien und zieht einen Vergleich mit dem Wahlvermächtnis nach § 2154 BGB heran, bei dem in den Motiven ausgeführt ist, *dass selbstverständlich bei einem auf die Person eines Dritten gestellten Wahlrechte von einem Übergang des Wahlrechtes auf dessen Rechtsnachfolger nicht die Rede sein könne.*[103] Im Umkehrschluss könne man

99 *BeckOKG/Hölscher*, § 2151, Rn. 8; *Damrau/Tanck/Linnartz*, § 2151, Rn. 11; *Grüneberg/Weidlich*, § 2151, Rn. 2; *JurisPK-BGB/Reymann*, § 2151, Rn. 20; *NK-BGB/Horn*, § 2151, Rn. 8; *Roth/Maulbetsch/Schulte/Maulbetsch*, § 4, Rn. 67.

100 *Kurth*, ZEV 2021, S. 357 (358).

101 *Hartmann*, RNotZ 2022, S. 469 (477).

102 *Kurth*, ZEV 2021, S. 357 (358).

103 *Mugdan* Band V, Motive, S. 90.

annehmen, dass das Bestimmungsrecht des Beschwerten gerade vererblich sein sollte.[104]

Ein derartiger Umkehrschluss verbietet sich mit Rücksicht auf § 2065 Abs. 2 BGB. Sowohl § 2154 BGB als auch § 2151 BGB sind als Ausnahme des Grundsatzes der Höchstpersönlichkeit der Erbenbestimmung gemäß § 2065 Abs. 2 BGB zu sehen, bei der der Erblasser selbst die zur Auswahl stehenden Gegenstände bestimmt respektive eine Person oder mehrere Personen benennen muss, die bestimmungsberechtigt sein sollen.

Würde man im Rahmen des § 2151 BGB zulassen, dass nicht der von dem Erblasser benannte Bestimmungsberechtigte, sondern sein Vertreter, sein Betreuer oder gegebenenfalls sein Gesamtrechtsnachfolger das Bestimmungsrecht ausübt, würde dies der von § 2065 BGB geforderten materiellen Höchstpersönlichkeit zuwiderlaufen, sofern der Erblasser nicht selbst eine entsprechende Auffangregel bestimmt hätte, die seinem eigenen Willen entspricht. Andernfalls könnte das Bestimmungsrecht von Personen ausgeübt werden, die in keiner irgendwie gearteten Beziehung zu dem Erblasser gestanden haben und denen der Erblasser selbst das Bestimmungsrecht unter keinen Umständen eingeräumt hätte.

Aus diesem Grund hat der historische Gesetzgeber im Rahmen des § 2154 BGB ausdrücklich festgelegt, dass das Wahlrecht auf den Beschwerten übergeht, wenn der Dritte es nicht ausüben kann oder nach gerichtlicher Fristsetzung in entsprechender Anwendung des § 2151 Abs. 3 S. 2 BGB nicht fristgerecht ausgeübt hat. Der Hinweis in den Motiven, dass selbstverständlich bei einem auf die Person eines Dritten gestellten Wahlrechtes nicht von einem Übergang des Wahlrechtes auf dessen Rechtsnachfolger die Rede sein könne, spricht entgegen der Auffassung von *Kurth* nicht dafür, sondern vielmehr dagegen, dass das Bestimmungsrecht des Beschwerten vererblich sein sollte. In § 2151 BGB ist im Gegensatz zu § 2154 BGB nicht geregelt, dass das Bestimmungsrecht auf den Beschwerten übergeht, wenn der Dritte es nicht ausüben kann. Würde man mit *Kurth* nun annehmen wollen, dass das Bestimmungsrecht eines Dritten nach dem Willen des historischen Gesetzgebers nicht vererblich oder übertragbar wäre, das Bestimmungsrecht des Beschwerten hingegen schon, würde dies im Rahmen des § 2151 BGB zu einem unlösbaren Widerspruch führen. Warum der Gesamtrechtsnachfolger eines Beschwerten das Bestimmungsrecht ausüben können sollte, der Gesamtrechtsnachfolger des Dritten hingegen nicht, lässt sich nicht ansatzweise begründen, zumal die

---

104 *Kurth*, ZEV 2021, S. 357 (358).

Person des Gesamtrechtsnachfolgers theoretisch betrachtet sogar dieselbe sein könnte.

Zudem hat der Gesetzgeber mit § 2160 BGB festgelegt, dass ein Vermächtnis unwirksam wird, wenn der Bedachte zur Zeit des Erbfalles nicht mehr lebt. Dies muss entsprechend auch für das Bestimmungsrecht gemäß § 2151 Abs. 1 BGB gelten: Denn während die Vorschriften über die Erbenbestimmung beispielweise mit § 2069 BGB Auslegungsregeln für den Fall des Wegfalles eines Erben vorsehen, finden sich entsprechende Regelungen in den Vorschriften zum Vermächtnis nicht. Hier bedarf es vielmehr gemäß § 2190 BGB der Benennung eines Ersatzvermächtnisnehmers durch den Erblasser, was entsprechend auch in Bezug auf den Bestimmungsberechtigten gilt. Fehlt eine entsprechende Ersatzanordnung des Erblassers, erlischt das Bestimmungsrecht ersatzlos.[105]

Damit ist der herrschenden Auffassung, dass das Bestimmungsrecht höchstpersönlich und damit weder vererblich noch übertragbar ist, zuzustimmen.

Bezogen auf das sogenannte Supervermächtnis ist es daher bedenklich, lediglich den länger lebenden Ehegatten bzw. eingetragenen Lebenspartner zum Bestimmungsberechtigten zu ernennen. Verstirbt der länger lebende Ehegatte bzw. eingetragene Lebenspartner, bevor er das Bestimmungsrecht ausgeübt hat, erlischt das Bestimmungsrecht. Damit kann das beabsichtigte sogenannte Supervermächtnis nicht mehr zur Ausführung gelangen. Das ist zwar im Hinblick auf die Idee des sogenannten Supervermächtnisses insoweit unschädlich, als mit dem zweiten Erbfall auch das Bedürfnis der Verfügung über das gemeinsame Vermögen der Ehegatten bzw. Lebenspartner wegfällt, kann aber in Bezug auf die im Übrigen beabsichtigte Ausnutzung der steuerlichen Freibeträge zum Verlust der steuerlichen Freibeträge nach dem Tod des Erstversterbenden führen, da infolge des Versterbens des Bestimmungsberechtigten auch die zu erbringende Leistung gemäß § 2156 BGB nicht mehr bestimmt werden kann.[106]

---

105 *Damrau/Tanck/Linnartz*, § 2151, Rn. 10; *Grüneberg/Weidlich*, § 2151, Rn. 2; *Roth/Maulbetsch/Schulte/Maulbetsch*, § 4, Rn. 67; *Staudinger/Otte*, § 2151, Rn. 11.

106 Siehe hierzu Kapitel 6, III.

V. Die Ausübung des Bestimmungsrechtes

Die Ausübung des Bestimmungsrechtes erfolgt durch formlose, empfangsbedürftige und unwiderrufliche Willenserklärung.[107] Hinsichtlich des Erklärungsgegners differenziert das Gesetz:

Ist der Beschwerte der Bestimmungsberechtigte, erfolgt die Erklärung gegenüber demjenigen, der das Vermächtnis erhalten soll.

Ist ein Dritter Bestimmungsberechtigter, erfolgt die Erklärung gegenüber dem Beschwerten.

Die Erklärung ist unwiderruflich, sie muss aber unter Umständen neu getroffen werden, z. B., wenn der Auserwählte das Vermächtnis ausschlägt.[108]

VI. Beschränkte Geschäftsfähigkeit oder Geschäftsunfähigkeit des Bestimmungsberechtigten

Da die Ausübung des Bestimmungsrechtes durch formlose, empfangsbedürftige und unwiderrufliche Willenserklärung erfolgt, ist fraglich, welche Auswirkungen eine beschränkte Geschäftsfähigkeit (1.) und eine Geschäftsunfähigkeit (2.) des Bestimmungsberechtigten auf das Bestimmungsvermächtnis haben.

1. Beschränkte Geschäftsfähigkeit

Als Bestimmungsberechtigte kommen auch beschränkt geschäftsfähige Minderjährige im Sinne von § 106 BGB in Betracht, da für einen Minderjährigen die Ausübung des Bestimmungsrechtes im Regelfall kein rechtlich nachteiliges, sondern ein neutrales Rechtsgeschäft darstellt.[109]

Im Rahmen des sogenannten Supervermächtnisses soll der Bestimmungsberechtigte entscheiden können, ob und in welcher Höhe eine Person aus dem bestimmten Personenkreis ein Vermächtnis erhalten soll, um die steuerlichen Freibeträge auszunutzen. Dies ist jedenfalls dann, wenn ein Barbetrag und nicht etwa eine Immobilie bzw. ein Anteil an einer Immobilie zugewendet werden soll, rechtlich neutral. Folglich kommt bei der Anordnung eines sogenannten Supervermächtnisses auch in Betracht, ein minderjähriges Kind

---

107 *BeckOK/Müller-Christmann*, § 2151, Rn. 6; *BeckOGK/Hölscher*, § 2151, Rn. 10; *Damrau/Tanck/Linnartz*, § 2151, Rn. 12; *Erman/Nobis*, § 2151, Rn. 3; *MüKoBGB/Rudy*, § 2151, Rn. 11; *RGRK/Johannsen*, § 2151, Rn. 9; *Staudinger/Otte*, § 2151, Rn. 7.

108 *Damrau/Tanck/Linnartz*, § 2151, Rn. 12; *MüKoBGB/Rudy*, § 2151, Rn. 11; *NK-BGB/Horn*, § 2151, Rn. 9; *Staudinger/Otte*, § 2151, Rn. 7.

109 *JurisPK-BGB/Reymann*, § 2151, Rn. 20; *Kölmel*, RNotZ 2010, S. 1 (8).

als Bestimmungsberechtigten zu benennen, auch wenn es selbst zum Kreis der Bedachten gehört. Wenn der Minderjährige allerdings selbst zum Kreis der Bedachten gehört und der Gegenstand des Vermächtnisses einen Anspruch begründet, dessen Erfüllung nachteilig ist, kann der Minderjährige das Bestimmungsrecht nicht wirksam ohne Zustimmung seines gesetzlichen Vertreters ausüben.

Für das sogenannte Supervermächtnis ist eine beschränkte Geschäftsfähigkeit des Bestimmungsberechtigten nur in Ausnahmefällen denkbar, z. B. dann, wenn die Testierenden eine noch im Sinne des § 106 BGB minderjährige Person als Ersatzbestimmungsberechtigten für den Längerlebenden benennen, beispielsweise ein gemeinsames, noch minderjähriges Kind. Diese Ersatzbestimmungsberechtigung wäre unproblematisch, wenn der Hauptbestimmungsberechtigte zum Zeitpunkt der Ausübung der Bestimmung das Bestimmungsrecht noch ausüben kann. Kommt aber die Ersatzbestimmungsberechtigung dadurch zum Tragen, dass der Längerlebende nachverstorben und das noch minderjährige Kind auch der eingesetzter (Mit-)Schlusserbe ist, wäre der Bestimmungsberechtigte mit dem zu bestimmenden Vermächtnis möglicherweise auch (mit) beschwert, womit die Ausübung des Bestimmungsrechtes nicht mehr rechtlich neutral wäre.

Eine zum Zeitpunkt des ersten Erbfalles noch minderjährige Person kann damit je nach Gestaltung des Einzelfalles als Bestimmungsberechtigter ungeeignet sein. Solange die Ausübung des Bestimmungsrechtes aber für den Minderjährigen rechtlich neutral ist, spricht nichts gegen seine Einsetzung zum Bestimmungsberechtigten.

2. Geschäftsunfähigkeit

Eine sich aus § 104 BGB ergebende Geschäftsunfähigkeit des Bestimmungsberechtigten führt, da die Ausübung des Bestimmungsrechtes wie oben dargelegt durch eine Willenserklärung erfolgt, zur Nichtigkeit der Bestimmungserklärung nach § 105 Abs. 1 BGB.[110]

Geschäftsunfähig gemäß § 104 BGB ist, wer das siebente Lebensjahr noch nicht vollendet hat oder wer sich in einem die freie Willensbildung ausschließenden Zustand krankhafter Störung der Geistestätigkeit befindet, sofern nicht der Zustand seiner Natur nach ein vorübergehender ist.

110 *Sens*, S. 109.

Folglich wirft die mit dem sogenannten Supervermächtnis regelmäßig verbundene Einsetzung des länger lebenden Ehegatten oder eingetragenen Lebenspartners Bedenken auf.

Mit der bereits eingangs beschriebenen demografischen Entwicklung[111] hat auch die Zahl der Demenzerkrankungen in Deutschland kontinuierlich zugenommen. Im Jahr 2018 lag die mittlere Prävalenz von Demenzen bei den 75- bis 79-jährigen Männern bei 7 % und bei den gleichaltrigen Frauen bei 8,9 %, bei den 80- bis 84-jährigen Männern bei 10,7 % und bei den gleichaltrigen Frauen bei 13,1 %, bei den 85- bis 89-jährigen Männern bei 16,3 % und bei gleichaltrigen Frauen bei 24,9 % sowie bei den über 90-jährigen Männern bei 29,7 % sowie bei den gleichaltrigen Frauen bei 44,8 %.[112]

Eine Demenzerkrankung des länger lebenden Ehegatten bzw. eingetragenen Lebenspartners führt zwar nicht zwingend dazu, dass das Bestimmungsrecht nicht mehr wirksam ausgeübt werden kann, aber die Erkrankung kann zur Folge haben, dass das Bestimmungsrecht nicht mehr wirksam ausgeübt werden kann.

Ob und wann eine Demenz zur Geschäftsunfähigkeit führt, lässt sich nicht generalisiert beantworten. In einem Frühstadium mit ersten Vergesslichkeiten wird die Geschäftsfähigkeit des Betroffenen noch bestehen. Ab einer mittelschweren Form kommt aber das Vorliegen einer Geschäftsunfähigkeit in Betracht.[113] Ein Ausschluss der freien Willensbildung und eine daraus resultierende Geschäftsunfähigkeit sind dann anzunehmen, wenn der Betroffene nicht mehr in der Lage ist, seine Entscheidung von vernünftigen Erwägungen abhängig zu machen.[114]

Damit besteht jedenfalls dann, wenn beide Ehegatten oder eingetragene Lebenspartner die durchschnittliche Lebenserwartung annähernd erreichen oder sogar überschreiten, die Gefahr, dass der Längerlebende das ihm übertragene Bestimmungsrecht nicht mehr ausüben kann.

VII. Nichtausübung des Bestimmungsrechtes

Wird das Bestimmungsrecht nicht ausgeübt, erlischt es.[115] Dass das Bestimmungsrecht nicht übertragbar ist, führt zum Erlöschen des Bestimmungsrechtes

---

111 Vgl. oben Einleitung.

112 *Bickel*, Die Häufigkeit von Demenzerkrankungen, S. 1.

113 *Schmoeckel*, NJW 2016, S. 433.

114 BGH, Urteil vom 05.12.1995, Az.: XI ZR 70/95, NJW 1996, S. 918 (919); *Grüneberg/Ellenberger*, § 104, Rn. 5.

115 *MüKoBGB/Rudy*, § 2151, Rn. 13.

bei Tod oder Geschäftsunfähigkeit des Bestimmungsberechtigten, soweit der Erblasser für diesen Fall keine Ersatzregelung getroffen hat. Rechtsfolge ist gemäß § 2151 Abs. 3 S. 1 BGB, dass alle Personen des vom Erblasser benannten Personenkreises Gesamtgläubiger werden.

Der Berechtigte kann es aber auch von sich aus unterlassen, das Bestimmungsrecht auszuüben, obschon er hierzu in der Lage wäre. In diesem Falle bleibt den Begünstigten nur der Weg nach § 2151 Abs. 3 S. 2 BGB offen, da der Bestimmungsberechtigte nicht auf Vornahme der Bestimmung verklagt werden kann.[116] Das Nachlassgericht hat auf Antrag eines Beteiligten dem Bestimmungsberechtigten eine Frist zur Abgabe der Erklärung zu setzen. Eine solche gerichtliche Bestimmung kommt allerdings so lange nicht in Betracht, wie eine durch den Erblasser letztwillig angeordnete Bestimmungsfrist nicht abgelaufen ist.[117]

Wird die Erklärung nicht innerhalb der Frist vorgenommen, tritt mit Ablauf der Frist die Rechtsfolge des § 2151 Abs. 3 S. 1 BGB ein, d. h., die Bedachten sind Gesamtgläubiger. Abweichend zu § 430 BGB, wonach Gesamtgläubiger grundsätzlich im Verhältnis zueinander zu gleichen Teilen berechtigt sind, bestimmt § 2151 Abs. 3 S. 3 BGB, dass derjenige Bedachte, der das Vermächtnis erhält, im Zweifel nicht zur Teilung verpflichtet ist und somit Vermächtnis behalten kann. Leistet der Beschwerte trotz des Umstandes, dass bereits Gesamtgläubigerschaft eingetreten ist, an nur einen Bedachten, ist dieser nicht zur Teilung verpflichtet und kann das Vermächtnis insgesamt behalten.[118]

Die Nichtausübung des Bestimmungsrechtes wirft in Bezug auf das sogenannte Supervermächtnis daher die Fragen auf, welche Konsequenzen sich für das sogenannte Supervermächtnis ergeben, wenn der Bestimmungsberechtigte das Bestimmungsrecht nicht mehr ausüben kann (1.), wenn der Bestimmungsberechtigte das Bestimmungsrecht zwar ausüben kann, es aber nicht ausübt (2.), und welche Möglichkeiten bestehen, eine Antragstellung nach § 2151 Abs. 3 S. 2 BGB zu verhindern (3.).

1. Bestimmung kann nicht ausgeübt werden

Kann die Bestimmung nicht ausgeübt werden, beispielsweise, weil der als Bestimmungsberechtigter eingesetzte Längerlebende altersbedingt nicht mehr

---

116 *MüKoBGB/Rudy*, § 2151, Rn. 13.

117 *N. Mayer*, ZEV 1995, S. 247(249); *MüKoBGB/Rudy*, § 2151, Rn. 13; *Piltz*, ZEV 2005, S. 469 (471).

118 *MüKoBGB/Rudy*, § 2151, Rn. 14.

geschäftsfähig ist, werden die zu dem bestimmten Personenkreis gehörenden Personen Gesamtgläubiger. Das ist jedenfalls dann unproblematisch, wenn der Personenkreis eng gefasst ist, beispielsweise dann, wenn die gemeinsamen Kinder benannt sind.

Wurden hingegen die gesetzlichen Erben als Personenkreis benannt, wird der Längerlebende als Ehegatte oder eingetragener Lebenspartner ebenfalls Gesamtgläubiger, was im Zweifel gerade nicht gewollt war.

Problematischer ist aber, dass die Vermächtnisleistung des sogenannten Supervermächtnisses nicht feststeht, sondern die Bestimmung der Vermächtnisleistung gemäß § 2156 BGB ebenfalls dem Bestimmungsberechtigten obliegt, der die Bestimmung aber nicht mehr ausüben kann. Das hat zur weiteren Konsequenz, dass die Leistungsbestimmung in entsprechender Anwendung der §§ 315 Abs. 3, 319 BGB durch das Gericht zu erfolgen hat.[119]

Die Einsetzung des Längerlebenden als Bestimmungsberechtigten kann damit zu erheblichen Schwierigkeiten im Rahmen der Nachlassabwicklung führen, wenn der Längerlebende zum Zeitpunkt der Ausübung des Bestimmungsrechtes geschäftsunfähig ist.

2. Bestimmung wird nicht ausgeübt

Wird die Bestimmung nicht ausgeübt, entspricht dass zunächst der Idee des Supervermächtnisses dahingehend, dass der Längerlebende die längst mögliche Verfügungsgewalt über das beiderseitige Vermögen behalten soll. Respektieren die potenziellen Vermächtnisnehmer den Erblasserwillen, hat Nichtausübung allerdings zur Konsequenz, dass im Falle des Todes des bestimmungsberechtigten Längerlebenden und fehlender Anordnung eines Ersatzbestimmungsberechtigten die Rechtsfolge des § 2151 Abs. 3 S. 1 BGB eintritt, da der Bestimmungsberechtigte nun die Bestimmung nicht mehr ausüben kann. Die zu dem durch den Erblasser bestimmten Personenkreis gehörenden Personen werden damit Gesamtgläubiger des noch zu bestimmenden Zweckvermächtnisses.

Da der Bestimmungsberechtigte infolge seines Todes auch die Leistungsbestimmung des Zweckvermächtnisses nicht mehr ausüben kann, muss diese in entsprechender Anwendung des §§ 315 Abs. 3, 319 BGB durch das Gericht erfolgen, wobei sich aber im Gegensatz zu der unter der vorstehenden Ziffer 1 beschriebenen Situation die Frage stellt, ob der mit dem sogenannten Supervermächtnis verfolgte Zweck infolge des eingetretenen zweiten Erbfalls überhaupt

119 Vgl. hierzu unten Kapitel 4, VIII.

noch realisiert werden kann und damit eine Leistungsbestimmung nach billigem Ermessen weiterhin möglich ist.

Sind die zum Kreis der potenziell Bedachten gehörenden Personen auch gleichzeitig die eingesetzten Schlusserben, was dem üblichen Konstrukt des sogenannten Supervermächtnisses entspricht, kann jedenfalls der Zweck, eine Abfindung für den Ausschluss von der gesetzlichen Erbfolge im ersten Erbfall zu gewähren, in wirtschaftlicher Hinsicht nicht mehr erreicht werden. Die Schlusserben verfügen nun über den gesamten (Rest-)Nachlass beider Erbfälle, also einschließlich des Betrages, der aufgrund des sogenannten Supervermächtnisses nach dem ersten Erbfall als Vermächtnis ausgezahlt worden wäre. Auch der Zweck, die steuerlichen Freibeträge nach dem Tod des Erstversterbenden nicht ungenutzt zu lassen, kann nicht mehr erreicht werden.[120]

Vor diesem Hintergrund ist es höchst zweifelhaft, ob es überhaupt dem Erblasserwillen entspricht, dass das sogenannte Supervermächtnis auch noch über den zweiten Erbfall hinaus Bestand haben soll. Das sogenannte Supervermächtnis ist als Korrektiv für die Nachteile des Berliner Testaments, und nicht darauf angelegt, Abwicklungsprobleme im zweiten Erbfall zu verursachen.

Das sogenannte Supervermächtnis ist daher dahingehend ergänzungsbedürftig, dass eine Regelung vorzusehen ist, nach der das sogenannte Supervermächtnis erlischt, wenn der Längerlebende der Bestimmungsberechtigte ist und dieser die Bestimmung bis zu seinem Tod nicht ausgeübt hat.

3. Vermeidung eines Antrags nach § 2151 Abs. 3 S. 2 BGB

Die Idee des sogenannten Supervermächtnisses, dem Längerlebenden die Verfügungsgewalt über das beiderseitige Vermögen so lange wie möglich zu erhalten, kann durch einen potenziell Bedachten durchkreuzt werden, indem er die Ausübung des Bestimmungsrechtes durch einen Antrag bei dem Nachlassgericht zu erzwingen versucht.

Zur Vermeidung dieses Problems wird zutreffend empfohlen, die Beteiligten von der Stellung des Antrages nach § 2151 Abs. 3 BGB dadurch abzuhalten, dass derjenige, der einen Antrag nach § 2151 Abs. 3 BGB stellt, durch Anordnung des Erblassers in der letztwilligen Verfügung vom Vermächtnis ausgeschlossen wird.[121] Diesem Vorschlag tritt *Eugen Klunzinger* entgegen, allerdings in Bezug auf die mögliche Auswahl eines Betriebsnachfolgers durch ein

120 Siehe hierzu Kapitel 6.

121 *Beckervordersandfort/Bock*, ZErb 2020, S. 81 (82); *Keim*, ZEV 2016, S. 6 (10); *Piltz*, ZEV 2005, S. 469 (471); *Schäfer*, Mitteilungen aus der Praxis 1962, S. 188 (206).

Bestimmungsvermächtnis, da die in Betracht kommenden Personen durch eine derartige Beschränkung ihrer Rechtsstellung gegenüber einer willkürlichen Verzögerung der Erbenbestimmung trotz „Spruchreife" schutzlos wären.[122]

Diese Bedenken sind in Bezug auf das sogenannte Supervermächtnis unbeachtlich, da hier nicht das Interesse des Erblassers, einen möglichst geeigneten Betriebsnachfolger zu bestimmen, sondern dasjenige, dem Längerlebenden einen möglichst großen Handlungsspielraum einzuräumen, im Vordergrund steht.

Kanzleiter vertritt die Auffassung, eine entsprechende Anordnung führe ebenso wie ein Ausschluss der Möglichkeit einer gerichtlichen Überprüfung nach § 2156 S. 2 BGB i. V. m. § 315 Abs. 3 S. 2 BGB zur Unwirksamkeit des Supervermächtnisses, da die Konsequenz – der Ausschluss des Antragstellers – der Grundidee des Supervermächtnisses widerspräche, dem Längerlebenden völlig freie Hand zu geben.[123]

Diese Begründung überzeugt nicht. Zum einen sind keine Gründe erkennbar, die zu einer Unwirksamkeit einer entsprechenden letztwilligen Anordnung führen könnten, zumal nicht das Antragsrecht des § 2151 Abs. 3 S. 2 BGB als solches ausgeschlossen, sondern lediglich mit einer Konsequenz „bestraft" wird. Zum anderen sind auch die Bestimmungen des § 315 BGB dispositiv,[124] sodass selbst der als Vergleich herangezogene Ausschluss einer gerichtlichen Überprüfung gemäß § 2156 S. 2 BGB i. V. m. § 315 Abs. 3 S. 2 BGB nicht weiterführt.

Auch ist nicht ersichtlich, warum es der Grundidee des sogenannten Supervermächtnisses widerspricht, wenn ein Bedachter, der einen Antrag nach § 2151 Abs. 3 S. 2 BGB stellt, von dem Vermächtnis ausgeschlossen wird. Gegenteiliges ist der Fall: Eine entsprechende Bestimmung schützt und stützt die Idee des sogenannten Supervermächtnisses, da andernfalls die längst mögliche Verfügungsgewalt des Längerlebenden über das gemeinsame Vermögen gefährdet ist.

Hinzu kommt, dass eine Klausel, mit der eine Person aus dem Kreis der potenziell Bedachten für den Fall einer Antragstellung gemäß § 2151 Abs. 3 S. 2 BGB von dem Vermächtnis ausgeschlossen wird, auch nicht anders als eine Verwirkungsklausel in Bezug auf die Geltendmachung eines Pflichtteils zu bewerten ist. Nach eine solchen üblicherweise als Pflichtteilsstrafklausel bezeichneten Bestimmung einer letztwilligen Verfügung wird derjenige, der nach dem Tod

---

122 *Klunzinger*, BB 1970, S. 1197 (1201).

123 *Kanzleiter* in FS für Brambring, S. 225 (232).

124 BGH, Urteil vom 05.03.1985, Az.: IVa ZR 171/83, FamRZ 1985, S. 696 (697).

des Erstversterbenden seinen Pflichtteil geltend macht, für den zweiten Erbfall von der Erbfolge ausgeschlossen. Gegen die Zulässigkeit einer solchen Klausel bestehen nach allgemeiner Meinung zu Recht keine Bedenken.[125] Wenn bereits der Ausschluss von der Erbfolge in dem Fall, dass ein potenzieller Schlusserbe im ersten Erbfall seinen Pflichtteil geltend macht, als zulässig angesehen wird, kann für einen Ausschluss von einem im freien Ermessen eines Bestimmungsberechtigten liegenden Vermächtnisanspruch nichts anderes gelten.

Eine letztwillige Verfügung, nach der ein Bedachter bei Antragstellung gemäß § 2151 Abs. 3 S. 2 BGB von dem Vermächtnis ausgeschlossen wird, ist daher uneingeschränkt zulässig und wirksam. Die Antragstellung kann hierdurch in zulässiger Weise vermieden werden.

VIII. Gerichtliche Überprüfbarkeit der Entscheidung des Bestimmungsberechtigten

Nach der wohl herrschenden Meinung ist die gerichtliche Überprüfbarkeit der Entscheidung des Bestimmungsberechtigten nach § 319 Abs. 1 S. 1 BGB zu verneinen, soweit nicht Arglist oder ein Sittenverstoß vorliegen.[126] Dies wird von *Johannsen* und *Otte* überzeugend damit begründet, dass es grundsätzlich nicht als Verstoß gegen die Billigkeit angesehen werden kann, wenn eine Person bestimmt wird, die der Erblasser selbst als in Betracht kommend bezeichnet hat.[127] Zudem findet sich in § 2151 BGB im Gegensatz zu § 2156 BGB keine Verweisung auf die §§ 315–319 BGB. Daraus ist zu schließen, dass der Gesetzgeber eine gerichtliche Überprüfung nicht gewollt hat. Entsprechendes ergibt sich auch aus den Protokollen der Kommission für die 2. Lesung des Entwurfs des Bürgerlichen Gesetzbuchs. Dort wird ausgeführt, eine richterliche Nachprüfung laufe dem Willen des Erblassers zuwider, da im Sinne des Erblassers die Abstellung auf das freie Belieben des Dritten regelmäßig so zu verstehen sei, dass der Dritte nach den ihm bekannten Absichten des Erblassers die Wahl treffen solle.[128] Während *Johannsen* eine gerichtliche Überprüfung selbst dann

125 BayOblG, Urteil vom 15.03.1990, Az.: 2 Z 21/90, FamRZ 1990, S. 1158; *Damrau/Tanck/Klessinger*, § 2269, Rn. 37; *Grüneberg/Weidlich*, § 2269, Rn. 13.

126 *BeckOK/Müller-Christmann*, § 2151, Rn. 7; *Damrau/Tanck/Linnartz*, § 2151, Rn. 17; *Lange/Kuchinke*, § 29 III.2.b); *MüKoBGB/Rudy*, § 2151, Rn. 12; *NK-BGB/Horn*, § 2151, Rn. 11; *RGRK/Johannsen*, § 2151, Rn. 6; *Soergel/Wolf*, § 2151, Rn. 4; *Staudinger/Otte*, § 2151, Rn. 8.

127 *RGRK/Johannsen*, § 2151, Rn. 6; *Staudinger/Otte*, § 2151, Rn. 9.

128 Protokolle V, S. 27, 28.

ablehnt, wenn der Erblasser für die Auswahl bestimmte Weisungen erteilt hat, soll nach anderer Auffassung eine gerichtliche Überprüfbarkeit jedenfalls dann möglich sein, wenn der Erblasser selbst bestimmte Auswahlkriterien festgelegt und eine gerichtliche Überprüfung nicht ausgeschlossen hat.[129]

In Bezug auf das sogenannte Supervermächtnis ist dieser Meinungsstreit unerheblich, da der Erblasser nach allen bekannten Formulierungsvorschlägen keine besonderen Auswahlkriterien anordnet.

Hierdurch gehört die von dem Bestimmungsberechtigten ausgewählte Person zu dem Kreis der vom Erblasser selbst bestimmten Personen, sodass Unbilligkeit, Arglist oder Sittenwidrigkeit nicht vorliegen. Die Ermessensentscheidung des Bestimmungsberechtigten unterliegt damit keiner gerichtlichen Überprüfung, weil die von dem Bestimmungsberechtigten getroffene Auswahl dem Willen des Erblassers entspricht.

IX. Anfall des Bestimmungsvermächtnisses

Die Forderung des „gewöhnlichen" Vermächtnisnehmers kommt gemäß § 2176 BGB mit dem Erbfall zur Entstehung. Der Bedachte erlangt damit vor dem Erbfall noch kein Recht auf den Gegenstand des Vermächtnisses, sondern nur eine tatsächliche Aussicht.[130]

Wann ein Bestimmungsvermächtnis im Sinne von § 2151 BGB anfällt, ist umstritten.

1. Meinungsstand

Nach Ansicht von *Matthias Jünemann* sind alle, die zu dem vom Erblasser bestimmten Personenkreis gehören, bis zur Ausübung der Bestimmung oder bis zum definitiven Ausbleiben der Auswahlentscheidung aufschiebend bedingt berechtigt.[131] Schon mit dem Erbfall erhalte der Vermächtnisnehmer eines Bestimmungsvermächtnisses eine Rechtsposition, die mehr als nur eine tatsächliche Aussicht sei. Da der Anfall des Vermächtnisses gewiss sei, seien die Bedachten ab dem Erbfall auflösend bedingte Mitgläubiger.

Dagegen vertritt *Mathis Rudy* die Ansicht, dass auch ohne die Bestimmung des Bedachten ein wirksames Vermächtnis vorliegt, das bereits mit dem Erbfall

---

129 *Ermann/Nobis*, § 2151, Rn. 3; *N. Mayer*, ZEV 1995, S. 247 (249); *NK-BGB/Horn*, § 2151, Rn. 11; *RGRK/Johannsen*, § 2151, Rn. 6.

130 *Jünemann*, ZEV 2011, S. 163.

131 *Jünemann*, ZEV 2011, S. 163 (165).

und nicht etwa erst mit der Bestimmung anfällt. Diejenigen, die dem Kreis der begünstigten Personen angehören, seien zunächst unter einer auflösenden Bedingung als Gesamtgläubiger eingesetzt.[132]

Nach Auffassung von *Otte* ist weder an eine Gesamtgläubigerschaft noch an eine Mitgläubigerschaft zu denken, vielmehr soll von der Gläubigerschaft eines noch unbekannten Beteiligten auszugehen sein. Allerdings solle die Frage, ob das Vermächtnis dem, den der Bestimmungsberechtigte auswählt, bereits mit dem Erbfall anfalle, zu bejahen sein.[133] Der Anfall des Vermächtnisses müsse bereits erfolgt sein, da die mehreren Bedachten dann, wenn der Bestimmungsberechtigte die Bestimmung nicht treffen kann oder nicht trifft, Gesamtgläubiger seien.[134]

Für *Christoph Reymann* erscheint es überzeugend, bei dem Bestimmungsvermächtnis von einem besonderen Vermächtnistyp zu sprechen. Für das Bestimmungsvermächtnis sei es charakteristisch, dass ähnlich wie bei einem Bestimmungsrecht hinsichtlich einer Vertragsleistung (§§ 315 ff. BGB) der Vermächtnisanspruch hinsichtlich der Person des Vermächtnisnehmers vorerst konkretisierungsbedürftig, aber wirksam ist. Die Parallelen zur Bedingung überzeugten allerdings insofern, als der Vermächtnisanspruch des letztlich Bestimmten bereits vor der Ausübung der Bestimmungserklärung bzw. Erlöschen des Bestimmungsrechtes entstanden sei, aber noch keine Wirkungen entfalte. Ähnlich wie bei dem Eintritt einer Bedingung wirke die dann entstehende Vermächtnisnehmerstellung zwar dinglich nicht zurück, wegen des bereits erfolgten Vermächtnisanfalls könne der Bestimmte aber bereits für die Zeit davor in der Regel Herausgabe gemäß § 2184 BGB verlangen.[135]

Nikolas Hölscher hält es für naheliegend, das Bestimmungsvermächtnis als besonderen Vermächtnistyp zu behandeln, bei dem das Vermächtnis mit der Auswahlentscheidung fällig werde, es aber bereits mit dem Erbfall anfalle.[136] Als seiner Auffassung nach überzeugendes Argument führt er an, dass Erbfall und Ausübung des Bestimmungsrechtes zeitlich auseinanderfallen, was nicht zu einer Besserstellung des Erben führen solle. Nähme man den Anfall erst mit der Ausübung der Bestimmung an, würden dem Erben nach § 2184 BGB die Früchte und Nutzungen in der Zeit zwischen dem Erbfall und Bestimmung

132 *MüKoBGB/Rudy*, § 2151, Rn. 7.
133 *Staudinger/Otte*, § 2151, Rn. 5.
134 *Staudinger/Otte*, § 2178, Rn. 3.
135 *jurisPK-BGB/Reymann*, § 2151, Rn. 33.
136 *BeckOKG/Hölscher*, § 2151, Rn. 19, 20. zustimmend: *NK-BGB/Horn*, § 2151, Rn. 7c.

zustehen. Dem bestimmungsberechtigten Erben würde damit ein Anreiz gegeben, die Auswahlentscheidung möglichst spät zu treffen.[137]

Einigkeit scheint aber jedenfalls dahingehend zu bestehen, dass die Ausübung der Bestimmung kein Ereignis im Sinne von § 2178 BGB ist.[138]

2. Stellungnahme

Alle genannten unterschiedlichen Auffassungen zum Anfall eines Bestimmungsvermächtnisses und zur fehlenden Anwendbarkeit des § 2178 BGB überzeugen nicht.

Welche Rechtsstellung eine Person hat, die zum Kreis der auszuwählenden potenziellen Vermächtnisnehmer gehört, gibt keinen Aufschluss über die Frage, wann ein Bestimmungsvermächtnis anfällt. Weder eine auflösend bedingte Mitgläubigerschaft noch eine auflösend bedingte Gesamtgläubigerschaft noch die Gläubigerschaft eines noch unbekannten Beteiligten können den Zeitpunkt des Anfalles des Bestimmungsvermächtnisses begründen.

a) Gesamtgläubigerschaft

Zunächst überzeugt die Annahme einer auflösend bedingten Gesamtgläubigerschaft nicht. Dem Wortlaut des § 2151 Abs. 3 S. 1 BGB ist, worauf *Hölscher* zutreffend hinweist,[139] klar zu entnehmen, dass eine Gesamtgläubigerschaft subsidiär nur dann eintritt, wenn der Bestimmungsberechtigte die Bestimmung nicht treffen kann oder eine gerichtlich gesetzte Frist für die Ausübung des Bestimmungsrechtes verstrichen ist. Die Position des Gesamtgläubigers endet somit nicht durch die Ausübung der Bestimmung, sondern sie entsteht erst durch die Nichtausübung.[140]

Hierfür spricht auch, dass im Rahmen der Beratungen der Kommission für die zweite Lesung des Entwurfs des Bürgerlichen ein Antrag gestellt wurde, der ausdrücklich vorsah, dass dann, wenn der *Erblasser Mehrere mit einem*

---

137 *BeckOKG/Hölscher*, § 2151, Rn. 20; *Hölscher*, ZEV 2015, S. 676 (679).

138 *BeckOK/Müller-Christmann*, § 2151, Rn. 3; *BeckOKG/Hölscher*, § 2151, Rn. 20; *BeckOKG/Müller-Engels*, § 2178, Rn. 6; *Burandt/Rojahn/Burandt*, § 2178, Rn. 3; *Borries*, ErbR 2021, S. 90 (92); *Damrau/Tanck/Linnartz*, § 2178, Rn. 4; *Grüneberg/Weidlich*, § 2178, Rn. 1; *Kipp/Coing*, § 62 II.4. i. V. m. § 55 III.4.; *MüKoBGB/Rudy* § 2178, Rn. 3; *PWW/Schiemann*, § 2178, Rn. 3; *Soergel/Wolf*, § 2178, Rn. 5; *Staudinger/Otte*, § 2178, Rn. 3; kritisch: *Schwarz*, ZEV 2012, S. 27.

139 *BeckOKG/Hölscher*, § 2151, Rn. 17.

140 *BeckOKG/Hölscher*, § 2151, Rn. 17, *jurisPK-BGB/Reymann*, § 2151, Rn. 28.

Vermächtnis in der Weise bedacht habe, daß dem Beschwerten die Wahl des Bedachten zusteht, die in solcher Weise Bedachten Gesamtgläubiger sind.[141] Dieser Antrag wurde verworfen. Vielmehr wurde der Antrag angenommen, wonach lediglich für die Fälle, dass der Bestimmungsberechtigte die Bestimmung nicht treffen kann sowie für den Fall, dass eine gerichtlich bestimmte Frist verstreicht, ein Gesamtgläubigerverhältnis der mehreren Bedachten entsteht.[142]

Eine Gesamtgläubigerschaft tritt folglich erst ab dem Zeitpunkt und auch lediglich für den Fall ein, dass das Bestimmungsrecht nicht ausgeübt wird oder eine gerichtlich bestimmte Frist zur Ausübung verstrichen ist. Die Gesamtgläubigerschaft ist weder auflösend noch aufschiebend bedingt.

b) Rückschlüsse aus der Gesamtgläubigerschaft

Aus dem Eintritt der Gesamtgläubigerschaft folgt nicht, dass das Vermächtnis mit dem Erbfall oder mit der Ausübung des Bestimmungsrechtes anfällt. Aus dem Umstand, dass bei Nichtausübung des Bestimmungsrechtes oder bei Verstreichen einer gerichtlich angeordneten Frist Gesamtgläubigerschaft eintritt, lassen sich keine Rückschlüsse auf den Anfall des Bestimmungsvermächtnisses ziehen.

Die Gläubigerstellung entsteht zeitgleich mit der Entstehung des Anspruches, also mit dem Anfall. Anfall des Vermächtnisses bedeutet, dass die Vermächtnisforderung rechtlich existent wird.[143] Zeitgleich mit der Entstehung der Vermächtnisforderung wird der mit dem Vermächtnis Bedachte Gläubiger der Vermächtnisforderung.

Otte meint, der Anfall des Vermächtnisses müsse aufgrund der gemäß § 2151 Abs. 3 BGB eintretenden Gesamtgläubigerschaft bereits vor Ausübung der Bestimmung erfolgt sein, während bei Anwendbarkeit des § 2178 BGB der Anfall als nicht erfolgt angesehen werden müsse.[144] Dieses Argument trägt nicht, weil auch dann, wenn der Bestimmungsberechtigte die Bestimmung nicht ausüben kann oder eine durch das Gericht gesetzte Frist fruchtlos verstreicht, der Anfall des Vermächtnisses gemäß § 2178 BGB erfolgen kann. Auch der Umstand, dass der Bestimmungsberechtigte die Bestimmung nicht ausüben kann, und das Verstreichen einer gerichtlich bestimmten Frist sind nach

141 Protokolle V, S. 25.

142 Protokolle V, S. 27.

143 *Soergel/Wolf*, § 2176, Rn. 1.

144 *Staudinger/Otte*, § 2178, Rn. 3.

dem Erbfall eintretende Ereignisse, die sich unter § 2178 BGB subsumieren lassen.

Entgegen *Otte* muss der Anfall also nicht bereits erfolgt sein, weil Gesamtgläubigerschaft besteht, vielmehr kann der Anfall auch dadurch erfolgen, dass das Bestimmungsrecht nicht ausgeübt wird bzw. eine durch das Gericht gesetzte Frist verstreicht, womit dann zeitgleich mit dem Anfall die Gesamtgläubigerschaft eintritt.

c) Auffassung des historischen Gesetzgebers

Dass ein Bestimmungsvermächtnis bereits mit dem Erbfall anfallen soll, erscheint auch historisch betrachtet fragwürdig. Die Motive geben Aufschluss darüber, was nach Auffassung des historischen Gesetzgebers unter dem Anfall des Vermächtnisses zu verstehen ist.

Der Entwurf zum BGB verstand unter dem Anfall des Vermächtnisses ebenso wie unter dem Anfall der Erbschaft den vorläufigen Erwerb des Vermächtnisanspruches, d. h. denjenigen Erwerb, der durch Ausschlagung noch rückgängig gemacht werden kann. Die Motive beschreiben, dass durch die letztwillige Verfügung erst die Hoffnung begründet werde, die als solche ohne rechtlichen Belang und folgerichtig auch unvererblich sei. Zu einem Recht werde die Hoffnung erst, wenn der Erblasser das Vermächtnis bis zu seinem Tod nicht widerrufen habe und von dem Vermächtnisnehmer überlebt worden sei. Das Recht bestehe alsdann in dem Vermächtnisanspruch oder dem Recht auf Leistung, wenn das Vermächtnis unbedingt und der Vermächtnisnehmer eine bestimmte, zur Zeit des Erbfalles lebende oder eine zu dieser Zeit bereits empfangene Person sei. Liege ein bedingtes Vermächtnis vor oder sei eine Person bedacht, die zur Zeit des Erbfalles noch nicht empfangen sei, oder jemand, dessen Persönlichkeit erst durch ein später eintretendes Ereignis bestimmt werde, so bestehe das Recht nur in einem von einem künftigen Tatumstand (Erfüllung der Bedingung, Eintritt des die Person bestimmenden Ereignisses) abhängigen bedingten Forderungsrecht.[145]

Ein Recht auf Leistung zum Zeitpunkt des Erbfalls war nach Auffassung des historischen Gesetzgebers folglich nur für eine *bestimmte Person*, nicht aber für eine *noch nicht bestimmte Person* vorgesehen.

Bezogen auf die Ausnahme von der Regel, dass das Vermächtnis mit dem Erbfalle anfällt, lässt sich den Motiven weiterhin Folgendes entnehmen:

145 Motive V, S. 177.

> *Als eine solche Ausnahme ist zunächst im zweiten Absatze unter Nr. 1 erwähnt, daß dem Vermächtnisse eine aufschiebende Bedingung beigefügt und die Bedingung zur Zeit des Erbfalles noch nicht erfüllt ist. [...] Das gemeine Recht und das sächs. G.B. § 2426 erwähnen neben der Bedingung die Befristung für den besonderen Fall, dass einem Vermächtnisse ein Anfangstermin beigefügt ist, bis zu dessen Eintritte das Entstehen der rechtlichen Wirkung hinausgeschoben sein soll. In diesem Fall soll der Vermächtnisanspruch für den Vermächtnisnehmer ebenfalls erst mit dem Eintritte des Termins entstehen. Eine Vorschrift dieses Inhaltes ist nicht erforderlich. Der Fall, dass ein Erblasser in der vorausgesetzten Weise verfügt, ist ein so seltener, dass dessen Übergehung im Gesetze gerechtfertigt erscheint. Dazu kommt, dass, wenn ein solcher Fall vorkommen sollte, ein Zweifel darüber nicht wohl obwalten kann, daß der Vermächtnisanspruch erst mit dem Eintritte des Anfangstermins zur Entstehung gelangen soll und kann.*[146]

Zu schließen ist daraus zum einen, dass ein Vermächtnis nach der Vorstellung des historischen Gesetzgebers immer dann, wenn es nach dem Willen des Erblassers von einem künftigen Tatumstand abhängig ist, auch erst zu diesem späteren Zeitpunkt anfallen soll, und zum anderen, dass der historische Gesetzgeber nur für seltene Fälle eine Übergehung im Gesetz als gerechtfertigt angesehen hat.

Vor diesem Hintergrund wird von der Literatur zu Unrecht angenommen, dass die Ausübung der Bestimmung kein Fall des § 2178 BGB ist.

d) Wortlaut

Nach dem Wortlaut der Vorschrift erfolgt der Anfall des Vermächtnisses dann, wenn die Persönlichkeit des Bedachten durch ein erst nach dem Erbfall eintretendes Ereignis bestimmt wird, erst mit dem Eintritt des Ereignisses.

Die Ausübung des Bestimmungsrechtes bedeutet den Übergang von einem Zustand in einen anderen Zustand und ist damit sprachlich als Ereignis zu qualifizieren. Durch die Ausübung des Bestimmungsrechtes wird auch die Persönlichkeit des Bedachten bestimmt, womit folglich bei wörtlicher Auslegung der Vorschrift die tatbestandlichen Voraussetzungen des § 2178 BGB erfüllt sind.

e) Systematik

Als eines der wenigen Argumente, warum die Ausübung des Bestimmungsrechtes kein Ereignis im Sinne des § 2178 BGB sein soll, führt *Hölscher* das systematische Argument an, dass im Falle einer Anwendung von § 2178 BGB die Anwendung von § 2184 BGB ausgeschossen sei und hierdurch eine bewusste

146 Motive V, S. 179.

Verzögerung der Auswahlentscheidung für den Bestimmungsberechtigten Vorteile bieten würde.[147]

Dass eine bewusste Verzögerung der Auswahlentscheidung dann, wenn der Anfall erst durch die Ausübung der Bestimmung erfolgt, für den Bestimmungsberechtigten Vorteile bieten würde, weil ihm dann auch die Früchte des Vermächtnisgegenstandes bis zur Ausübung der Bestimmung zustehen, ist zunächst nur dann richtig, wenn der Bestimmungsberechtigte auch der Beschwerte ist.

Das Argument trägt daher nicht, weil dann konsequenterweise für den Anfall des Vermächtnisses zu unterscheiden wäre, ob die Bestimmung durch den Beschwerten oder durch einen Dritten erfolgt. Da einem Dritten nicht ohne Weiteres zu unterstellen sein wird, dass er zugunsten des Beschwerten die Bestimmung verzögert, müsste nach der Argumentation von *Hölscher* eine Anwendbarkeit von § 2178 BGB gegeben sein, wenn ein Dritter Bestimmungsberechtigter ist. Aufgrund des als möglich zu unterstellenden Eigeninteresses des Beschwerten zum Schutz des Vermächtnisnehmers müsste dann, wenn der Beschwerte bestimmungsberechtigt ist, von einem sofortigen Anfall des Vermächtnisses zum Zeitpunkt des Erbfalles auszugehen sein. Eine solche Differenzierung wird man vernünftigerweise nicht annehmen können.

Darüber hinaus besteht auch keine praktische Notwendigkeit dafür, dass das Bestimmungsvermächtnis zwingend bereits mit dem Erbfall anfallen muss, damit dem Vermächtnisnehmer auch gemäß § 2184 die Früchte zustehen. Am Beispiel des sogenannten Supervermächtnisses ergibt sich vielmehr genau Gegenteiliges:

Der länger lebende und mit dem Vermächtnis beschwerte Ehegatte oder eingetragene Lebenspartner soll nach der dem sogenannten Supervermächtnis zugrunde liegenden Idee die Möglichkeit haben, über das beiderseitige Vermögen längst möglich zu verfügen und im Zweifel das Vermögen auch zu verbrauchen. Würde der Bestimmungsberechtigte nun nach längerer Zeit der Nutzung des Vermögens und auch der Fruchtziehung die Bestimmung ausüben, dann hätte der Beschwerte eben diese Früchte gemäß § 2184 BGB an den Vermächtnisnehmer herauszugeben, wenn das Vermächtnis bereits mit dem Erbfall angefallen wäre.

Das entspricht aber ohne diesbezügliche ausdrückliche Anordnung nicht dem Willen des Erblassers und auch nicht der Idee des sogenannten Supervermächtnisses. Dem Erblasser geht darum, einerseits dem länger lebenden

147 *BeckOKG/Hölscher*, § 2151, Rn. 17; *Hölscher*, ZEV 2015, S. 676 (679).

Ehegatten oder eingetragenen Lebenspartner die Verfügungsgewalt über das vererbte Vermögen zu erhalten und andererseits steuerliche Freibeträge des oder der Bedachten nicht verfallen zu lassen. Dass der Bestimmungsberechtigte dann, wenn er die Bestimmung zu einem von ihm gewählten Zeitpunkt ausübt, damit auch noch die Herausgabe der Früchte auslöst, ist im Zweifel seitens des Erblassers nicht gewollt.

Wenn der Bestimmungsberechtigte gleichzeitig der Beschwerte ist, könnte die Anwendbarkeit des § 2178 BGB entgegen der Auffassung von *Hölscher* auch nicht dazu führen, dass der bestimmungsberechtigte Beschwerte bewusst die Ausübung des Bestimmungsrechtes verzögern könnte. Im Gegenteil: Würde das Vermächtnis bereits mit dem Erbfall anfallen, müsste der bestimmungsberechtigte Beschwerte versucht sein, die Bestimmung möglichst früh zu treffen oder die Bestimmung gar nicht zu treffen, damit er nicht auch noch die Früchte herauszugeben hätte. Das systematische Argument von Hölscher trägt daher nicht.

f) Widerspruch zu § 2162 Abs. 2 BGB

Als ein weiteres Argument dafür, dass § 2178 BGB auf das Bestimmungsvermächtnis keine Anwendung findet, führt *Levin von Borries* die Vorschrift des § 2162 Abs. 2 BGB an. Hier wird bestimmt, dass ein Vermächtnis nach Ablauf von 30 Jahren unwirksam wird, wenn das Ereignis nicht vorher eintritt. *Von Borries* meint, dies stehe im Widerspruch zu § 2151 Abs. 3 BGB, wobei das Bestimmungsvermächtnis nach Ausbleiben der Bestimmung ausdrücklich wirksam bleibe und Gesamtgläubigerschaft unter den Bedachten eintrete.[148]

Diese Begründung übersieht den Normzweck des § 2162 Abs. 2 BGB und trägt daher nicht.

Sinn und Zweck der Vorschrift des § 2162 BGB ist, erbrechtliche Schwebezustände nicht auf unabsehbare Zeit andauern zu lassen.[149] Daher ist die Vorschrift des § 2162 Abs. 2 BGB ein Argument dafür, dass § 2178 auf das Bestimmungsvermächtnis Anwendung findet und nicht dagegen. Andernfalls könnte das Bestimmungsvermächtnis dann, wenn kein Beteiligter einen Antrag auf gerichtliche Fristsetzung gemäß § 2151 Abs. 3 S. 2 BGB stellt, über Generationen hinweg wirksam bleiben, wenn ein Dritter zum Bestimmungsberechtigten ernannt ist.

148 *Von Borries*, ErbR 2021, S. 90 (92).
149 *Damrau/Tanck/Linnartz*, § 2162, Rn. 1.

Gesamtgläubigerschaft tritt gemäß § 2151 Abs. 3 S. 1 BGB ein, wenn der Beschwerte oder der Dritte die Bestimmung nicht treffen können. Dritter kann – wie oben[150] ausgeführt – auch eine juristische Person wie beispielsweise eine Aktiengesellschaft oder eine GmbH sein, sodass das Bestimmungsrecht bei Nichtanwendbarkeit von § 2178 BGB i. V. m. § 2162 Abs. 2 BGB theoretisch so lange ausgeübt werden könnte, wie die juristische Person besteht.

Sinn und Zweck der Vorschrift des § 2162 BGB ist, erbrechtliche Schwebezustände nicht auf unabsehbare Zeit andauern zu lassen. Diesen Willen, erbrechtliche Schwebezustände nicht auf unabsehbare Zeit andauern zu lassen, hat der Gesetzgeber auch mit der Vorschrift des § 2109 BGB zum Ausdruck gebracht, wonach die Einsetzung eines Nacherben mit dem Ablauf von 30 Jahren nach dem Erbfall unwirksam wird, wenn nicht vorher der Fall der Nacherfolge eingetreten ist. Auch die Dauer einer Testamentsvollstreckung ist gemäß § 2210 BGB auf die Dauer von 30 Jahren beschränkt. Die gleiche zeitliche Einschränkung gilt ebenfalls für den Ausschluss der Auseinandersetzung gemäß § 2044 Abs. 2 BGB.

Ausnahmen von der dreißigjährigen Frist hat der Gesetzgeber nur in bestimmten Fällen vorgesehen. Gemäß § 2109 Abs. 1 Nr. 1 BGB wird eine Ausnahme lediglich dann zugelassen, wenn die Nacherfolge für den Fall angeordnet ist, dass in der Person des Vorerben oder des Nacherben ein Ereignis eintreten soll. Diese Ausnahme von der dreißigjährigen Frist wird gemäß § 2109 Abs. 2 BGB nicht zugelassen, wenn es sich bei der Person, in der das Ereignis eintreten soll, um eine juristische Person handelt.

§ 2210 S. 2 BGB lässt eine Ausnahme von der Höchstdauer der dreißigjährigen Vollstreckung dann zu, wenn die Vollstreckung bis zum Tod des Erben oder des Testamentsvollstreckers oder bis zum Eintritt eines Ereignisses bei dem einen oder dem anderen andauern soll. Das gilt gemäß § 2210 S. 3 BGB i. V. m. § 2163 Abs. 2 BGB nicht, wenn der Erbe oder der Testamentsvollstrecker eine juristische Person sind.

Hieraus folgt, dass der Gesetzgeber es nur unter bestimmten ausdrücklich normierten Umständen zulassen wollte, dass erbrechtliche Schwebezustände und auch eine Testamentsvollstreckung, über die der Erblasser postmortal über seinen Nachlass bestimmen kann, länger als 30 Jahre andauern.

Aus diesem Grund kann nicht angenommen werden, dass gerade für das Bestimmungsvermächtnis des § 2151 BGB keine zeitliche Beschränkung des Schwebezustandes gewollt war. Vielmehr muss davon ausgegangen werden,

---

150 Vgl. oben Kapitel 3, III.2.

dass der Gesetzgeber die Ausübung des Bestimmungsrechtes als Ereignis im Sinne von § 2178 BGB angesehen hat.

Es ist auch kein belastbarer Grund ersichtlich, warum ein Bestimmungsvermächtnis nicht nach 30 Jahren unwirksam werden soll, wenn die Bestimmung bis dahin nicht ausgeübt ist. Das Argument, dass das Bestimmungsvermächtnis nach Ausbleiben der Bestimmung ausdrücklich bestehen bleibt und Gesamtgläubigerschaft unter den Bedachten eintritt, überzeugt nicht. Gesamtgläubigerschaft tritt nur dann ein, wenn der Beschwerte oder der Dritte die Bestimmung nicht ausüben *kann*, nicht aber, wenn der Beschwerte oder Dritte die Bestimmung nicht ausübt. Übt der Beschwerte oder der Dritte das Bestimmungsrecht nicht aus, kann jeder potenziell Bedachte den Eintritt der Gesamtgläubigerschaft dadurch auslösen, dass er gemäß § 2151 Abs. 3 S. 2 BGB einen Antrag auf Fristbestimmung durch das Nachlassgericht stellt und die Bestimmung sodann nicht fristgerecht ausgeübt wird.

Jeder potenziell Bedachte hat es folglich in der Hand, den Schwebezustand in Bezug auf das Bestimmungsvermächtnis zu beenden. Eine Notwendigkeit, dies auch nach Ablauf des Zeitraums von 30 Jahren seit dem Erbfall zuzulassen, besteht nicht, zumal der Schwebezustand ja auch nur dann beendet werden kann, wenn einer der potenziell Bedachte einen Antrag nach § 2151 Abs. 3 S. 2 BGB stellt.

g) Bestimmung der Persönlichkeit

Eine Begründung dafür, dass die Bestimmung des Bedachten nach § 2151 BGB kein Ereignis im Sinne von § 2178 BGB sein soll, suchen *Linnartz*[151] und *von Borries*[152] darin, dass ihrer Auffassung nach der Bedachte im Fall des § 2151 BGB bereits feststehe oder zu dem begünstigten Personenkreis gehöre, aus dem sich Ansprüche auf das Vermächtnis ergeben würden. Dies sei bei § 2178 hingegen nicht der Fall.

Linnartz nennt hierbei als ein Ereignis im Sinne des § 2178 BGB beispielhaft eine Anordnung des Erblassers, nach der derjenige das Vermächtnis erhält, der als erster Abkömmling des Erblassers das zweite juristische Staatsexamen besteht.[153]

In diesem Beispielsfall steht die Person des Bedachten jedoch genau so wenig fest wie in dem Fall, wenn ein Bestimmungsberechtigter aus dem Kreis der

151 *Damrau/Tanck/Linnartz*, § 2178, Rn. 4.

152 V*on Borries*, ErbR 2021, S. 90 (92).

153 *Damrau/Tanck/Linnartz*, § 2178, Rn. 4.

Abkömmlinge eine Person auswählen soll, die das Vermächtnis erhält. Der Personenkreis – hier die Abkömmlinge des Erblassers – steht fest, nicht aber, wer das Vermächtnis erhält. Lediglich das Ereignis ist ein anderes; einmal das Bestehen des zweiten juristischen Staatsexamens und einmal die Bestimmung durch den Bestimmungsberechtigten. Der Unterschied besteht allein darin, dass derjenige, der als Erster das zweite juristische Staatsexamen bestehen muss, den Vermächtnisanfall zu seinen Gunsten selbst auslösen kann, während dann, wenn einem Bestimmungsberechtigten die Auswahl obliegt, der zum Kreis der potenziellen Bedachten gehörende Abkömmling die Auswahlentscheidung nicht selbst in der Hand hat.

Dieser Unterschied ist aber für die Anwendbarkeit von § 2178 BGB nicht relevant. Die Vorschrift bestimmt nicht, dass der zum Personenkreis der potenziellen Bedachten Gehörende selbst Einfluss auf das Ereignis haben muss.

Ähnlich zu *Linnartz* argumentiert *von Borries* dahingehend, dass es der Sinn und Zweck der Vorschrift des § 2178 BGB sei, den Anfall eines Vermächtnisses in den Fällen zu regeln, in denen die Persönlichkeit des Vermächtnisnehmers im Zeitpunkt des Erbfalls noch nicht festgestellt werden könne, bei einem Bestimmungsvermächtnis aber der potenzielle Vermächtnisnehmer durch den hinreichend bestimmten Personenkreis bereits bekannt sei. *Von Borries* verweist hierbei auf das in der Literatur genannte Vermächtnis zugunsten desjenigen Neffen des Erblassers, der nach dem Erbfall als Nächster heiratet.[154]

Die Argumentation von *von Borries* lässt sich leicht überwinden. Das zur Begründung herangezogene Beispiel belegt das Gegenteil dessen, was *von Borries* zu begründen versucht: Ob ein Erblasser bestimmt, dass der erste seiner Neffen, der heiratet, Vermächtnisnehmer sein soll, oder festlegt, dass ein Bestimmungsberechtigter aus dem Kreis seiner Neffen eine Person auswählen soll, ändert nichts daran, dass potenzieller Vermächtnisnehmer einer der Neffen ist. In beiden Fällen steht zum Zeitpunkt des Erbfalles fest, dass einer der Neffen das Vermächtnis erhalten soll, nicht aber, welcher Neffe es ist. In beiden Fällen steht nicht fest, ob überhaupt einer der Neffen ein Vermächtnis erhält. Heiratet kein Neffe, bekommt keiner das Vermächtnis. Übt der Bestimmungsberechtigte die Bestimmung nicht aus, weil er vor Ausübung verstirbt oder geschäftsunfähig wird, erhält keiner das Vermächtnis.

---

154 *Von Borries*, ErbR 2021, S. 90 (92).

3. Fazit

Belastbare Argumente dafür, dass die Ausübung des Bestimmungsrechtes kein Ereignis im Sinne des § 2178 BGB darstellt, existieren daher nicht. Mit der Ausübung des Bestimmungsrechtes hat der Bestimmungsberechtigte gemäß § 2151 Abs. 1 BGB festzulegen, wer von den mehreren das Vermächtnis erhalten soll. Die Persönlichkeit des Bedachten soll somit durch die Ausübung der Bestimmung bestimmt werden. Die Ausübung der Bestimmung ist damit ein nach dem Erbfall eintretendes Ereignis im Sinne des § 2178 BGB.

Ereignisse im Sinne des § 2178 BGB sind auch diejenigen, die dazu führen, dass ein Bestimmungsberechtigter die Bestimmung nicht (mehr) ausüben kann, beispielsweise der Tod des Bestimmungsberechtigten oder der Eintritt der dauerhaften Geschäftsunfähigkeit des Bestimmungsberechtigten.

Ein Ereignis im Sinne des § 2178 BGB ist schlussendlich auch der Ablauf einer durch das Nachlassgericht gemäß § 2151 Abs. 3 S. 2 BGB gesetzten Frist.

Das Bestimmungsvermächtnis fällt somit gemäß § 2178 BGB mit der Ausübung der Bestimmung an. Wird die Bestimmung nicht ausgeübt, fällt es dann an, wenn der Bestimmungsberechtigte die Bestimmung nicht mehr ausüben kann oder wenn eine dem Bestimmungsberechtigten durch das Nachlassgericht nach § 2151 Abs. 3 S. 2 BGB gesetzte Frist abläuft.

X. Zusammenfassung

1. Durchgreifende zivilrechtliche Bedenken gegen den Teil des sogenannten Supervermächtnisses, der in dem Bestimmungsvermächtnis gemäß § 2151 BGB liegt, bestehen nicht.
2. Der bedachte Personenkreis muss hinreichend bestimmt definiert werden.
3. Der bedachte Personenkreis muss dem Bestimmungsberechtigten die Möglichkeit einer Auswahl bieten.
4. Als Bestimmungsberechtigter kommen sowohl der Beschwerte selbst als auch ein fremder Dritter in Betracht; der Beschwerte selbst auch dann, wenn er zum Kreis der möglichen Bedachten gehört.
5. Als Ersatzpersonen kommen insbesondere die Bedachten selbst – und zwar gemeinschaftlich – in Betracht, da es dann, wenn der Längerlebende bereits nachverstorben oder jedenfalls geschäftsunfähig geworden ist, nicht mehr darauf ankommt, ihm eine möglichst lange Verfügungsgewalt über das gemeinschaftliche Vermögen der Ehegatten bzw. Lebenspartner zu erhalten. Dies gilt allerdings dann nicht, wenn die Bedachten selbst noch minderjährig sind.

6. Ist bereits für den Nachlass des Erstversterbenden Testamentsvollstreckung angeordnet, kommt der ernannte Testamentsvollstrecker als Ersatzperson in Betracht, soweit dieser nicht aus Erwägungen des letztwillig Verfügenden anstelle des Längerlebenden oder gemeinsam mit diesem von vorneherein als Bestimmungsberechtigter ernannt ist.
7. Die Einsetzung eines Dritten als Bestimmungsberechtigten, der nicht gleichzeitig Testamentsvolltrecker ist, ist möglich, wirft aber Bedenken auf, weil nicht sichergestellt werden kann, dass der Dritte zur Zeit der notwendigen Ausübung des Bestimmungsrechtes noch vorhanden oder zu Ausübung in der Lage und zu dem maßgeblichen Zeitpunkt auch gewillt ist, das Bestimmungsrecht auszuüben.
8. Der Bestimmungsberechtigte kann das Bestimmungsrecht nicht an einen anderen übertragen.
9. Die Ausübung des Bestimmungsrechtes erfolgt durch formlose, empfangsbedürftige und unwiderrufliche Willenserklärung
10. Das Bestimmungsrecht kann auch von einem beschränkt geschäftsfähigen Minderjährigen ausgeübt werden, aber nicht durch eine Person, die gemäß § 104 BGB geschäftsunfähig ist.
11. Wird das Bestimmungsrecht nicht ausgeübt, weil der Bestimmungsberechtigte dies nicht ausüben kann, werden alle Personen des vom Erblasser benannten Personenkreises Gesamtgläubiger. Gleiches gilt, wenn eine der benannten Personen gemäß § 2151 Abs. 3 S. 2 BGB einen Antrag stellt und die von dem Gericht gesetzte Frist verstreicht.
12. Eine Verfügung des Erblassers, dass derjenige, der einen Antrag nach § 2151 Abs. 3 S. 2 BGB stellt, aus dem Personenkreis der potenziell Bedachten ausscheidet, ist zulässig.
13. Die Entscheidung des Bestimmungsberechtigten ist nicht gerichtlich überprüfbar.
14. Das Bestimmungsvermächtnis fällt gemäß § 2178 BGB mit der Ausübung der Bestimmung an. Die Ausübung der Bestimmung ist ein Ereignis im Sinne des § 2178 BGB.

Nachdem damit die Voraussetzungen an ein wirksames Bestimmungsvermächtnis und auch der Zeitpunkt des Anfalls des Bestimmungsvermächtnisses, geklärt sind, wird im nachfolgenden Kapitel 4 der zweite Teil des sogenannten Supervermächtnisses – das Zweckvermächtnis gemäß § 2156 BGB – untersucht.

Kapitel 4 Das Zweckvermächtnis gem. § 2156 BGB

Den Kern des Supervermächtnisses bildet das Zweckvermächtnis im Sinne des § 2156 BGB.[155] In Bezug auf den Vermächtnisgegenstand bietet § 2156 BGB einen großen Gestaltungsspielraum. Denn bei einem Zweckvermächtnis kann die Bestimmung der Leistung dem billigen Ermessen eines anderen überlassen werden, der Vermächtnisgegenstand kann somit zunächst völlig offen bleiben.[156]

Tatbestandlich verlangt das Zweckvermächtnis die Bestimmung eines Vermächtniszweckes durch den Erblasser (I.), wobei fraglich ist, wie hinreichend der Erblasser den Zweck bestimmen muss (II.). Die Bestimmung der Leistung nach billigem Ermessen (III.) erfolgt durch den vom Erblasser benannten Bestimmungsberechtigten (V.) in der gesetzlich vorgeschriebenen Form (VI.). Fraglich ist, unter welchen Voraussetzungen die durch den Bestimmungsberechtigten vorgenommene Leistungsbestimmung gerichtlich überprüfbar ist (VI.), ob das Bestimmungsrecht übertragbar ist (VII.) und welche Folgen die Nichtausübung des Bestimmungsrechtes (VIII.) oder die beschränkte Geschäftsfähigkeit oder die Geschäftsunfähigkeit des Bestimmungsberechtigten (IX.) haben.

I. Vermächtniszweck

Als Zweck des sogenannten Supervermächtnisses werden die *Abfindung für den Ausschluss von der gesetzlichen Erbfolge,*[157] die *Möglichkeit der Ausnutzung erbschaftsteuerlicher Freibeträge,*[158] und die *möglichst gerechte und wirtschaftlich*

---

155 *Keim*, ZEV 2016, S. 6 (8).

156 *Keim*, ZEV 2016, S. 6 (8).

157 *BeckOGK/Hölscher*, § 2151, Rn. 46.1; *Bredemeyer*, ZErb 2017, S. 343 (348); *Langenfeld*, JuS 2002, S. 351 (353); *Langenfeld/Fröhler*, Rn. 210; *J. Mayer*, DStR 2004, S. 1409 (1412); *Nieder/Kössinger/R. Kössinger/Zintl*, § 6, Rn. 209; *Roth/Maulbetsch/Schulte/Maulbetsch*, § 4, Rn. 165; *Sammet*, 5.1.4.1.1, § 2; *Schmidt*, BWNotZ 1998, S. 97 (101); *Wachter*, ErbR 2019, S. 621(622).

158 *BeckOGK/Hölscher*, § 2151, Rn. 46.1; *Bredemeyer*, ZErb 2017, S. 343 (348); *Langenfeld*, JuS 2002, S. 351 (353); *Langenfeld/Fröhler*, Rn. 210; *J. Mayer*, DStR 2004, S. 1409 (1412); *Nieder/Kössinger/R. Kössinger/Zintl*, § 6, Rn. 209; *Roth/Maulbetsch/Schulte/Maulbetsch*, § 4, Rn. 165; *Sammet*, 5.1.4.1.1, § 2; *Schlitt*, Münchener

sinnvolle Vermögensverteilung[159] genannt. Bei dem von *Beckervordersandfort/Bock* vorgeschlagenen Sockelvermächtnis mit aufgesetztem Supervermächtnis soll zusätzlich die „*Abmilderung der Steuerprogression*" Zweck des Supervermächtnisses sein.[160] *Thomas Streppel* geht noch einen Schritt weiter und schlägt vor, auch die *Steueroptimierung unter Berücksichtigung aller Begünstigten der letztwilligen Verfügung* als Zweck anzugeben.[161]

Ob dies mit dem Zweckbegriff in § 2156 BGB in Einklang zu bringen ist, ist für *Abfindung für den Ausschluss von der gesetzlichen Erbfolge* und die *Möglichkeit der Ausnutzung erbschaftsteuerlicher Freibeträge* umstritten.

Die Rechtsprechung hat sich bislang nicht näher mit den vorgeschlagenen Zwecken des sogenannten Supervermächtnisses befasst. Der BGH hat in seinem Urteil vom 23.09.1982 eine Abfindung vom elterlichen Vermögen als hinreichend bestimmten Zweck im Sinne des § 2156 BGB angesehen.[162] Das OLG Hamm hat mit Beschluss vom 16.08.2018 das sogenannte Supervermächtnis für grundsätzlich zulässig erachtet, ohne aber auf die im Streitfall konkret bestimmten Zwecke des angeordneten Vermächtnisses einzugehen.[163]

Während die wohl herrschende Meinung in der Literatur die genannten Zwecke nicht infrage stellt und selbst in Formulierungsvorschlägen verwendet,[164] hält *Kanzleiter* die genannten Zwecke mit dem Argument für unzulässig, dass eine Leistungsbestimmung nach billigem Ermessen – wie von § 2156 BGB vorausgesetzt – nicht möglich sei.[165] *Otte* schließt sich dieser Argumentation an und hält entgegen der Entscheidung des BGH eine Abfindung vom elterlichen Vermögen nicht für eine geeignete Zweckangabe, weil jede Vermächtnisleistung aus dem Vermögen des Erblassers an das Kind den Charakter einer (wenn

---

Anwaltshandbuch Erbrecht, § 13, Rn. 206; *Schmidt*, BWNotZ 1998, S. 97 (101); *Wachter*, ErbR 2019, S. 621(622).

159 *Bredemeyer*, ZErb 2017, S. 343 (348); *Nieder/Kössinger/R. Kössinger/Zintl*, § 6, Rn. 209; *Roth/Maulbetsch/Schulte/Maulbetsch*, § 4, Rn. 165; *Sammet*, 5.1.4.1.1, § 2.

160 *Beckervordersandfort/Bock*, ZErb 2020, S. 117 (119).

161 *Streppel*, DNotZ 2021, 259 (270).

162 BGH, Urteil vom 22.09.1982, Az.: IVa ZR 26/81, NJW 1983, 277 (278).

163 OLG Hamm, Beschluss vom 16.08.2018, Az.: 15 W 256/18, ErbR 2019, S. 650.

164 *BeckOGK/Hölscher*, § 2151, Rn. 46.1; *Bredemeyer*, ZErb 2017, S. 343 (348); *Langenfeld*, JuS 2002, S. 351 (353); *Langenfeld/Fröhler*, Rn. 210; *J. Mayer*, DStR 2004, S. 1409 (1412); *Nieder/Kössinger/R. Kössinger/Zintl*, § 6, Rn. 209; *Roth/Maulbetsch/Schulte/Maulbetsch*, § 4, Rn. 165; *Sammet*, 5.1.4.1.1, § 2; *Schlitt*, Münchener Anwaltshandbuch Erbrecht, § 13, Rn. 206; *Schmidt*, BWNotZ 1998, S. 97 (101).

165 *Kanzleiter*, FS für Brambring, S. 225 (229).

auch nur teilweisen) Abfindung habe und § 2156 BGB einen über die Bewirkung der Vermächtnisleistung hinausgehenden Zweck meine.[166]

Die weiteren vorgeschlagenen Zwecke sind bislang weder von der Rechtsprechung noch von der Literatur mit Ausnahme der genannten Autoren behandelt worden.

1. Historische Auslegung des Zweckbegriffes

Der Entstehungsgeschichte des § 2156 BGB lässt sich nicht konkret entnehmen, was der historische Gesetzgeber als Zweck im Sinne der Vorschrift verstanden hat. Nachdem zunächst im Entwurf I noch an dem Prinzip festgehalten wurde, dass der Erblasser den Gegenstand der Zuwendung nicht einem Dritten überlassen konnte, hat die 2. Kommission aufgrund eines zu § 1777 des Entwurfes I gestellten Antrags die Vorschrift des heutigen § 2156 BGB eingeführt.[167] Der seinerzeitige Antrag lautete, folgende Vorschrift als § 1845c in das Gesetz aufzunehmen: *Ist der Zweck der Zuwendung von dem Erblasser bestimmt, so kann die Bestimmung der Leistung dem billigen Ermessen des Beschwerten oder eines Dritten überlassen werden. Auf ein solches Vermächtnis finden die Vorschriften der §§ 266 bis 270 des Entwurfs II entsprechende Anwendung.*[168] Ob der Zweckbegriff als solcher überhaupt problematisiert wurde, lässt sich den Protokollen nicht entnehmen. Dort findet sich lediglich die Bemerkung, dass Satz 1 des vorgeschlagenen § 1845c nicht beanstandet wurde.[169] Auch die sodann protokollierte Diskussion über den vorgeschlagenen Satz 2 hilft zunächst nicht weiter. Hier wurde lediglich eingewendet, dass eine entsprechende Regelung auch in den vorgeschlagenen § 1845b – den heutigen § 2153 BGB – aufgenommen werden sollte, um dort eine Lücke zu vermeiden. Dem wurde entgegengehalten, dass dort, wo der Zweck der Zuwendung nicht vom Erblasser bestimmt sei, eine Entscheidung nach billigem Ermessen nicht möglich sei und alsdann eine richterliche Kontrolle nicht stattfinden könne.[170] Die Kommission war der Ansicht, der Schwerpunkt der Bestimmung sei darauf zu legen, dass Vermächtnisse der im § 1845c S. 1 bezeichneten Art – d. h. Zweckvermächtnisse – als gültig zu behandeln seien. Man erachtete es deshalb auch für richtiger, den Satz 2 des

166 *Staudinger/Otte*, § 2156, Rn. 2.
167 Protokolle, S. 39; *Kanzleiter*, FS für Brambring, S. 225 (228).
168 Protokolle, S. 39.
169 Protokolle, S. 43.
170 Protokolle, S. 43.

§ 1845c in das BGB aufzunehmen.[171] Eine Eingrenzung des Zweckbegriffes lässt sich folglich der Diskussion zu dem vorgeschlagenen § 1845c nicht entnehmen.

Anhaltspunkte dafür, dass im Rahmen des vorgeschlagen § 1845c möglicherweise nicht jeder Zweck genügen sollte, ergeben sich aus der Diskussion der 2. Kommission zu § 1886a – der heutigen Vorschrift des § 2193 BGB. Hier wurde der Antrag gestellt, als § 1886a zu bestimmen: *Besteht die Auflage in der Anordnung einer Zuwendung zu einem von dem Erblasser bestimmten Zwecke, so kann die Bestimmung der Person, an welche die Zuwendung erfolgen soll, dem Beschwerten oder einem Dritten überlassen werden.* Zu diesem Antrag wird weiter ausgeführt, nach der Erklärung des Antragstellers sei das Erfordernis der Angabe eines Zweckes der Auflage dahin zu verstehen, dass einerseits jeder Zweck genügt, andererseits der Zweck schon dann als hinreichend bestimmt anzusehen ist, wenn er sich aus der Bezeichnung der Person der Empfänger ergibt, z. B. Auflage *an die Armen, an würdige Studenten, an meine Dienstboten.*[172] Dem Antrag entsprechend sollten also bei der Auflage anders als bei Vermächtnissen keine besonderen Anforderungen an die Bestimmung des Zweckes gestellt werden. Einem hierzu gestellten Unterantrag zufolge sollte über das, was bei Vermächtnissen gilt, nicht hinausgegangen werden.[173] Dieser Unterantrag wurde bei mehrheitlicher Annahme des Hauptantrages abgelehnt. Zur Begründung wurde angeführt, dass man bei Übertragung der Vorschriften über das Vermächtnis auf die Auflage den Erblasser zu sehr einschränken und häufig vorkommende Fälle, in denen der Erblasser einen größeren Kreis von Personen bedenken wolle, unberücksichtigt lassen würde.[174]

Der historische Gesetzgeber ist folglich davon ausgegangen, dass es bei der Auflage ausreichend ist, wenn sich der Zweck aus der Bezeichnung der Person des Empfängers ergibt. Hieraus ist im Umkehrschluss zu folgern, dass bei einem Vermächtnis eine hinreichend genaue Bestimmung des Zweckes durch den Erblasser erfolgen muss. Rückschlüsse darauf, dass nach dem Willen des Gesetzgebers nur bestimmte Zwecke zulässig sein sollten, ergeben sich aber nicht. Festgehalten werden kann lediglich, dass nach dem Willen des Gesetzgebers der Zweck durch den Erblasser hinreichend bestimmt sein muss.

---

171 Protokolle, S. 43.
172 Protokolle, S. 31.
173 Protokolle, S. 31.
174 Protokolle, S. 32.

2. Auslegung des Zweckbegriffs nach dem Wortsinn

Als Zweck wird heute im allgemeinen Sprachgebrauch der Sinn oder Beweggrund, den eine Handlung, ein Vorgang oder eine andere Maßnahme haben soll, und auch das Ziel, das mit einer Handlung oder einem Vorgang erreicht werden soll, verstanden.

§ 2156 S. 1 BGB spricht allgemein nur von einem Vermächtnis, dessen *Zweck* der Erblasser bestimmt hat. Ein besonderer Sprachgebrauch des Gesetzes, der von dem allgemeinen Sprachgebrauch in Bezug auf den Zweckbegriff abweicht, ist nicht erkennbar. Eine Einschränkung des Zweckbegriffes durch den juristischen Wortsinn ist nicht feststellbar.

3. Verfassungskonforme Auslegung des Zweckbegriffs

Eine verfassungskonforme Auslegung des Zweckbegriffes erfordert es, jeden Zweck als zulässigen Zweck im Sinne des § 2156 BGB zu betrachten. Durch die in Art. 14 Abs. 1 GG verankerte Erbrechtsgarantie ist in erster Linie die Testierfreiheit geschützt, d. h. die Befugnis des Erblassers, sein Vermögen nach seiner Wahl an die Bedachten zu verteilen.[175] Eine Einschränkung der Testierfreiheit ist nur zulässig, wenn der Erblasser nicht in der Lage ist, selbstverantwortlich zu handeln, oder dann, wenn gleich- oder übergeordnete Interessen dies rechtfertigen.[176] Der Gesetzgeber hat in § 2156 BGB bestimmt, dass der Erblasser den Zweck des Vermächtnisses bestimmen kann. Die Bestimmung des Zweckes ist damit Ausfluss der Testierfreiheit des Erblassers. Interessen, die eine Einschränkung des Zweckbegriffes auf bestimmte Zwecke rechtfertigen könnten, sind nicht ersichtlich.

4. Objektiv-teleologische Auslegung des Zweckbegriffs

Der mögliche Wortsinn bildet nur die Grenze der Auslegung. Diese Grenze ist grundsätzlich im Wege der Rechtsfortbildung zu überschreiten, wenn teleologische Kriterien dies gebieten.[177] Besondere Sachstrukturen des Normbereichs oder der Rechtsordnung immanente Prinzipien sind in Bezug auf den Zweckbegriff in § 2156 BGB jedoch nicht ersichtlich. Nach objektiv-teleologischen

175 BVerfG, Beschluss vom 25.03.2009, Az.: 1 BvR 909/08, BVerfGE 91, 346 (358); *Lange/Kuchinke*, § 2 IV.2.c).

176 *Lange/Kuchinke*, § 2 IV.2.c).

177 *Larenz*, S. 166.

Gesichtspunkten besteht kein Erfordernis, den Zweckbegriff abweichend vom Wortsinn einzuschränken.

5. Zusammenfassung

Begrifflich ist damit im Rahmen des § 2156 BGB jeder Zweck zulässig. Die Kritik von *Otte*, eine Abfindung vom elterlichen Vermögen sei kein zulässiger Zweck im Sinne der Vorschrift, weil jede Vermächtnisleistung aus dem Vermögen des Erblassers an das Kind den Charakter einer Abfindung habe, ist unberechtigt. Begrifflich ist eine Abfindung vom elterlichen Vermögen ein zulässiger Zweck im Rahmen des § 2156 BGB. Entgegen der Ansicht von *Otte* hat auch nicht jede Vermächtnisleistung aus dem elterlichen Vermögen an ein Kind den Charakter einer Abfindung. Gemäß § 1939 BGB ist ein Vermächtnis die Einzelzuwendung eines Vermögensvorteiles und hat damit nicht den Charakter einer Abfindung. Als Abfindung wird regelmäßig eine einmalige Leistung zur Abgeltung von Rechtsansprüchen verstanden und nicht die Zuwendung eines Vermögensvorteils, wie § 1939 BGB es vorsieht.

II. Hinreichende Bestimmtheit des Zweckes

Es entspricht allgemeiner Auffassung, dass die Zweckangabe durch den Erblasser so hinreichend bestimmt erfolgen muss, dass sie genügend Anhaltspunkte für die Bestimmung der Leistung nach billigem Ermessen bietet.[178]

In der Literatur werden als hinreichend bestimmte Zweckangabe die *Bestreitung von Studienkosten,*[179] eine *Reise nach Indien,*[180] ein *Beitrag zum Unterhalt,*[181] *die Kostendeckung einer wissenschaftlichen oder künstlerischen Institution,*[182]

---

178 *Bamberger/Roth/Hau/Poseck/Müller-Christmann*, § 2156, Rn. 2; *BeckOGK/Hölscher*, § 2156, Rn. 5; *Damrau/Linnertz*, § 2156, Rn. 3; *Hartmann*, RNotZ 2022, S. 469 (470); *Lange*, Kap. 6, § 28, Rn. 122; *Lange/Kuchinke*, § 29 V.2.a) Fn. 186; *Jauernig/Stürner*, § 2156, Rn. 1; *jurisPK-BGB/Reymann*, § 2156, Rn. 4; *Kanzleiter*, FS Brambring, S. 225 (229); *Keim*, ZEV 2016, S. 6 (8); *J. Mayer*, MittBayNot 199, 447 (449); *MüKoBGB/Rudy*, § 2156, Rn. 3; *Prütting/Wegen/Weinrich/Schiemann*, § 2156, Rn. 1; *RGKR-Johannsen*, § 2156, Rn. 2; *Soergel/Wolf*, § 2156, Rn. 3; *Staudinger/Otte*, § 2156, Rn. 2.

179 *Lange/Kuchinke*, § 29 V.2.a); *Keim*, ZEV 2016, S. 6 (8); *MüKoBGB/Rudy*, § 2156, Rn. 2; *RGRK-Johannsen*, § 2156, Rn. 1; *Soergel/Wolf*, § 2156, Rn. 3; *Staudinger/Otte*, § 2156, Rn. 2.

180 *RGRK-Johannsen*, § 2156, Rn. 1.

181 *Soergel/Wolf*, § 2156, Rn. 3.

182 *Soergel/Wolf*, § 2156, Rn. 3.

ein *Festessen*[183] *oder eine Geldrente zur angemessenen Bestreitung des Unterhaltes*[184] genannt.

Nicht ausreichen soll hingegen die Angabe, *um ihm eine Freude zu machen.*[185]

In der Rechtsprechung finden sich bislang nur vereinzelt Beispiele für hinreichend bestimmte Zweckbestimmungen. Das OLG Königsberg hat ein Vermächtnis, nach dem bei Auflösung eines Geschäftes den älteren Angestellten Legate ausgezahlt werden sollten, als wirksames Zweckvermächtnis angesehen, da das Vermächtnis dazu bestimmt gewesen sei, die älteren Mitarbeiter für jahrzehntelang treu geleistete Dienste zu belohnen.[186] Ob dieser Zweck von dem Erblasser ausdrücklich angeordnet war oder ob dieser Zweck seitens des OLG Königsberg durch Auslegung ermittelt wurde, lässt sich der Veröffentlichung der Entscheidung nicht entnehmen.

Der BGH hat in einem obiter dictum zum Schluss seines Urteiles vom 23.09.1982[187] jedenfalls *eine Abfindung vom elterlichen Vermögen* als hinreichend bestimmten Zweck angesehen. Grundlage hierfür war ein gemeinschaftliches Testament von Ehegatten, die bestimmt hatten, *dass der Nacherbe verpflichtet ist, beim Eintreten seines Nacherbenrechtes seinem Bruder als Abfindung vom elterlichen Vermögen eine Summe auszuzahlen, deren Höhe dem Überlebenden von uns vorbehalten bleiben soll.* Der BGH hat hierzu ausgeführt, dass dann, wenn das Berufungsgericht nach Zurückverweisung wiederum zu dem Ergebnis gelangen sollte, dass es sich nicht um ein Berliner Testament und demgemäß um ein Vermächtnis der Erstversterbenden handele, § 2156 BGB zur Anwendung käme, wonach die Erblasserin die nähere Festsetzung der Höhe den Beschwerten oder einem Dritten, d. h. auch dem Letztversterbenden überlassen konnte, allerdings nicht nach dessen freiem Belieben, sondern nur nach seinem billigen Ermessen.[188]

In einem weiteren Urteil hat der BGH als Zweck *die Gelegenheit zum Eintritt in die Firma* – in diesem Fall die Verschaffung der Stellung eines persönlich haftenden Gesellschafters einer OHG – als hinreichend bestimmten Zweck angesehen.[189]

183 *Lange/Kuchinke*, § 29 V.2.a).
184 *Schäfer*, Mitteilungen aus der Praxis 1962, S. 188 (207).
185 *Lange/Kuchinke*, § 29 V.2.a) Fn. 186.
186 OLG Königsberg, Urteil vom 22.10.1940, Az.: 2 U 268/34, HRR 1941, Nr. 326.
187 BGH, Urteil vom 22.09.1982, Az.: IVa ZR 26/81, NJW 1983, S. 277 (278).
188 BGH, Urteil vom 22.09.1982, Az.: IVa ZR 26/81, NJW 1983, S. 277 (278).
189 BGH, Urteil vom 29.02.1984, Az.: IVa ZR 188/82, NJW 1984, S. 2570 (2572).

Als nicht hinreichend bestimmten Zweck hat das Bayrische Oberste Landesgericht die Zuwendung eines nicht der Höhe nach bestimmten Geldbetrages an eine gemeinnützige Organisation angesehen, weil mangels ausdrücklicher Zweckbestimmung in dem Testament keine hinreichenden Anhaltspunkte für die Ausübung des billigen Ermessens erkennbar waren.[190] Dabei hat es das Bayrische Oberste Landesgericht dahinstehen lassen, ob bereits das Fehlen einer ausdrücklichen Zweckbestimmung im Testament zur Unanwendbarkeit des § 2156 BGB führt oder ob es im Rahmen dieser Vorschrift genügt, wenn der Zweck der Zuwendung durch Auslegung eindeutig bestimmt werden kann, beispielsweise anhand des satzungsmäßigen Zweckes der bedachten gemeinnützigen Organisation.[191]

Der allgemeinen Auffassung, dass die Zweckangabe durch den Erblasser so hinreichend bestimmt sein muss, dass sie genügend Anhaltspunkte für die Bestimmung der Leistung nach billigem Ermessen bietet, ist uneingeschränkt zuzustimmen. Dem eindeutigen Wortlaut des § 2156 S. 1 BGB ist zu entnehmen, dass der Erblasser nur dann die Bestimmung der Leistung nach billigem Ermessen übertragen kann, wenn er den Zweck des Vermächtnisses bestimmt hat. Anknüpfungspunkt für das billige Ermessen ist folglich der vom Erblasser bestimmte Zweck. Ist dieser Zweck nicht hinreichend bestimmt, fehlt der Anknüpfungspunkt für die Ausübung des billigen Ermessens.

III. Bestimmung der Leistung nach billigem Ermessen

Gemäß § 2156 Abs. 1 BGB kann der Erblasser die Bestimmung der Leistung dem billigen Ermessen des Beschwerten oder eines Dritten überlassen. Die Testierfreiheit des Erblassers ist damit dahingehend eingeschränkt, dass eine Leistungsbestimmung nach dem freien Belieben durch den Beschwerten oder einen Dritten nicht angeordnet werden kann.

Aus der Verweisung auf die §§ 315–319 BGB in § 2156 S. 2 BGB folgt, dass das geforderte billige Ermessen mit dem durch die §§ 315 ff. BGB geforderten billigen Ermessen gleichzusetzen ist und im Falle der Bestimmung durch den Beschwerten gemäß § 315 Abs. 3. S. 2 BGB sowie im Falle der Bestimmung durch einen Dritten gemäß § 319 Abs. 1 BGB der gerichtlichen Kontrolle unterliegt.

190 BayObLG, Urteil vom 01.02.1999, Az.: 1Z BR 143/98, MittBayNot 1999, S. 484 (485).
191 BayObLG, Urteil vom 01.02.1999, Az.: 1Z BR 143/98, MittBayNot 1999, S. 484 (485).

Bei dem geforderten billigen Ermessen handelt es sich um eine Generalklausel, die der Präzisierung und Konkretisierung bedarf.[192] Billigkeit ist ein unbestimmter Rechtsbegriff im Tatbestand, Ermessen dagegen eine rechtsfolgenorientierte Auswahlmöglichkeit.[193]

Ob dem Bestimmungsberechtigten bei der Ausübung des billigen Ermessens ein Ermessensspielraum zusteht oder die Ausübung des billigen Ermessens nur eine einzige richtige Entscheidung zur Folge haben kann, ist umstritten.

Die wohl herrschende Meinung in der Literatur geht von einem Ermessensspielraum des Bestimmungsberechtigten aus.[194] Nach Auffassung von *Volker Rieble* sprechen hierfür der Wortlaut der Vorschrift, der das *Ermessen* als Substantiv in den Vordergrund stellt und die *Billigkeit* als Adjektiv beifügt, sowie auch der Umstand, dass auch ein unbestimmter Rechtsbegriff einen nur beschränkt nachprüfbaren Beurteilungsspielraum vermitteln kann.[195]

Die Rechtsprechung geht mit der wohl herrschenden Meinung davon aus, dass dem Bestimmungsberechtigten ein Ermessensspielraum zusteht und nicht nur ein einziges „richtiges" Ergebnis denkbar ist.[196]

Udo Kornblum ist dagegen der Auffassung, dass es ebenso, wie es für einen Tatbestand grundsätzlich nur eine angemessene und gerechte Entscheidung gibt, auch im Bereich der §§ 315 ff. BGB im konkreten Fall jeweils nur eine einzige Leistungsbestimmung gibt, die *billig* ist.[197] Dies hat nach Auffassung von *Kornblum* zur Folge, dass der Bestimmungsberechtigte keinen Ermessensspielraum hat. Er trifft keine Wahl zwischen verschiedenen Möglichkeiten.[198]

Gerrick Frhr. von Hoyningen-Huene meint, dass nach der Wortbedeutung der Schwerpunkt auf dem Substantiv *Ermessen* liege, das durch das Adjektiv *billig* näher bestimmt werde. Damit sei nicht irgendein, sondern nur ein billiges Ermessen gemeint. Zwar lasse das Ermessen als solches, weil es einen freien Spielraum gewähre, mehrere richtige Entscheidungen zu, solange sich diese nur im Rahmen des Ermessens hielten. Das billige Ermessen müsse aber billig ausgeübt werden, d. h. bei der Ermessensausübung müsse die Billigkeit beachtet

---

192 *MüKoBGB/Würdinger*, § 315, Rn. 29.

193 *Staudinger/Rieble*, § 315, Rn. 389.

194 *Enneccerus/Nipperdey*, § 50 II.2.; Grüneberg, § 315, Rn. 10; *MüKoBGB/Würdinger*, § 315, Rn. 30; *Soergel/Wolf*, § 315, Rn. 31; *Staudinger/Rieble*, § 315, Rn. 389.

195 *Staudinger/Rieble*, § 315, Rn. 389.

196 BAG, Urteil vom 12.10.1961, Az.: 5 AZR 423/60, NJW 1962, 268 (269, 270); BGH, Urteil vom 26.06.1991, Az.: II ZR 268/90, NJW RR 1991, S. 1248 (1249).

197 *Kornblum*, AcP 168, S. 450 (461).

198 *Kornblum*, AcP 168, S. 450 (463).

werden, sodass ein billiges Ergebnis erzielt werde und nicht bloß eines, das dem allgemeinen Ermessen entspreche. Der Begriff des billigen Ermessens schränke somit den allgemeinen Terminus Ermessen so weit ein, dass die Ermessensentscheidung gleichzeitig der Billigkeit entsprechen müsse. Daher sei der Ermessensspielraum auf die Billigkeit reduziert.[199]

Entgegen der zuletzt genannten Auffassung ist mit der herrschenden Meinung davon auszugehen, dass § 315 Abs. 1 BGB dem Bestimmungsberechtigten und § 317 Abs. 1 BGB dem bestimmungsberechtigten Dritten einen Ermessensspielraum einräumt. Der Gesetzgeber ist bei § 315 Abs. 1 BGB begrifflich nicht von einem anderen billigen Ermessen als bei § 317 Abs. 1 BGB ausgegangen. Vielmehr handelt es sich um identische Tatbestandsmerkmale. Unterschiede bestehen aber im Bereich der gerichtlichen Ersetzung der Leistungsbestimmung. Während gemäß § 315 Abs. 3 BGB eine Ersetzung durch Urteil dann stattfindet, wenn die Bestimmung nicht der Billigkeit entspricht, ordnet § 319 Abs. 1 BGB eine Ersetzung durch Urteil nur für den Fall an, in dem die Leistungsbestimmung offenbar unbillig ist. Eine offenbare Unbilligkeit liegt vor, wenn die Bestimmung in grober Weise gegen Treu und Glauben verstößt und sich die Unbilligkeit, wenn auch nicht jedermann, so doch einem sachkundigen und unbefangenen Beobachter sofort aufdrängt.[200] Im Falle einer Wertbestimmung durch Schiedsgutachten geht der BGH davon aus, dass eine Abweichung von 16,79 % von einer gerichtlichen Wertfeststellung nicht offenbar unbillig ist, und verweist hierbei auf die im Schrifttum vertretene Auffassung, wonach Abweichungen bis zu 25 % im Allgemeinen hinzunehmen seien.[201] Aus § 319 Abs. 1 BGB folgt damit, dass eine nach billigem Ermessen getroffene Entscheidung auch dann zu dulden ist, wenn sie zwar nicht der Billigkeit entspricht, aber zugleich auch nicht offenbar unbillig ist. Daraus ergibt sich wiederum, dass es nach dem Willen des Gesetzgebers jedenfalls im Rahmen von § 317 Abs. 1 BGB und § 319 Abs. 1 BGB nicht nur eine einzige richtige Entscheidung geben kann, sondern vielmehr eine Vielzahl von möglichen Entscheidungen.

Nichts anderes kann im Rahmen des § 315 Abs. 1 BGB gelten. Eine nach § 315 Abs. 1 BGB in Ausübung des billigen Ermessens getroffene Entscheidung

199 *Von Hoyningen-Huene*, S. 42, 43.

200 RG, Urteil vom 23.05.1919, Az.: II 22/19, RGZ 96, 57 (62); BGH, Urteil vom 26.04.1991, Az.: V ZR 61/90, NJW 1991, 2761 (2762); *von Hoyningen-Huene*, S. 38.

201 BGH, Urteil vom 26.04.1991, Az.: V ZR 61/90, NJW 1991, 2761 (2762); *von Hoyningen-Huene*, S. 38.

kann gemäß § 315 Abs. 3 BGB durch Urteil ersetzt werden, wenn sie nicht der Billigkeit entspricht. Maßstab ist damit die Billigkeit.

Der Begriff der Billigkeit geht auf Aristoteles zurück[202] und bedeutet nach ganz herrschender Meinung konkrete Einzelfallgerechtigkeit.[203] Billig ist eine Entscheidung, die alle Umstände des Einzelfalls angemessen und damit ausgleichend berücksichtigt. Der auf eine billige Entscheidung Verpflichtete muss aus einer Mehrzahl möglicher Entscheidungen die „beste" bestimmen, indem er zunächst die maßgeblichen, in die Abwägung einzustellenden Interessen der Beteiligten festlegt, sodann die für die Interessen maßgeblichen Tatsachen berücksichtigt und zuletzt die konfligierenden Interessen bewertet und zueinander gewichtet.[204]

Dabei sind in einer umfassenden Interessenabwägung alle diejenigen Umstände in Betracht zu ziehen, die entscheidungserheblich sein können, insbesondere die gesamten Verhältnisse der Beteiligten.[205]

Die Ausübung des billigen Ermessens im Sinne des § 2156 BGB verlangt damit eine Leistungsbestimmung des Bestimmungsberechtigten, die der Billigkeit entspricht. Hierbei steht dem Bestimmungsberechtigten ein Ermessensspielraum zu, sodass mehrere Entscheidungen möglich sind, wenn die maßgeblichen, in die Entscheidung einzustellenden Interessen berücksichtigt, bewertet und zueinander gewichtet werden.

IV. Person des Bestimmungsberechtigten

1. Beschwerter und Dritter

Nach dem Wortlaut des § 2156 S. 1 BGB kann der Erblasser die Bestimmung der Leistung dem Beschwerten oder einem Dritten überlassen. Dritter im Sinne der Vorschrift kann auch der Testamentsvollstrecker sein.[206]

2. Bedachter

Ob über den Wortlaut hinaus auch der Bedachte selbst Bestimmungsberechtigter im Sinne von § 2156 BGB sein kann, ist umstritten.

---

202 *Aristoteles*, Nikomachische Ethik, V.14.

203 BGH, Beschluss vom 16.10.2016, Az.: VGS 1/16, NZV 2017, S. 179 (181); *von Hoyningen-Huene*, S. 18, 26; *Rümelin*, S. 48, 56; *Staudinger/Rieble*, § 315, Rn. 395.

204 *Staudinger/Rieble*, § 315, Rn. 396.

205 *Von Hoyningen-Huene*, S. 22, 23.

206 *Soergel/Wolf*, § 2156, Rn. 4.

a) Herrschende Ansicht

Die wohl überwiegende Auffassung in der Literatur[207] und auch der BGH[208] lehnen ein Bestimmungsrecht des Bedachten ab.

Steffi Nobis spricht sich mit dem Argument, dass der Bedachte selbst anders als in § 2155 BGB nicht genannt ist, gegen ein Bestimmungsrecht des Bedachten aus.[209] *Otte* lehnt eine Überlassung der Leistungsbestimmung an den Bedachten ab, da die Gefahr maßloser Forderungen gegen eine Ausweitung über den Wortlaut des § 2156 BGB hinaus spricht.[210] Nach Auffassung des BGH.[211] steht die Vorschrift im inneren Zusammenhang mit § 2065 BGB, dessen Abs. 2 die Möglichkeit im Grundsatz versperrt, dass der Erblasser die Bestimmung der Person, die eine Zuwendung erhalten soll, sowie die Bestimmung des Gegenstandes einer Zuwendung einem anderen überlässt.[212] Zudem ist nach Auffassung des BGH auch ein praktisches Bedürfnis von einigem Gewicht, die Vorschrift über den Wortlaut hinaus auszuweiten, noch nicht hervorgetreten.[213]

b) Gegenmeinungen

Gegen eine enge Auslegung nach dem Wortlaut wendet sich *Manfred Wolf* mit dem Argument, dass § 2156 S. 2 BGB auch auf § 316 BGB verweist. Nach Auffassung von *Wolf* kann auch der Bedachte als Gläubiger als bestimmungsberechtigt bezeichnet werden, wobei er die Auffassung vertritt, dass die Gefahr einer maßlosen Forderung durch die strenge Bindung an die Zweckvorgabe und an das billige Ermessen nicht gegeben ist.[214] *Kanzleiter* teilt dieses Argument und wendet in seinen Anmerkungen zu der Entscheidung des BGH zusätzlich ein, dass für die Gestaltung, die der BGH als unzulässig ansieht, der Grundsatz der Testierfreiheit als Freiheit der inhaltlichen Gestaltung von Verfügungen von Todes wegen streitet.[215]

---

207 *Bamberger/Roth/Hau/Poseck/Müller-Christmann*, § 2156, Rn. 3; *Burandt/Rojahn/Burandt*, § 2156, Rn. 3; *Damrau/Tanck/Linnartz*, § 2156, Rn. 5; *Grüneberg/Weidlich*, § 2156, Rn. 1; *Jauernig/Stürner*, § 2156, Rn. 1; *Kipp/Coing*, § 57 II.4.; *MüKoBGB/Rudy*, § 2156, Rn. 4; *NK-BGB/Horn*, § 2156, Rn. 11.

208 BGH, Urteil vom 24.04.1991, Az.: IV ZR 156/90, DNotZ 1992, S. 509 (510, 511).

209 *Erman/Nobis*, § 2156, Rn. 1.

210 *Staudinger/Otte*, § 2156, Rn. 3.

211 BGH, Urteil vom 24.04.1991, Az.: IV ZR 156/90, DNotZ 1992, S. 509 (510, 511).

212 BGH, Urteil vom 24.04.1991, Az.: IV ZR 156/90, DNotZ 1992, S. 509 (510).

213 BGH, Urteil vom 24.04.1991, Az.: IV ZR 156/90, DNotZ 1992, S. 509 (511).

214 *Soergel/Wolf*, § 2156, Rn. 4.

215 *Kanzleiter*, Anm. zu BGH DNotZ 1992, S. 509 (512).

c) Stellungnahme

Das zuletzt genannte Argument von *Kanzleiter* überzeugt für sich alleine gesehen nicht. Der Grundsatz der Testierfreiheit als Freiheit der inhaltlichen Gestaltung von Verfügungen von Todes wegen wird durch § 2065 Abs. 2 BGB begrenzt. Ausnahmen von § 2065 Abs. 2 BGB sind nur im Rahmen der gesetzlichen Vorschriften zulässig, die ein Abweichen von dem Grundsatz des § 2065 Abs. 2 BGB erlauben. Der Erblasser kann somit nur dann von dem grundsätzlichen Ausschluss jeder Fremdbestimmung abweichen, wenn das Gesetz dies zulässt. § 2156 Abs. 1 BGB normiert eine solche Ausnahme ausdrücklich nur für den Beschwerten und einen Dritten, nicht aber für den Bedachten.

Fraglich ist dennoch, ob nicht über den ausdrücklichen Wortlaut ein Bestimmungsrecht des Bedachten als zulässig angesehen werden kann. Der BGH hat dies in seinem Urteil vom 24.04.1991 nicht vollständig ausgeschlossen. Er hat vielmehr dargelegt, dass ein Bedürfnis von einigem Gewicht, die Vorschrift über den Wortlaut hinaus auszuweiten, bislang nicht hervorgetreten ist.[216] Hieraus folgt, dass nach Auffassung des BGH eine Ausweitung der Vorschrift dahingehend, dass auch der Bedachte bestimmungsberechtigt sein kann, auch in Ansehung der Vorschrift des § 2065 Abs. 2 BGB jedenfalls dann zulässig sein kann, wenn ein entsprechendes Bedürfnis von Gewicht hervortritt.

Für eine Ausweitung und gegen die strenge Auslegung sprechen mehrere Umstände:

aa) Historisch

Kanzleiter weist in seinen Anmerkungen zum Urteil des BGH zu Recht darauf hin, dass sich der Wortlaut der Vorschrift, der den Bedachten nicht ausdrücklich einschließt, zwanglos anders erklären lassen kann.[217] § 2156 BGB wurde erst durch die 2. Kommission in das Gesetz eingefügt, und zwar zunächst als § 1845c im unmittelbaren Anschluss an § 1845b, den heutigen § 2153 BGB, und § 1845a, den heutigen § 2151 BGB.[218] Aus diesem Grund ist die weitere These von *Kanzleiter*, der Gesetzgeber habe möglicherweise in § 2156 BGB nur sprachlich die Formulierung aus den §§ 2151, 2153 BGB aufgenommen, ohne zu berücksichtigen, dass in § 2156 BGB auch ein Bestimmungsrecht des Bedachten sinnvoll sein könnte, als realistisch zu betrachten. Die §§ 2154 und 2155 BGB, in denen der Bedachte ausdrücklich als Wahlberechtigter

216 BGH, Urteil vom 24.04.1991, Az.: IV ZR 156/90, DNotZ 1992, S. 509 (511).
217 *Kanzleiter*, Anm. zu BGH DNotZ 1992, S. 509 (512).
218 Protokolle V, S. 39, 43 (§ 1845b) und S. 23 ff. (§ 1845a).

bzw. Bestimmungsberechtigter genannt ist, wurden erst später zwischen den §§ 1845a, 1845b und 1845c eingefügt und spielten im Rahmen der Beratung zu § 1845c keine Rolle.[219] Hieraus folgt, dass im Rahmen der Beratung sprachlich nicht an die Formulierung in § 2155 BGB angeschlossen werden konnte und damit keine Rückschlüsse daraus gezogen werden können, dass in der nachfolgenden Vorschrift des § 2156 BGB der Bedachte nicht (mehr) genannt ist.

bb) Maßlose Forderungen

Im Weiteren überzeugt auch das Argument der Gefahr maßloser Forderungen durch den Bedachten als Bestimmungsberechtigten nicht. Ist der Bedachte bestimmungsberechtigt, gilt für ihn ebenso wie auch für den Beschwerten als Bestimmungsberechtigten die Vorschrift des § 315 Abs. 3 BGB, sodass auch die Bestimmung durch den Bedachten der Billigkeit entsprechen muss. *Kanzleiter* weist in diesem Zusammenhang zu Recht darauf hin, dass das Argument der befürchteten Maßlosigkeit deswegen nicht trägt, weil dann ebenso befürchtet werden könne, dass der Beschwerte als Bestimmungsberechtigter versuchen könnte, den Bedachten zu benachteiligen.[220] Die Gefahr maßloser Forderungen ist entgegen *Otte* auch nicht damit zu begründen, dass ihr bei Vermächtnissen schwerer zu begegnen ist als bei Verträgen.[221] Belastbare Anhaltspunkte dafür sind nicht ersichtlich. § 315 Abs. 1, 3 BGB schützt den Schuldner bei Verträgen und Vermächtnissen in gleicher Weise.[222]

cc) Wortlaut des § 2156 S. 1 BGB

Für eine Ausweitung des Wortlautes des § 2156 S. 1 BGB hinaus spricht zudem auch der Wortlaut des § 2156 S. 2 BGB. Hier ist ausdrücklich bestimmt, dass die §§ 315 bis 319 BGB entsprechende Anwendung finden. § 316 BGB ist hierbei nicht ausgenommen, sodass dieser nach dem Willen des Gesetzgebers entsprechende Anwendung finden soll. Da es bei einem Zweckvermächtnis keine für eine Leistung versprochene Gegenleistung gibt, kann die Anordnung der entsprechenden Anwendung nur so verstanden werden, dass im Zweifel demjenigen, der die Vermächtnisleistung zu fordern hat, das Bestimmungsrecht zusteht. Das ist bei § 2156 BGB der Bedachte. Damit ist der Bedachte als Bestimmungsberechtigter jedenfalls indirekt von dem Wortlaut des § 2156 BGB umfasst.

---

219 Protokolle V, S. 43.

220 *Kanzleiter*, Anm. zu BGH DNotZ 1992, S. 509 (513).

221 *Staudinger/Otte*, § 2156, Rn. 3.

222 *Kanzleiter*, Anm. zu BGH DNotZ 1992, S. 509 (512).

dd) Praktisches Bedürfnis

Der Feststellung des BGH, dass ein praktisches Bedürfnis von einigem Gewicht, die Vorschrift des § 2156 Abs. 1 BGB über ihren Wortlaut hinaus auszuweiten, bislang nicht hervorgetreten ist, kann in mehrfacher Hinsicht entgegengetreten werden.

Ein praktisches Bedürfnis kann zunächst in dem Grundsatz der Testierfreiheit gesehen werden. Auch wenn die Testierfreiheit isoliert betrachtet nicht dazu führen darf, dass gesetzliche Schranken wie der Ausschluss der Fremdbestimmung gemäß § 2065 Abs. 2 BGB außer im Rahmen der gesetzlichen Ausnahmevorschriften überschritten werden, bietet die Testierfreiheit gerade im Rahmen des § 2156 Abs. 1 BGB ein praktisches Bedürfnis, die Vorschrift über den Wortlaut des Abs. 1 im Sinne eines Bestimmungsrechtes für den Bedachten auszuweiten. Es ist denkbar, dass der Erblasser es vorzieht, die Bestimmung dem Bedachten und nicht dem Beschwerten oder einem Dritten zu überlassen.

Ein solcher Testierwille des Erblassers stößt auf keine durchgreifenden Bedenken in Bezug auf § 2065 Abs. 2 BGB. Der Grundsatz des Ausschlusses jeder Fremdbestimmung des § 2065 Abs. 2 BGB wird durch das Zweckvermächtnis gemäß § 2156 BGB durchbrochen. Wenn es zulässig ist, dass ein anderer als der Erblasser selbst die Leistung bestimmt, dann macht es im Ergebnis keinen Unterschied, ob dies dem Beschwerte, einen Dritter oder aber dem Bedachten obliegt. Eine Bestimmung seitens des Bedachten ist in Bezug auf die rechtlichen Konsequenzen durch die §§ 316, 315 Abs. 1, 3 BGB der Bestimmung durch den Beschwerten völlig gleichgestellt.

Im Verhältnis zu einer Bestimmung durch einen Dritten ist die Bestimmung durch den Bedachten sogar noch stärker reglementiert, denn die Bestimmung durch einen Dritten ist gemäß § 319 Abs. 1 S. 1 BGB nur dann nicht verbindlich, wenn sie offenbar unbillig ist. Ein Bestimmungsrecht des Bedachten ist daher rechtlich vorteilhafter für den Beschwerten als ein Bestimmungsrecht eines Dritten. Der Beschwerte kann eine Ersetzung der Leistungsbestimmung bereits begehren, wenn die Bestimmung nicht der Billigkeit entspricht, und nicht erst dann, wenn die Leistungsbestimmung offenbar unbillig ist.

Ein praktisches Bedürfnis kann auch darin gesehen werden, dass es aus Sicht des Erblassers sinnvoll sein kann, den Beschwerten und den Bedachten gemeinschaftlich als Bestimmungsberechtigten zu benennen. In entsprechender Anwendung von § 317 Abs. 2 BGB müsste eine solche gemeinsame Bestimmung – soweit es nicht bereits durch den Erblasser angeordnet wäre – übereinstimmend erfolgen, so dass eine solche Bestimmung aus Sicht eines Erblassers zur Vermeidung einer gerichtlichen Auseinandersetzung über die

Billigkeit der getroffenen Entscheidung sachdienlich ist. Der Auffassung des BGH folgend wäre eine solche Anordnung aber unzulässig und würde im Zweifel zur Unwirksamkeit des Vermächtnisses führen. Eine Rechtsgrundlage für eine Ersetzung der Bestimmung durch Urteil ist in diesem Fall nicht ersichtlich. Ein Fall des § 315 Abs. 2 S. 2 BGB oder des § 319 Abs. 1 S. 2 BGB liegt nicht vor. Eine Unwirksamkeit des Zweckvermächtnisses infolge der Anordnung eines gemeinschaftlichen Bestimmungsrechtes von Beschwertem und Bedachten entspricht nicht der Intention des Gesetzgebers. Die 2. Kommission war der Ansicht, der Schwerpunkt der Bestimmung sei darauf zu legen, dass Vermächtnisse der im § 1845c Satz 1 bezeichneten Art – d. h. Zweckvermächtnisse – als gültig zu behandeln seien.[223] Der Schwerpunkt wurde dabei nicht auf die Person des Bestimmungsberechtigten, sondern vielmehr auf die Art des Vermächtnisses gelegt.

Ein praktisches Bedürfnis kann sich zudem auch daraus ergeben, dass es aus Sicht des Erblassers sinnvoll erscheinen kann, den Bedachten ersatzweise für den Fall, dass der Beschwerte die Bestimmung nicht mehr treffen kann, als Bestimmungsberechtigten zu benennen. Eine solche Bestimmung kann gerade bei Errichtung eines Berliner Testaments, in dem der Längerlebende mit einem Vermächtnis beschwert wird, sachgerecht sein. In derartigen Konstellationen besteht grundsätzlich die Gefahr, dass der Längerlebende altersbedingt, beispielsweise aufgrund einer demenziellen Erkrankung, die Bestimmung nicht mehr treffen kann.

Den Fall, dass der Beschwerte als Bestimmungsberechtigter die Bestimmung nicht (mehr) ausüben kann, regelt das Gesetz nicht. § 315 Abs. 3 S. 2 BGB ordnet eine gerichtliche Ersetzung der Bestimmung nur für den Fall der Verzögerung an. Eine gerichtliche Ersetzung, für den Fall, dass der Bestimmungsberechtigte die Bestimmung nicht mehr ausüben kann, ist nur in § 319 Abs. 1 S. 2 BGB für die Bestimmung durch einen Dritten angeordnet.

Hat der Erblasser keinen Ersatzbestimmungsberechtigten benannt, ist jedoch eine entsprechende Anwendung von § 315 Abs. 3 S. 1 BGB angezeigt. Die faktische Unmöglichkeit der Ausübung der Bestimmungsrechtes ist ein Mehr zu einer Verzögerung. Da eine objektive Verzögerung ausreicht und kein Verzug mit der Ausübung des Bestimmungsrechtes erforderlich ist,[224] kann die Leistungsbestimmung durch das Gericht erfolgen.

223 Protokolle V, S. 43.

224 BGH, Urteil vom 30.03.1979, Az.: V ZR 150/77, BGHZ 74, S. 341 (345).

Auch hier muss der Grundsatz der Testierfreiheit wieder Vorrang vor einer strengen Auslegung des § 2156 Abs. 1 BGB nach dem Wortlaut haben. Die Benennung des Bedachten als Ersatzbestimmungsberechtigten dient der Sicherung der Realisierung des Erblasserwillens und der Vermeidung eines gerichtlichen Verfahrens.

Gegen die aufgezeigten praktischen Bedürfnisse, den Bedachten als Bestimmungsberechtigten zuzulassen, kann eingewendet werden, dass der Erblasser anstelle des Bedachten auch einen Dritten als weiteren Bestimmungsberechtigten oder als Ersatzbestimmungsberechtigten benennen kann. Ein solcher Einwand ließe sich aber problemlos mit der Testierfreiheit als Freiheit der inhaltlichen Gestaltung überwinden.

Wenn es dem Erblasser selbst sachgerechter erscheint, den Bedachten und nicht einen Dritten mit der Leistungsbestimmung zu betrauen, dann spricht nichts dagegen, diesen Erblasserwillen zuzulassen.

d) Fazit

Die Übertragung des Bestimmungsrechtes durch den Erblasser an den Bedachten ist daher zulässig. Es besteht kein gewichtiger Grund, ein Bestimmungsrecht des Bedachten als unzulässig zu betrachten.

Als bestimmungsberechtigte Personen kommen damit der Beschwerte, ein Dritter oder auch der Bedachte selbst in Betracht.

V. Form der Leistungsbestimmung

Gemäß § 2156 S. 2 BGB i. V. m. § 315 Abs. 2 BGB erfolgt die Bestimmung der Leistung durch den Beschwerten durch Erklärung gegenüber dem Bedachten. Die Bestimmung durch einen Dritten erfolgt gemäß § 2156 S. 2 BGB i. V. m. § 318 Abs. 1 BGB durch Erklärung gegenüber dem Bedachten oder dem Beschwerten. Die Erklärung ist eine einseitige empfangsbedürftige Willenserklärung und unwiderruflich.[225]

Hat der Erblasser mehrere Dritte als Bestimmungsberechtigte benannt, ist gemäß § 317 Abs. 2 BGB im Zweifel nur eine gemeinschaftliche Ausübung des Bestimmungsrechtes möglich. Da § 2156 S. 2 BGB eine entsprechende Anwendung von § 317 BGB anordnet, gilt dies auch, wenn mehrere Beschwerte oder Dritte oder ein Beschwerter und ein Dritter als Bestimmungsberechtigte benannt sind.[226] Soweit eine Summe bestimmt werden soll, ordnet § 317

225 *Grüneberg/Grüneberg*, § 315, Rn. 11, § 318, Rn. 1; *NK-BGB/Horn*, § 2156, Rn. 10.
226 *Staudinger/Otte*, § 2156, Rn. 4.

Abs. 2 BGB an, dass die Durchschnittssumme maßgebend ist, wenn verschiedene Summen bestimmt werden. Für das Zweckvermächtnis bedeutet das, dass mehrere Bestimmungsberechtigte auch getrennt voneinander eine Summe bestimmen können und bei verschiedenen Summen die Durchschnittssumme maßgebend ist. Das Durchschnittsprinzip findet allerdings keine Anwendung, wenn die Beträge so stark voneinander abweichen, dass eine oder mehrere Bestimmungen offenbar unrichtig sein müssen.[227]

VI. Gerichtliche Überprüfbarkeit der Leistungsbestimmung

Die Möglichkeit der gerichtlichen Überprüfung der Leistungsbestimmung bestimmt sich danach, ob der Beschwerte oder ein Dritter die Leistungsbestimmung vornimmt.

Nimmt der Beschwerte oder der Bedachte die Leistungsbestimmung vor, ist sie gemäß § 2156 S. 2 BGB i. V. m. § 315 Abs. 3 S. 1 BGB nur dann verbindlich, wenn sie der Billigkeit entspricht. Entspricht sie nicht der Billigkeit, wird die Bestimmung gemäß § 2156 S. 2 BGB i. V. m. § 315 Abs. 3 S. 2 BGB durch Urteil getroffen.

Nimmt ein Dritter die Leistungsbestimmung vor, ist die getroffene Bestimmung gemäß § 2156 S. 2 BGB i. V. m. § 319 Abs. 1 S. 1 BGB nicht verbindlich, wenn sie offenbar unbillig ist. In diesem Fall erfolgt die Bestimmung gemäß § 2156 S. 2 BGB i. V. m. § 319 Abs. 1 S. 2 BGB durch Urteil.

Die Möglichkeit einer gerichtlichen Überprüfung der Leistungsbestimmung ist damit bei einer Leistungsbestimmung durch den Beschwerten, durch den Bedachten und auch bei einer Leistungsbestimmung durch einen Dritten gegeben. Ob eine gerichtliche Ersetzung der Leistungsbestimmung erfolgen kann, ist an unterschiedliche Tatbestandsvoraussetzungen geknüpft.

Während eine Leistungsbestimmung durch den Beschwerten oder den Bedachten bereits dann durch das Gericht ersetzt werden kann, wenn sie nicht der Billigkeit entspricht, verlangt eine gerichtliche Ersetzung einer Leistungsbestimmung durch einen Dritten eine offenbare Unbilligkeit. Diese liegt vor, wenn die Bestimmung in grober Weise gegen Treu und Glauben verstößt und sich die Unbilligkeit, wenn auch nicht jedermann, so doch einem sachkundigen und unbefangenen Beobachter sofort aufdrängt.[228]

---

227 BGH, Urteil vom 28.09.1964, Az.: II ZR 181/62, NJW 1964, S. 2401; *Grüneberg/Grüneberg*, § 317, Rn. 9.

228 BGH, Urteil vom 26.04.1991, Az.: V ZR 61/90, NJW 1991, S. 2761; *Grüneberg/Grüneberg*, § 319, Rn. 3; *MüKoBGB/Würdinger*, § 319, Rn. 6.

Welche tatbestandlichen Voraussetzungen für eine gerichtliche Ersetzung vorliegen müssen, wenn die Leistungsbestimmung auf Anordnung des Erblassers durch den Beschwerten und einen Dritten oder den Bedachten und einen Dritten gemeinschaftlich erfolgt, regelt das Gesetz nicht. Der Fall ist auch bislang weder von der Rechtsprechung noch von der Literatur behandelt worden.

Der Grund dafür, dass bei der Leistungsbestimmung durch einen Dritten eine Korrekturmöglichkeit durch das Gericht erst bei offenbarer Unbilligkeit besteht, liegt darin, dass bei einem Dritten Unabhängigkeit, Unparteilichkeit und Objektivität vorausgesetzt werden und von einem Dritten eine ausgewogenere Leistungsbestimmung als von der unmittelbar interessierten Partei zu erwarten ist.[229]

Da eine Leistungsbestimmung durch den Beschwerten und den Dritten oder den Bedachten und den Dritten gemäß § 317 Abs. 2 BGB eine gemeinsame Entscheidung erfordert, kann durch die Beteiligung des Dritten ebenso wie bei alleiniger Leistungsbestimmung durch den Dritten infolge seiner Unabhängigkeit, Unparteilichkeit und Objektivität eine ausgewogene Leistungsbestimmung erwartet werden. Für den Fall, dass sich die Bestimmungsberechtigten nicht einigen, erfolgt die Leistungsbestimmung gemäß § 319 Abs. 1 S. 2 BGB durch Urteil. Damit ist auch bei gemeinsamer Leistungsbestimmung durch den Beschwerten bzw. Bedachten und einen Dritten keine unausgewogene Leistungsbestimmung zum Nachteil des Bedachten zu befürchten, womit es gerechtfertigt ist, trotz der Beteiligung des Beschwerten an der Leistungsbestimmung eine gerichtliche Korrektur in entsprechender Anwendung des § 319 Abs. 1 S. 2 BGB erst bei offenbarer Unbilligkeit zuzulassen.

Sollen der Beschwerte und der Dritte oder der Bedachte und der Dritte eine Summe bestimmen, findet § 317 Abs. 2 2. Halbs. BGB Anwendung, wonach im Zweifel der Durchschnitt maßgeblich ist, wenn verschiedene Summen bestimmt werden. Weichen die Bestimmungen erheblich voneinander ab, ist die Mittelsumme als offenbar unbillig anzusehen, womit die Möglichkeit einer gerichtlichen Ersetzung der Leistungsbestimmung gemäß § 319 Abs. 1 S. 2 BGB eröffnet ist.[230] Der Bedachte bzw. der Beschwerte ist folglich durch die Vorschrift des § 317 Abs. 2, 2. Halbs. BGB vor einer nicht ausgewogenen Leistungsbestimmung geschützt.

---

229 *MüKoBGB/Würdinger*, § 319 BGB, Rn. 2.

230 BGH, Urteil vom 28.09.1964, Az.: II ZR 181/62, NJW 1964, S. 2401; *Grüneberg/Grüneberg*, § 319, Rn. 9, *MüKoBGB/Würdinger*, § 319, Rn. 25.

Zusammenfassend ist damit festzustellen, dass eine Leistungsbestimmung durch einen oder mehrere Beschwerte oder Bedachte gerichtlich korrigiert werden kann, wenn sie nicht der Billigkeit entspricht. Die Leistungsbestimmung durch einen oder mehrere Dritte oder die gemeinsame Bestimmung durch den Beschwerten und einen Dritten oder den Bedachten und einen Dritten unterliegt nur dann einer gerichtlichen Korrekturmöglichkeit, wenn sie offenbar unbillig ist.

Sowohl § 315 BGB als auch § 319 BGB enthalten dispositives Recht und sind abdingbar.[231] Für den Erblasser besteht daher die Möglichkeit, die gerichtliche Überprüfbarkeit auszuschließen oder die Überprüfung einem Schiedsgericht zu übertragen.

VII. Übertragbarkeit des Bestimmungsrechtes

Hinsichtlich der Übertragbarkeit des Bestimmungsrechtes kann auf die Ausführungen zu Kapitel 3, IV. verwiesen werden. Auch im Rahmen des § 2156 BGB steht dem vom Erblasser benannten Bestimmungsberechtigten das Bestimmungsrecht nur höchstpersönlich zu. Die durch § 2156 S. 2 BGB angeordnete entsprechende Anwendbarkeit der §§ 315–319 BGB ändert hieran nichts. Sowohl § 315 BGB als auch § 317 BGB setzen voraus, das die Einräumung eines Bestimmungsrechtes bereits erfolgt ist und derjenige, der die Leistungsbestimmung vorzunehmen hat, bereits feststeht. Im Rahmen der direkten Anwendung der §§ 315–319 BGB setzt die Ausübung der Bestimmung voraus, dass die Parteien sich über die Person des Bestimmungsberechtigten einig sind.[232]

Die Bestimmung des Dritten, auf den sich die Parteien verständigt haben, muss höchstpersönlich erfolgen, da eine nicht von ihm persönlich getroffene Bestimmung nicht die Gewollte wäre.[233] Das Gleiche muss auch gemäß § 2156 BGB i. V. m. § 315 BGB bei Bestimmung durch den Beschwerten gelten. Eine Bestimmung durch einen Vertreter des Beschwerten wäre nicht die durch den Erblasser gewollte. Zudem ist § 2156 BGB wie auch § 2151 BGB als Ausnahme zum Höchstpersönlichkeitsgrundsatz des § 2065 Abs. 2 BGB zu sehen, sodass eine nicht durch den Erblasser selbst angeordnete Leistungsbestimmung durch einen Vertreter des Beschwerten der von § 2065 BGB geforderten Höchstpersönlichkeit zuwiderlaufen würde. Entsprechendes muss auch gelten,

---

231 *Grüneberg/Grüneberg*, § 315, Rn. 3, § 319, Rn. 10.

232 *Grüneberg/Grüneberg*, § 315, Rn. 4, § 317, Rn. 2.

233 Motive II, S. 194.

wenn der Erblasser den Bedachten zum (Ersatz-)Bestimmungsberechtigten benannt hat.

Weder der Beschwerte, der Bedachte noch der Dritte können daher das Bestimmungsrecht auf andere übertragen.

VIII. Folgen der Nichtausübung des Bestimmungsrechtes

Durch die Verweisung in § 2156 S. 2 BGB auf die §§ 315–319 BGB sind die Folgen der Nichtausübung der Leistungsbestimmung gesetzlich geregelt. Übt der Dritte das Bestimmungsrecht nicht aus oder verzögert er die Bestimmung, erfolgt die Bestimmung gemäß § 319 Abs. 1 S. 2 Halbs. 2 BGB durch das Gericht. Für die Leistungsbestimmung durch den Beschwerten oder den Bedachten enthält § 315 BGB zwar keine Regelung für den Fall der Nichtausübung. § 315 Abs. 3 S. 2 Halbs. 2 BGB regelt aber, dass die Bestimmung durch Urteil getroffen wird, wenn sie verzögert wird.

Der BGH hat mit Urteil vom 30. März 1979 entschieden, dass einer Verzögerung im Sinne von § 315 Abs. 3 S. 2 Halbs. 2 BGB eine solche Verzögerung gleichkomme, die ein Vertragsteil dadurch herbeiführe, dass er entgegen der vertraglichen Absprache keinen Schiedsgutachter benenne und es so durch sein vertragswidriges Verhalten dazu komme, dass der Schiedsgutachter nicht tätig werde. In einem solchen Fall sei daher die entsprechende Anwendung von § 319 Abs. 2 Halbs. 2 BGB geboten. Es sei die vom Gesetz gewollte Folge, dass bei Verzögerung des ursprünglich vorgesehenen Verfahrens das Recht, die Leistung durch die in Aussicht genommene Person bestimmen zu lassen, entfalle und diese Aufgabe vom Gericht zu erfüllen sei.[234]

Dies muss auch dann gelten, wenn der Beschwerte als Bestimmungsberechtigter die ihm durch den Erblasser übertragene Bestimmung nicht ausführt und hierdurch das Vermächtnis nicht zur Ausführung gelangen kann. Eine Verzögerung im Sinne der §§ 315 Abs. 3, 319 BGB und deren entsprechender Anwendung setzt voraus, dass die Handlung nicht innerhalb objektiv angemessener Zeit erfolgt. Ein Verschulden wird nicht verlangt.[235]

---

234 BGH, Urteil vom 30.03.1979, Az.: V ZR 150/77, BGHZ 74, S. 341 (345).

235 BGH, Urteil vom 30.03.1979, Az.: V ZR 150/77, BGHZ 74, S. 341 (345).

IX. Beschränkte Geschäftsfähigkeit oder Geschäftsunfähigkeit des Bestimmungsberechtigten

Hinsichtlich der Auswirkungen einer beschränkten Geschäftsfähigkeit des Bestimmungsberechtigten kann auf die Ausführungen in KAPITEL 3, VI. verwiesen werden.

Im Falle der Geschäftsunfähigkeit des Bestimmungsberechtigten ergibt sich für das Zweckvermächtnis gemäß § 2156 BGB jedoch eine andere Rechtsfolge als für das Bestimmungsvermächtnis gemäß § 2151 Abs. 1 BGB. Durch die Verweisung in § 2156 S. 2 BGB auf die §§ 315–319 BGB kann die Leistungsbestimmung in entsprechender Anwendung von § 319 Abs. 2 Halbs. 2 BGB durch das Gericht erfolgen. Die Geschäftsunfähigkeit führt – soweit sie nicht nur vorübergehend ist – dazu, dass die Leistungsbestimmung nicht in objektiv angemessener Zeit ausgeführt werden kann. Da kein Verschulden für die Verzögerung vorausgesetzt wird, liegen die Voraussetzungen für eine gerichtliche Leistungsbestimmung in entsprechender Anwendung von § 319 Abs. 2 Halbs. 2 BGB vor.

X. Zusammenfassung

1. Im Rahmen des § 2156 BGB kann jeder Zweck bestimmt werden, soweit er vom Erblasser selbst so hinreichend genau bestimmt wird, dass dem Bestimmungsberechtigten die Ausübung des billigen Ermessens möglich ist.
2. Bestimmungsberechtigter kann der Beschwerte, ein Dritter oder auch der Bedachte sein, hierbei kann das Bestimmungsrecht mehreren aus den genannten Personenkreisen gemeinschaftlich übertragen werden.
3. Die Ausübung des billigen Ermessens durch den Bestimmungsberechtigten wird von der Billigkeit begrenzt.
4. Die Leistungsbestimmung unterliegt der gerichtlichen Kontrolle. Erfolgt sie durch den Beschwerten oder den Bedachten, wird sie gemäß § 315 Abs. 3 S. 2 BGB durch das Gericht ersetzt, wenn sie nicht der Billigkeit einspricht. Erfolgt die Leistungsbestimmung durch einen oder mehrere Dritte oder durch den Beschwerten bzw. den Bedachten und einen Dritten gemeinschaftlich, wird sie gemäß § 319 Abs. 1 S. 2 Halbs. 1 BGB durch Urteil ersetzt, wenn sie gemäß § 319 Abs. 1 S. 1 BGB offenbar unbillig ist.
5. Das Bestimmungsrecht ist höchstpersönlich und nicht übertragbar.
6. Die verschuldete und auch die unverschuldete Nichtausübung durch den Bestimmungsberechtigten führen zu einer gerichtlichen Ersetzung bei Nichtausübung durch den Dritten gemäß § 319 Abs. 1 S. 2 Halbs. 2 BGB

sowie bei Nichtausübung durch den Beschwerten oder den Bedachten in entsprechender Anwendung von § 319 Abs. 1 S. 2 Halbs. 2 BGB.

Auf Basis der in diesem Kapitel getroffenen Feststellungen zu den Voraussetzungen eines wirksamen Zweckvermächtnisses gemäß § 2156 BGB werden im nachfolgenden Kapitel 5 die für das sogenannte Supervermächtnis vorgeschlagenen Zwecke näher untersucht.

Kapitel 5 Die Zwecke des sogenannten Supervermächtnisses

Für das allgemein als sogenanntes Supervermächtnis bezeichnete kombinierte Bestimmungs- und Zweckvermächtnis lässt sich kein einheitlicher Zweckbegriff feststellen. *Schmidt* hat ursprünglich folgende Formulierung vorgeschlagen:[236]

> *Der Zuerststerbende wendet den auf seinen Tod von der Erbfolge ausgeschlossenen Kindern ein Vermächtnis zu, dessen Zweck es ist, ihnen als Ersatz eine Abfindung einzuräumen und ihre Erbschaftsteuerfreibeträge auf den Tod des Zuerststerbenden ganz oder teilweise auszuschöpfen zu ermöglichen.*

Die von *Schmidt* vorgeschlagenen Zwecke sind daher eine Abfindung für den Ausschluss von der gesetzlichen Erbfolge sowie die Ausschöpfung erbschaftsteuerlicher Freibeträge auf den Tod des Erststerbenden. Der letztgenannte Zweck ist hierbei nach dem Wortlaut auf die Erbschaftsteuerfreibeträge der Vermächtnisnehmer nach dem Tod des Erststerbenden beschränkt. Diese Zwecke wurden von *Langenfeld* und *J. Mayer* als Zwecke des sogenannten Supervermächtnisses übernommen.[237]

Im Anschluss an *Schmidt* haben sich zahlreiche weitere Autoren mit dem sogenannten Supervermächtnis beschäftigt und eigene Formulierungsvorschläge für die Zwecke des Supervermächtnisses verschriftlicht.

Hölscher hat folgende Formulierung vorgeschlagen:[238]

> *Zweck des Vermächtnisses ist es, allen oder einzelnen Abkömmlingen eine Abfindung dafür zu gewähren, dass sie beim ersten Erbfall durch die Einsetzung des länger Lebenden von uns enterbt sind. Weiter ist Zweck des Vermächtnisses das ganze oder teilweise Ausnutzender erbschaftsteuerlichen Freibeträge unserer Kinder (§ 16 ErbStG) auf den Tod des Erstversterbenden.*

Hölscher übernimmt damit im Wesentlichen sinngemäß den ursprünglichen Vorschlag von *Schmidt* und konkretisiert diesen dahingehend, dass es sich um die Freibeträge des § 16 ErbStG handelt.

Oliver Fröhler hat folgende Formulierung vorgeschlagen:[239]

---

236 *Schmidt*, BWNotZ 1998, 97 (101).

237 *Langenfeld*, JuS 2002, S. 351 (353); *J. Mayer*, DStR 2004, S. 1409 (1412).

238 *BeckOGK/Hölscher*, § 2151, Rn. 46.1.

239 *Langenfeld/Fröhler*, Rn. 210.

> *Zweck des Vermächtnisses ist es einmal, allen oder einzelnen Abkömmlingen eine Abfindung dafür zu gewähren, dass sie beim ersten Erbfall durch die Einsetzung des überlebenden Elternteils enterbt sind, sowie zum Zweiten, ein Ausnutzen der erbschaftsteuerlichen Freibeträge zu ermöglichen.*

Während *Fröhler* mit anderen Worten ebenfalls als Zweck die Abfindung für den Ausschluss von der gesetzlichen Erbfolge nennt, bleibt mit dem Formulierungsvorschlag unklar, ob sich der Zweck des Ausnutzens der erbschaftsteuerlichen Freibeträge auf diejenigen des ersten Erbfalls bezieht oder sich gegebenenfalls auf beide Erbfälle beziehen soll. Ebenso offen ist, ob nur die Freibeträge der Vermächtnisnehmer oder auch die des Erben gemeint sind.

Eine ähnliche Fragestellung ergibt sich bei den Formulierungsvorschlägen von *Christopfer Riedel/Walter Krug* und *Elmar Uricher*, die nahezu gleichlautend folgende Formulierung vorschlagen:[240]

> *Die gemeinschaftlichen Kinder [...] erhalten vom erstversterbenden Ehegatten ein Vermächtnis im Sinne von § 2156 BGB zum Zweck der ganzen oder teilweisen Ausnutzung ihrer Erbschaftsteuerfreibeträge.*

Auch hier ist – vorbehaltlich einer nach § 2084 BGB vorzunehmenden Auslegung – unklar, ob es um die Ausnutzung der erbschaftsteuerlichen Freibeträge in dem ersten Erbfall oder in beiden Erbfällen geht, während die Formulierung jedenfalls klarstellt, dass nur die Freibeträge der Vermächtnisnehmer Gegenstand sind.

Gleiches gilt auch für die von *Gerhard Schlitt* gewählte Formulierung:[241]

> *Nimmt der überlebende Ehegatte die Erbschaft an und wird er zum Alleinerben, so erhalten die gemeinschaftlichen Kinder [...] vom erstversterbenden Ehegatten ein Vermächtnis im Sinne von § 2156 BGB, zum Zwecke der ganzen oder teilweisen Ausnutzung ihrer Erbschaftsteuerfreibeträge.*

Reinhard Kössinger/Josef Zintl sowie auch *Thomas Maulbetsch* formulieren unter Angabe eines zusätzlichen Zweckes wie folgt:[242]

> *Zweck des Vermächtnisses (§ 2156 BGB) ist es, allen oder einzelnen Vermächtnisnehmern eine Abfindung dafür zu gewähren, dass sie beim ersten Erbfall lediglich Ersatzerben sind, eine möglichst gerechte und wirtschaftlich sinnvolle Vermögensverteilung zu erreichen und dem Längerlebenden und den Bedachten das Ausnutzen der erbschaftsteuerlichen Freibeträge zu ermöglichen.*

---

240 *Tanck/Krug/Süß/Riedel/Krug*, § 14, Rn. 75; *Uricher*, § 7, Rn. 300.

241 *Schlitt*, Münchener Anwaltshandbuch Erbrecht, § 13, Rn. 206.

242 *Nieder/Kössinger/R.Kössinger/Zintl*, § 6, Rn. 209; *Roth/Maulbetsch/Schulte/Maulbetsch*, § 4, Rn. 165.

Weiterer Zweck soll nach diesen Vorschlägen die möglichst gerechte und wirtschaftlich sinnvolle Vermögensverteilung sein. Die Ausnutzung der steuerlichen Freibeträge bezieht sich nicht nur auf diejenigen der Vermächtnisnehmer, sondern auch auf solche des Längerlebenden. Auch hier ist nach dem Wortlaut unklar, ob sich die steuerlichen Freibeträge auf den ersten Erbfall oder auf beide Erbfälle beziehen sollen. Allerdings muss die Formulierung dahingehend ausgelegt werden, dass nur die Freibeträge im ersten Erbfall gemeint sind, da der Längerlebende den zweiten Erbfall auslöst und nach seinem Tod selbst keinen Freibetrag mehr hat.

Unter Angabe des wohl gleichen weiteren Zweckes formuliert *Sebastian Sammet* wie folgt:[243]

> *Zweck des Vermächtnisses ist es, allen oder einzelnen Vermächtnisnehmern eine Abfindung dafür zu gewähren, dass sie beim ersten Erbfall lediglich Ersatzerben sind, eine möglichst optimale, wirtschaftlich sinnvolle und streitvermeidende Vermögensverteilung zu erreichen und dem Längerlebenden und den Bedachten das Ausnutzen der erbschaftsteuerlichen Freibeträge des Vorverstorbenen zu ermöglichen.*

Mit seiner Formulierung will *Sammet* wohl vorschlagen, dass der letztgenannte Zweck auf die Freibeträge im ersten Erbfall beschränkt ist. Auch wenn Sammet die Freibeträge als solche des Vorverstorbenen definiert, ist davon auszugehen, dass er die persönlichen Freibeträge der Erwerber meint. Der Vorverstorbene selbst hat keine Freibeträge. Das Erbschaftsteuergesetz regelt die persönlichen Freibeträge der Erwerber und nicht diejenigen des Erblassers.[244] Auch hier bezieht sich der Zweck der Ausnutzung der steuerlichen Freibeträge nicht ausschließlich auf die Vermächtnisnehmer, sondern auch auf den Längerlebenden.

Dierk Bredemeyer schlägt folgende Formulierung vor:[245]

> *Zweck des Vermächtnisses ist es, allen oder einzelnen Vermächtnisnehmern eine Abfindung dafür zu gewähren, dass sie beim ersten Erbfall lediglich Ersatzerben sind, eine möglichst optimale, streitvermeidende Vermögensverteilung zu erreichen und dem Längerlebenden das Ausnutzen der erbschaftsteuerlichen Freibeträge des Vorverstorbenen zu ermöglichen.*

Auch hier muss wieder davon ausgegangen werden, dass die persönlichen Freibeträge der Erwerber gemäß § 16 ErbStG gemeint sind. Unklar bleibt allerdings, ob *Bredemeyer* nur dem Längerlebenden oder auch den Bedachten – die

243 *Sammet*, 5.1.4.1.1 § 2; ebenso formulierend: *Geuder*, RNotZ 2021, S. 305 (321).

244 *Meincke/Hannes/Holtz*, § 16, Rn. 1.

245 *Bredemeyer*, ZErb 2017, S. 343 (348).

nicht genannt werden – ein Ausnutzen der erbschaftsteuerlichen Freibeträge ermöglichen will.

Ohne selbst einen Formulierungsvorschlag zu unterbreiten, weist *Streppel* darauf hin, dass über die Ausnutzung der Freibeträge hinaus zumindest auch *die Steueroptimierung unter Berücksichtigung aller Begünstigten der letztwilligen Verfügung* als Zweck angegeben werden soll.[246]

Beckervordersandfort/Bock schlagen im Zusammenhang mit einem Sockelvermächtnis vor, dass jeder zum Kreis der Vermächtnisnehmer gehörende eine Zuwendung zur Ausnutzung seines nicht bereits durch das Sockelvermächtnis ausgenutzten Erbschaftsteuerfreibetrages sowie zusätzlich *zur Abmilderung der Erbschaftsteuerprogression* erhält.[247]

Nach *Christian Hartmann* kommt als klassischerweise verfolgter Zweck in Betracht, *den weiteren Familienmitgliedern die Ausnutzung der Erbschaftssteuerfreibeträge und der Vorteile der Progression zu ermöglichen.*[248]

Zusammengefast lassen sich damit die *Abfindung für den Ausschluss von der gesetzlichen Erbfolge* (I.), *die Ausschöpfung erbschaftsteuerlicher Freibeträge auf den Tod des Erstversterbenden* (II.), *ein Ausschöpfen der erbschaftsteuerlichen Freibeträge* (III.), *eine möglichst gerechte und wirtschaftlich sinnvolle und streitvermeidende Vermögensverteilung* (IV.), *die Steueroptimierung unter Berücksichtigung aller Begünstigten der letztwilligen Verfügung* (V.) und *die Abmilderung der Erbschaftsteuerprogression* (VI.) als vorgeschlagene Zwecke für das sogenannte Supervermächtnis feststellen.

Nach den getroffenen Feststellungen handelt es sich bei den genannten unterschiedlichen Zwecken dann um zulässige Zwecke im Sinne von § 2156 BGB, wenn sie hinreichend bestimmt sind und die Bestimmung der Leistung durch den Bestimmungsberechtigten nach billigem Ermessen möglich ist:

I. Abfindung für den Ausschluss von der gesetzlichen Erbfolge

Für den genannten Zweck *Abfindung für den Ausschluss von der gesetzlichen Erbfolge* ist unproblematisch anzunehmen, dass der Zweck hinreichend bestimmt ist und die Bestimmung der Leistung durch den Bestimmungsberechtigten nach billigem Ermessen möglich ist. Hier erlaubt die mögliche Berechnung des gesetzlichen Erbteiles die Möglichkeit einer im Interesse von Beschwertem und Vermächtnisnehmer ausgewogenen Verteilung. Es ist ohne Weiteres möglich,

---

246 *Streppel*, DNotZ 2021, 259 (270).
247 *Beckervordersandfort/Bock*, ZErb 2020, S. 117 (120).
248 *Hartmann*, RNotZ 2022, S. 469 (471).

die in die Abwägung einzustellenden Interessen der Beteiligten festzulegen, die für diese Interessen maßgeblichen Tatsachen zu berücksichtigen und die konfligierenden Interessen zu bewerten und zueinander zu gewichten.

Der genannte Zweck ist damit ein zulässiger Zweck im Sinne des § 2156 BGB.

II. Ausnutzung erbschaftsteuerlicher Freibeträge auf den Tod des Erstversterbenden

In Bezug auf den vorgeschlagenen Vermächtniszweck der *Ausnutzung erbschaftsteuerlicher Freibeträge auf den Tod des Erstversterbenden* stellt sich für die Prüfung der hinreichenden Bestimmtheit zum einen die Frage, *wessen* steuerliche Freibeträge gemeint sind und zum anderen auch, *welche* steuerlichen Freibeträge gemeint sind.

Wird – wie bei dem Vorschlag von *Schmidt* – klar formuliert, dass es sich um die steuerlichen Freibeträge der Vermächtnisnehmer handelt, bestehen jedenfalls in dieser Hinsicht keine Bedenken gegen eine hinreichende Bestimmtheit. Wird dagegen – wie in dem Vorschlag von *Fröhler* – lediglich von einem Ausnutzen der erbschaftsteuerlichen Freibeträge gesprochen, ist fraglich, ob durch eine Auslegung der letztwilligen Verfügung gemäß § 2084 BGB ermittelt werden kann, wessen Freibeträge gemeint sind. Scheitert eine Auslegung der letztwilligen Verfügung, fehlt es an der erforderlichen hinreichenden Bestimmtheit des Vermächtniszweckes.

Bedenken in Bezug auf die hinreichende Bestimmtheit bestehen auch hinsichtlich der Frage, welche erbschaftsteuerlichen Freibeträge gemeint sind.

Obschon das ErbStG verschiedene Freibeträge kennt, scheint die Literatur zum sogenannten Supervermächtnis lediglich die persönlichen Freibeträge gemäß § 16 ErbStG zu meinen. *Schmidt* spricht lediglich davon, dass für die Kinder der ihnen zustehende Freibetrag verloren geht, und verweist in diesem Zusammenhang auf die Erbschaftsteuerreformen von 1974 und 1997, mit denen die Freibeträge der Kinder auf 90.000 DM bzw. 400.000 DM angehoben wurden.[249] *Schmidt* hat damit – ohne es ausdrücklich zu benennen – mit Freibeträgen diejenigen des § 16 ErbStG gemeint. *Langenfeld* bezeichnet als Problem des Berliner Testamentes den Verlust der Kinderfreibeträge auf den Tod des Erstversterbenden, ohne hierbei ausdrücklich § 16 ErbStG zu erwähnen.[250] Andere Autoren nennen ausdrücklich die Vorschrift des § 16 ErbStG.[251]

249 *Schmidt*, BWNotZ 1998, 97.

250 *Langenfeld*, JuS 2002, S. 351.

251 Z. B. *von Oertzen/Lindemann*, ZEV 2020, S. 144 (145); *J. Mayer*, DStR 2004, S. 1371.

Mit Ausnahme des Vorschlages von *Hölscher* lassen sämtliche Formulierungsvorschläge zum sogenannten Supervermächtnis nicht erkennen, dass mit den genannten Freibeträgen lediglich die persönlichen Freibeträge des § 16 ErbStG gemeint sein sollen.

Erbschaftsteuerliche Freibeträge sind aber auch die besonderen Versorgungsfreibeträge des Ehegatten bzw. eingetragenen Lebenspartners gemäß § 17 Abs. 1 ErbStG und der Kinder gemäß § 17 Abs. 2 ErbStG. Bei der Regelung betreffend den Hausrat und andere bewegliche körperliche Gegenstände in § 13 I Nr. 1 ErbStG handelt es sich ebenfalls um einen Freibetrag.[252]

Wird also in einen sogenannten Supervermächtnis als Zweck die Ausschöpfung der erbschaftsteuerlichen Freibeträge genannt, bestehen zwar keine Bedenken gegen eine hinreichende Bestimmtheit des genannten Zweckes, da die erbschaftsteuerlichen Freibeträge durch das ErbStG definiert werden. Ohne nähere Anhaltspunkte dafür, dass der Erblasser lediglich die Freibeträge des § 16 ErbStG als Zweck gemeint hat, muss aber davon ausgegangen werden, dass sich der Zweck auf alle Freibeträge des ErbStG bezieht.

Ist der Zweck auf die Ausschöpfung der Erbschaftsteuerfreibeträge auf den Tod des Erstversterbenden beschränkt, kann ohne Weiteres eine Ausübung des billigen Ermessens stattfinden. Der Rahmen für die Ausübung des billigen Ermessens wird durch die Summe der nach § 16 ErbStG zur Verfügung stehenden Freibeträge und dem sich aus dem Nachlass des Erstversterbenden ergebenden steuerpflichtigen Erwerb festgelegt. Auch hier ist es also ohne weiteres möglich, die in die Abwägung einzustellenden Interessen der Beteiligten festzulegen, die für diese Interessen maßgeblichen Tatsachen zu berücksichtigen und die konfligierenden Interessen zu bewerten und zueinander zu gewichten.

Die zu diesem genannten Zweck von *Kanzleiter* erhobene Kritik, dass wohl (fast) jede Entscheidung des Bestimmungsberechtigten billigem Ermessen entspräche und eine gerichtliche Überprüfung der Ausübung des billigen Ermessens nicht möglich sei, ist daher unberechtigt.[253] Entgegen der Auffassung von *Kanzleiter* kann anhand der für die Ausübung des billigen Ermessens maßgeblichen Entscheidungskriterien ohne Einschränkung eine gerichtliche Überprüfung dahingehend stattfinden, ob die getroffene Entscheidung der Billigkeit entspricht, da der Rahmen für die Ausübung des billigen Ermessens bestimmbar ist.

252 *Meincke*, § 13, Rn. 2.

253 *Kanzleiter*, FS für Brambring, S. 225 (229).

Fast jede Entscheidung, beispielsweise auch die Bestimmung eines nur geringen Vermächtnisses weit unterhalb der maßgeblichen Freibeträge trotz ausreichend vorhandenem Nachlass und Gesamtvermögen, würde freies Belieben im Sinne des § 319 Abs. 2 BGB und nicht billiges Ermessen darstellen, da hierdurch keine Einzelfallgerechtigkeit hergestellt werden würde.

Die weitere Kritik von *Kanzleiter*, dass sich der Längerlebende nach § 2151 BGB bei mehreren Kindern als Bedachten auch dazu entschließen könne, einem Kind gar nichts zuzuwenden,[254] ist zwar vom Ergebnis her zutreffend, führt aber nicht dazu, dass die Ausnutzung steuerlicher Freibeträge keinen zulässigen Zweck im Sinne des § 2156 BGB darstellt. *Kanzleiter* vermischt hier die im Rahmen der Leistungsbestimmung des § 2156 BGB vorzunehmende Entscheidung, die bei Ausübung durch den Bestimmungsberechtigten gemäß § 315 Abs. 3 S. 1 BGB der Billigkeit entsprechen muss, mit der Bestimmung der Person des Vermächtnisnehmers gemäß § 2151 Abs. 1 BGB. Die Bestimmung der Person des Vermächtnisnehmers muss aber – da die §§ 315–319 BGB im Rahmen des § 2151 Abs. 1 BGB nicht anwendbar sind – nicht der Billigkeit entsprechen. Für die Frage, ob die Ausnutzung der erbschaftsteuerlichen Freibeträge ein zulässiger Zweck im Sinne des § 2156 BGB ist, kommt es allein darauf an, ob die Leistungsbestimmung im Rahmen des § 2156 BGB der Billigkeit entsprechen kann, während es nicht relevant ist, ob auch die Auswahl des Vermächtnisnehmers im konkreten Einzelfall gerecht ist. Die wohl von *Kanzleiter* gemeinte fehlende familiäre Einzelfallgerechtigkeit durch Nichtauswahl eines Kindes spielt im Rahmen des § 2156 BGB keine Rolle.

Der Zweck der Ausschöpfung erbschaftsteuerlicher Freibeträge ist damit grundsätzlich ein zulässiger Zweck im Sinne des § 2156 BGB.

Die notwendige hinreichende Bestimmtheit des Zweckes ist gegeben, wenn ausdrücklich benannt wird, wessen erbschaftsteuerliche Freibeträge in welchem Erbfall gemeint sind.

Lässt sich durch Auslegung nicht ermitteln, wessen erbschaftsteuerliche Freibeträge in welchem Erbfall gemeint sind, ist der angegebene Zweck mangels hinreichender Bestimmtheit kein zulässiger Zweck im Sinne des § 2156 BGB.

---

254 *Kanzleiter*, FS für Brambring, S. 225 (229).

III. Ausschöpfen der erbschaftsteuerlichen Freibeträge (beider Erbfälle)

Wird der Zweck nicht auf die Freibeträge nach dem Tod des Erstversterbenden beschränkt, ist eine differenzierte Betrachtungsweise geboten. Die fehlende Beschränkung lässt den Schluss zu, dass sich der Zweck nicht auf die Ausschöpfung der steuerlichen Freibeträge nach dem Tod des Erstversterbenden beschränkt, sondern es vielmehr um die Ausschöpfung der erbschaftsteuerlichen Freibeträge beider Erbfälle geht. Denkbar ist eine Vielzahl von Möglichkeiten, bei denen im ersten Erbfall kein Zweckvermächtnis zur Ausschöpfung erbschaftsteuerlicher Freibeträge benötigt wird, um eine Steuerbelastung zu vermeiden.

Wenn Ehegatten bzw. Lebenspartner beispielsweise über ein Gesamtvermögen von einer Million Euro verfügen und dieses Vermögen gleichmäßig verteilt ist, dann ist allein der persönliche Freibetrag des Ehegatten gemäß § 16 Abs. 1 Nr. 1 ErbStG bzw. des eingetragenen Lebenspartners nach § 16 Abs. 1 Nr. 6 ErbStG in Höhe von derzeit 500.000 € ausreichend, um eine Steuerbelastung zu vermeiden. Der Nettobetrag der Bereicherung des Längerlebenden ist vollständig durch den Freibetrag abgedeckt, sodass kein steuerpflichtiger Erwerb gemäß § 10 Abs. 1 ErbStG vorliegt.

Unterstellt, dass das Vermögen beim zweiten Erbfall noch ungeschmälert vorhanden ist, reicht der Freibetrag des Schlusserben bei Ehegatten bzw. Lebenspartnern mit einem Kind, das als Schlusserbe bestimmt ist, nicht aus, um eine Erbschaftsteuerbelastung zu vermeiden. Der persönliche Freibetrag des Kindes beträgt gemäß § 16 Abs. 1 Nr. 2 ErbStG derzeit 400.000 €. Nach Berücksichtigung des Freibetrages verbleibt damit ein steuerpflichtiger Erwerb im Sinne des § 10 Abs. 1 ErbStG in Höhe von 600.000 €. Durch ein Zweckvermächtnis nach dem ersten Erbfall in Höhe von 400.000 € hätten im Beispielsfall die steuerlichen Freibeträge auf den Tod beider Erblasser ausgeschöpft werden können, sodass lediglich ein steuerpflichtiger Erwerb im Sinne des § 10 Abs. 1 ErbStG in Höhe von 200.000 € im zweiten Erbfall vorgelegen hätte.

Fraglich ist allerdings, ob eine solche Leistungsbestimmung, d. h. die Bestimmung eines Vermächtnisses in oder bis zur Höhe des erbschaftsteuerlichen Freibetrages auf den Tod des Erstversterbenden bereits nach dem Tod des Erstversterbenden durch Ausübung billigen Ermessens möglich ist.

Der untere Rahmen für die Ausübung des billigen Ermessens wird hier im ersten Schritt durch die Freibeträge des Längerlebenden und der Vermächtnisnehmer nach dem Tod des Erstversterbenden definiert. Im zweiten Schritt kommt es darauf an, ob der Nachlass – wenn er in seinem Bestand erhalten bleiben würde – im zweiten Erbfall eine steuerliche Belastung auslösen könnte, weil der Freibetrag des Schlusserben oder die kumulierten Freibeträge der Schlusserben nach dem Tod des Letztversterbenden nicht ausreichen, um eine Steuerbelastung zu vermeiden. Kommt eine potenzielle Steuerbelastung in Betracht, wird die untere Grenze für die Ausübung des billigen Ermessens zusätzlich von der Vermeidbarkeit der steuerlichen Belastung im zweiten Erbfall definiert.

Die steuerliche Belastung im zweiten Erbfall resultiert aus dem steuerpflichtigen Erwerb. Gemäß § 10 Abs. 1 ErbStG gilt als steuerpflichtiger Erwerb die Bereicherung des Erwerbers, soweit sie nicht steuerfrei ist (§§ 5, 13, 13a, 13c, 13 d, 16, 17 und 18 ErbStG).

Kenntnis über die tatsächliche Höhe des Nachlasses des Letztversterbenden und den daraus resultierenden steuerpflichtigen Erwerb des oder der Schlusserben wird der Bestimmungsberechtigte aber nur in besonderen Ausnahmefällen haben. Denkbar wäre das beispielsweise bei einem krankheitsbedingt unmittelbar bevorstehenden Tod des Letztversterbenden, einer geplanten Selbsttötung oder dann, wenn ein Dritter das Bestimmungsrecht ausübt und der zweite Erbfall zum Zeitpunkt der Ausübung der Bestimmung bereits eingetreten ist.

In allen anderen Fällen ist allenfalls eine Prognose möglich. Eine Prognose schafft aber keinen geeigneten Ausgangspunkt für die Ausübung des billigen Ermessens. Sie bietet keine Gewähr für die tatsächliche Höhe des steuerpflichtigen Erwerbs nach dem Tod des Letztversterbenden. Das im ersten Erbfall vorhandene Vermögen kann beispielsweise verbraucht werden, was insbesondere dann der Fall sein kann, wenn der Erstversterbende lange Zeit vor dem Letztversterbenden verstirbt. Es kann auch teilweise untergehen, beispielsweise durch Verluste an der Börse.

Der Umstand, dass eine Prognose keinen geeigneten Anhaltspunkt für die Ausübung billigen Ermessens bietet, wird noch deutlicher, wenn zum Nachlass des Letztversterbenden voraussichtlich Betriebsvermögen, Betriebe der Land- und Forstwirtschaft oder Anteile an Kapitalgesellschaften gehören, deren Wert gegebenenfalls auf Basis der Bestimmungen des § 13a ErbStG ganz oder teilweise außer Ansatz bleibt. Für die Ermittlung des steuerpflichtigen Erwerbs ist gemäß § 11 ErbStG der Zeitpunkt der Entstehung der Steuer maßgeblich. Die Steuer entsteht gemäß § 9 Abs. 1 ErbStG im Regelfall mit dem Tod des Erblassers. Ob eine Steuerbefreiung nach § 13a ErbStG eintritt, hängt also davon ab, ob die Voraussetzungen des § 13a ErbStG zum Zeitpunkt des Todes des Erblassers – hier des Letztversterbenden – gegeben sind.

Gleiches gilt auch, wenn zum Nachlass ein zu Wohnzwecken vermietetes Grundstück im Sinne von § 13c ErbStG gehört, dessen Wert gemäß § 12

Abs. 3 ErbStG mit dem nach § 151 Abs. 1 S. 1 Nr. 1 BewG auf den sich gemäß § 11 ErbStG ergebenden Stichtag anzusetzen ist. Die Wertfeststellung kann frühestens mit dem Tod des Letztversterbenden erfolgen.

Eine Feststellung oder eine belastbare Prognose der voraussichtlichen Höhe des steuerpflichtigen Erwerbes ist auch dann nicht möglich, wenn zum Nachlass eine vom Erblasser selbst genutzte Immobilie gehört, die der Vermächtnisnehmer aufgrund der angeordneten Schlusserbschaft im zweiten Erbfall erben soll und für die er unter den Voraussetzungen des § 13 Abs. 1 Nr. 4 c ErbStG bei Selbstnutzung eine Steuerbefreiung in Anspruch nehmen kann. Vor dem Erbfall steht nicht fest, ob die Selbstnutzung stattfinden wird oder nicht.

Letztendlich ist auch denkbar, dass der Vermächtnisnehmer oder einer der Vermächtnisnehmer vor dem Letztversterbenden verstirbt, womit auch dessen potenzielle Freibeträge nicht mehr entstehen, oder der Gesetzgeber die steuerlichen Freibeträge zwischen dem ersten und dem zweiten Erbfall erhöht, vermindert oder sogar streicht. Folglich ist nicht nur die Höhe des tatsächlichen steuerpflichtigen Erwerbes, sondern auch die Summe der in die Abwägung einzubeziehenden erbschaftsteuerlichen Freibeträge ungewiss.

Damit fehlen zwei für die in die Abwägung der Interessen der Beteiligten einzubeziehenden Tatsachen: zum einen die Höhe des steuerpflichtigen Erwerbs im zweiten Erbfall, zum anderen die im zweiten Erbfall zur Verfügung stehenden Freibeträge. Eine Leistungsbestimmung in Ausübung des billigen Ermessens, die der Billigkeit entspricht, ist nicht möglich.

Die Ausnutzung erbschaftsteuerlicher Freibeträge ist damit – soweit sie sich auf die steuerlichen Freibeträge beider Erbfälle beziehen soll – kein zulässiger Zweck im Sinne des § 2156 BGB.

IV. Möglichst gerechte und wirtschaftlich sinnvolle, streitvermeidende Vermögensverteilung

In Bezug auf den vorgeschlagenen Zweck der möglichst gerechten und wirtschaftlich sinnvollen, streitvermeidenden Vermögensverteilung stellt sich zunächst die Frage der hinreichenden Bestimmtheit.

Unklar ist zunächst, für wen die Vermögensverteilung gerecht und im Verhältnis welcher am Nachlass beteiligter Personen zueinander die Vermögensverteilung wirtschaftlich sinnvoll sein soll. Unklar ist weiter, ob sich die Vermögensverteilung nur auf den ersten Erbfall oder auf beide Erbfälle beziehen soll. Kann dies nicht durch Auslegung ermittelt werden, fehlt es dem vorgeschlagenen Zweck bereits an der hinreichenden Bestimmtheit.

Denkbar ist einerseits, dass sich die wirtschaftlich sinnvolle und möglichst gerechte Vermögensverteilung auf den Längerlebenden und den oder die ausgewählten Vermächtnisnehmer im ersten Erbfall beziehen soll, andererseits aber auch, dass alle durch die letztwillige Verfügung bedachten Personen, d. h. auch die Schlusserben, mit in die Beurteilung einbezogen werden sollen und sich die Vermögensverteilung damit auf beide Erbfälle beziehen soll.

Alle Formulierungsvorschläge, die diesen Zweck als zusätzlichen Zweck vorsehen, haben zum weiteren Inhalt, dass es Zweck des Vermächtnisses ist, allen oder einzelnen Vermächtnisnehmern eine Abfindung dafür zu gewähren, dass sie beim ersten Erbfall lediglich Ersatzerben sind. Gegen eine Auslegung dahingehend, dass sich die möglichst gerechte und wirtschaftlich sinnvolle Vermögensverteilung nur auf den Längerlebenden und den ausgewählten Vermächtnisnehmer bezieht, spricht der Umstand, dass hierdurch unter Einbeziehung der weiteren Vermächtnisnehmer weder eine gerechte noch eine wirtschaftlich sinnvolle und schon gar keine streitvermeidende Vermögensverteilung erreicht werden kann, wenn der Bestimmungsberechtigte nicht alle, sondern nur einzelne Vermächtnisnehmer bedenkt.

Für eine Auslegung dahingehend, dass alle durch die letztwillige Verfügung Bedachten, d. h. auch die Schlusserben, in die Beurteilung einbezogen werden sollen, spricht zunächst die Idee des sogenannten Supervermächtnisses selbst. Das sogenannte Supervermächtnis wird als Korrektiv für die Nachteile des Berliner Testamentes verstanden, in dem regelmäßig der Längerlebende zunächst den Anteil des verstorbenen Ehegatten bzw. Lebenspartner erbt und das gemeinschaftliche Vermögen dann im zweiten Erbfall auf die Schlusserben – meist die Kinder – zu gleichen Teilen übergeht. Eine möglichst gerechte und wirtschaftlich sinnvolle Vermögensverteilung lässt sich im Gesamtkontext des Berliner Testamentes nur unter Einbeziehung des zweiten Erbfalles erreichen.

Gegen eine Einbeziehung der Schlusserben spricht allerdings der Umstand, dass es dem Bestimmungsberechtigten ausdrücklich freisteht, nur einer von mehreren Personen, die von der gesetzlichen Erbfolge ausgeschlossen sind, ein Vermächtnis zukommen zu lassen. Erhält nur einer von mehreren möglichen Bedachten ein Vermächtnis, ist das für alle durch die letztwillige Verfügung Bedachte nicht möglichst gerecht und im Zweifel auch nicht wirtschaftlich sinnvoll. Derjenige, der im ersten Erbfall durch den Bestimmungsberechtigten bedacht wird, erhält im Zweifel mehr als diejenigen, die im ersten Erbfall nicht bedacht wurden. Die beabsichtigte Vermächtnisanordnung ist daher in sich selbst widersprüchlich. Dieser Widerspruch kann auch durch eine Auslegung der letztwilligen Verfügung nicht aufgelöst werden.

Damit ist der angegebene Zweck bereits nicht hinreichend bestimmt.

Zudem scheitert bei einer Einbeziehung des zweiten Erbfalles auch hier die Möglichkeit der Ausübung billigen Ermessens. Während die Ausübung billigen Ermessens dann, wenn nur die Vermögensverteilung im ersten Erbfall zwischen dem Längerlebenden und dem ausgewählten Vermächtnisnehmer zu beurteilen wäre, durchaus möglich wäre, weil alle in die Entscheidung einzubeziehenden Tatsachen feststehen, fehlt es bei Einbeziehung des zweiten Erbfalles an der Kenntnis der Höhe des Nachlasses des Letztversterbenden sowie auch an der Kenntnis der einzubeziehenden Personen. Das Vermögen kann sich zwischen dem ersten und dem zweiten Erbfall reduzieren oder erhöhen, zudem können potenzielle Schlusserben vor dem zweiten Erbfall wegfallen. Eine Entscheidung zu einer möglichst gerechten und wirtschaftlich sinnvollen Vermögensverteilung kann daher nicht durch Ausübung billigen Ermessens getroffen werden.

Dies gilt umso mehr, wenn der Zweck noch um die *streitvermeidende* Vermögensverteilung ergänzt wird. Auch eine möglichst gerechte und wirtschaftlich sinnvolle Vermögensverteilung ist nicht zwingend streitvermeidend, insbesondere dann nicht, wenn sich eine am Nachlass beteiligte Person trotz objektiv gerechter Vermögensverteilung ungerecht behandelt fühlt und aufgrund ihrer subjektiven Wahrnehmung trotzdem streitet.

Wollte man nun die Streitvermeidung als objektive Tatsache in eine Entscheidung nach billigem Ermessen einbeziehen, dann würde eine eigentlich möglichst gerechte und wirtschaftlich sinnvolle Entscheidung des Bestimmungsberechtigten nicht der Billigkeit entsprechen, weil die Entscheidung nicht streitvermeidend ist.

Eine der Billigkeit entsprechende Entscheidung wäre damit nur möglich, wenn alle von der Entscheidung betroffenen Personen erklären würden, die beabsichtigte Entscheidung nicht angreifen zu wollen. Die Entscheidung des Bestimmungsberechtigten wäre damit von subjektiven Erwägungen der am Nachlass beteiligten Personen abhängig und der Bestimmungsberechtigte könnte kein eigenes billiges Ermessen ausüben.

Die möglichst gerechte und wirtschaftlich sinnvolle, streitvermeidende Vermögensverteilung ist damit kein zulässiger Zweck im Sinne des § 2156 BGB. Es fehlt sowohl an der hinreichenden Bestimmtheit des angegebenen Zweckes als auch an der Möglichkeit der Ausübung billigen Ermessens durch den Bestimmungsberechtigten.

V. Steueroptimierung unter Berücksichtigung aller Begünstigten der letztwilligen Verfügung

Die Steueroptimierung unter Berücksichtigung aller Begünstigten der letztwilligen Verfügung ist kein zulässiger Zweck im Sinne des § 2156 BGB, da die Leistung nicht nach billigem Ermessen bestimmt werden kann. Der vorgeschlagene Zweck lässt keine Zweifel daran offen, dass sich die Steueroptimierung auf beide Erbfälle beziehen soll.

Wie bereits zu dem vorgeschlagenen Zweck der Ausnutzung steuerlicher Freibeträge unter der Ziffer III. und auch zu dem vorgeschlagenen Zweck der möglichst gerechten und wirtschaftlich sinnvollen Vermögensverteilung unter der vorstehenden Ziffer IV. festgestellt, fehlt es bei Einbeziehung des zweiten Erbfalles an der Kenntnis der Höhe des steuerpflichtigen Erwerbes sowie der tatsächlich vorhandenen Begünstigten im zweiten Erbfall. Da damit für die Ausübung des billigen Ermessens wesentliche Tatsachen nicht bekannt sind, kann keine Entscheidung nach billigem Ermessen getroffen werden.

Die Steueroptimierung unter Berücksichtigung aller Begünstigten der letztwilligen Verfügung ist folglich kein zulässiger Zweck im Sinne des § 2156 BGB.

VI. Abmilderung der Steuerprogression

Fraglich ist, ob die Abmilderung der Steuerprogression ein Zweck ist, der hinreichend bestimmt ist und bei dem die Leistungsbestimmung nach billigem Ermessen erfolgen kann.

Die Abmilderung der Steuerprogression kann sich entweder allein auf den ersten Erbfall beziehen, wenn der steuerpflichtige Erwerb des Längerlebenden nach Abzug der Sockelvermächtnisse so hoch ist, dass eine Wertgrenze des § 19 Abs. 1 ErbStG überschritten wird, oder auch darauf, dass nach voller Ausschöpfung der Freibeträge nach dem Tod beider Erblasser im zweiten Erbfall noch so viel zu versteuernder Nachlass verbleibt, dass im zweiten Erbfall eine Wertgrenze des § 19 Abs. 1 ErbStG überschritten wird.

Lässt sich durch Auslegung nicht ermitteln, welche der genannten Möglichkeiten durch den Erblasser gewollt war, ist der genannte Zweck bereits mangels hinreichender Bestimmtheit unzulässig.

Ergibt die Auslegung, dass sich die Abmilderung der Steuerprogression im ersten Erbfall ergeben soll, kann eine Leistungsbestimmung durch die Ausübung billigen Ermessens erfolgen, da die Höhe des steuerpflichtigen Erwerbs und eine hieraus resultierende mögliche Überschreitung einer Wertgrenze ermittelt werden können. Das Ermessen des Bestimmungsberechtigten ist allerdings in zweifacher Hinsicht begrenzt: Zum einen muss jedenfalls eine der Wertgrenzen des § 19 Abs. 1 ErbStG überschritten sein, zum anderen muss das aufgesetzte Supervermächtnis dazu führen, dass die Wertgrenze wieder unterschritten wird, da andernfalls der Zweck nicht erfüllt wird.

Ergibt die Auslegung, dass eine Überschreitung einer Wertgrenze des § 19 I ErbStG im zweiten Erbfall gemeint war, müsste der Bestimmungsberechtigte auch hier wissen, wie hoch der Nachlass der Letztversterbenden und der daraus resultierende steuerpflichtige Erwerb sein werden, um eine Abmilderung der Steuerprogression ermessen zu können.

Der Zweck des Vermächtnisses – d. h. die Abmilderung der Steuerprogression – kann nur dann erreicht werden, wenn der steuerpflichtige Erwerb des jeweiligen Erben im zweiten Erbfall so hoch ist, dass jedenfalls die erste Wertgrenze des § 19 Abs. 1 ErbStG auch tatsächlich überschritten wird.

Da der Bestimmungsberechtigte die Leistungsbestimmung gemäß § 2156 BGB nach billigem Ermessen durchzuführen hat und die Grenze des Ermessensspielraumes die Billigkeit ist, ist die Ausübung des billigen Ermessens hier nicht möglich. Die untere Grenze für die Ausübung des billigen Ermessens bildet die Überschreitung einer Wertgrenze des § 19 Abs. 1 ErbStG. Wird die Grenze nicht überschritten, kann mangels möglicher Zweckerreichung kein Vermächtnis nach billigem Ermessen bestimmt werden.

Auch hier hilft eine Prognose über die voraussichtliche Höhe des Nachlasses nicht weiter. Allerdings kann im konkreten Fall eine Prognose zu dem Ergebnis führen, dass eine Wertgrenze des § 19 Abs. 1 ErbStG in jedem Fall überschritten wird. Aber auch diese Prognose ist nicht geeignet, durch Abwägung der konfligierenden Interessen eine konkrete Einzelfallgerechtigkeit herbeizuführen. Eine Prognose bietet keine Gewähr für die tatsächliche Höhe des steuerpflichtigen Erwerbs nach dem Letztversterbenden.

Wie auch in Bezug auf die Ausschöpfung der erbschaftsteuerlichen Freibeträge beider Erbfälle ist eine Vielzahl von Gründen denkbar, aus denen das zum Zeitpunkt der Ausübung des Bestimmungsrechtes vorhandene Vermögen so weit geschmälert werden kann, dass eine Wertgrenze des § 19 Abs. 1 ErbStG nach dem zweiten Erbfall nicht mehr überschritten wird. Die Bestimmung eines Vermächtnisses, das zu einer Abmilderung der Steuerprogression im zweiten Erbfall führt, ist in diesen Fällen mangels Möglichkeit der Ausübung eines billigen Ermessens unmöglich.

Auch für größere Nachlässe, bei denen der steuerpflichtige Erwerb im zweiten Erbfall auf jeden Fall, d. h. selbst nach Berücksichtigung sämtlicher möglicher Vergünstigungen mindestens die erste Wertgrenze des § 19 Abs. 1 ErbStG übersteigt, kann kein anderes Ergebnis ermittelt werden. Auch hier kann nicht festgestellt werden, ob die Leistungsbestimmung billigem Ermessen entspricht. Die Grenze des billigen Ermessens kann nicht ermittelt werden, weil nicht feststeht und auch nicht belastbar zu prognostizieren ist, wie hoch der steuerpflichtige Erwerb nach dem Tod des Letztversterbenden sein wird. Insoweit kann auch nicht ermittelt werden, ob das durch den Bestimmungsberechtigten wertmäßig festgelegte Vermächtnis im zweiten Erbfall tatsächlich zu einer Unterschreitung einer Wertgrenze führen würde. Daher ist es unmöglich, die Interessen des Beschwerten und die Interessen des oder der Vermächtnisnehmers zu gewichten.

Entsprechendes gilt auch, wenn die Leistungsbestimmung durch einen Dritten ausgeführt werden soll. Der Umstand, dass die Höhe des steuerpflichtigen Erwerbs nach dem Letztversterbenden nicht bekannt ist, führt dazu, dass jede getroffene Entscheidung offenbar unbillig und damit nicht verbindlich ist. Mangels Kenntnis der Höhe des steuerpflichtigen Erwerbs nach dem Tod des Letztversterbenden wäre jede getroffene Entscheidung willkürlich. Es fehlt an einem objektiven Anknüpfungspunkt für die Leistungsbestimmung. Eine willkürlich getroffene Entscheidung ist immer offenbar unbillig.[255]

Die Abmilderung der Steuerprogression ist damit nur dann ein zulässiger Zweck im Sinne des § 2156 BGB, wenn sich durch eine entsprechende Anordnung des Erblassers oder auch durch Auslegung ergibt, dass sich die Abmilderung der Steuerprogression im ersten Erbfall verwirklichen muss.

VII. Zusammenfassung

1. Eine Abfindung für den Ausschluss von der gesetzlichen Erbfolge ist ein hinreichend bestimmter und zulässiger Zweck im Sinne von § 2156 BGB, da die Leistungsbestimmung durch die Ausübung billigen Ermessens erfolgen kann.
2. Die Ausnutzung erbschaftsteuerlicher Freibeträge auf den Tod des Erstversterbenden ist ein hinreichend bestimmter und zulässiger Zweck im Sinne von § 2156 BGB, da die Leistungsbestimmung durch die Ausübung billigen Ermessens erfolgen kann.
3. Das Ausschöpfen der erbschaftsteuerlichen Freibeträge beider Erbfälle ist kein zulässiger Zweck im Sinne von § 2156 BGB, da eine Leitungsbestimmung durch die Ausübung billigen Ermessens nicht möglich ist.

255 *RGRK/Ballhaus*, § 319, Rn. 5.

4. Die möglichst gerechte und wirtschaftlich sinnvolle Vermögensverteilung ist kein zulässiger Zweck im Sinne des § 2156 BGB, da der Zweck nicht hinreichend bestimmt genug ist und weil eine Leistungsbestimmung durch die Ausübung billigen Ermessens nicht möglich ist.
5. Die streitvermeidende Vermögensverteilung ist kein zulässiger Zweck im Sinne des § 2156 BGB, da eine Leistungsbestimmung durch die Ausübung billigen Ermessens nicht möglich ist.
6. Die Steueroptimierung unter Berücksichtigung aller Begünstigten der letztwilligen Verfügung ist kein zulässiger Zweck im Sinne des § 2156 BGB, da eine Leistungsbestimmung durch die Ausübung billigen Ermessens nicht möglich ist.
7. Die Abmilderung der Steuerprogression ist ein zulässiger Zweck im Sinne des § 2156 BGB, wenn sich die Abmilderung der Steuerprogression im ersten Erbfall verwirklichen soll.
8. Die Abmilderung der Steuerprogression bezogen auf beide Erbfälle oder auf den zweiten Erbfall ist kein zulässiger Zweck im Sinne des § 2156 BGB, da die Leistung nicht durch die Ausübung billigen Ermessens bestimmt werden kann.

Nachdem damit die zivilrechtlichen Voraussetzungen für ein sogenanntes Supervermächtnis und die bekannten Vorschläge zu den Zwecken eines sogenannten Supervermächtnisses umfassend analysiert wurden, folgt in dem sich anschließenden Kapitel 6 eine Untersuchung des sogenannten Supervermächtnisses in erbschaftsteuerlicher Hinsicht.

Kapitel 6 Das Supervermächtnis im Erbschaftsteuerrecht

Das grundlegende Ziel des sogenannten Supervermächtnisses ist, dem länger lebenden Ehegatten oder eingetragenen Lebenspartner möglichst lange die volle Verfügungsmacht über das beiderseitige Vermögen zu erhalten und gleichzeitig die Steuerfreibeträge der Schlusserben auf den Tod des Erstversterbenden nicht ungenutzt verfallen zu lassen.

Maßgeblich für die Realisierung dieses Zieles sind der Zeitpunkt der Entstehung der Erbschaftsteuer (I.) sowie die Frage der Anwendbarkeit von § 6 Abs. 4 ErbStG (II.) im Rahmen der verschiedenen Gestaltungsvarianten des sogenannten Supervermächtnisses (III.).

I. Zeitpunkt der Entstehung der Erbschaftsteuer bei Vermächtnissen

1. Grundsatz

Bei einem Erwerb von Todes wegen entsteht die Steuerschuld gemäß § 9 Abs. 1 Nr. 1 ErbStG grundsätzlich mit dem Tod des Erblassers. Gemäß § 3 Abs. 1 Nr. 1 ErbStG gilt als Erwerb von Todes wegen auch der Erwerb durch Vermächtnis gemäß der §§ 2147 ff. BGB.

In zivilrechtlicher Hinsicht fällt ein gewöhnliches Vermächtnis gemäß § 2176 BGB im Regelfall mit dem Tod des Erblassers an. Demzufolge bestimmt auch § 9 Abs. 1 Nr. 1 ErbStG, dass die Erbschaftsteuer grundsätzlich in diesem Zeitpunkt entsteht.[256]

Von dem Anfall des Vermächtnisses gemäß § 2176 BGB ist aber die Fälligkeit des Vermächtnisses zu unterscheiden. Die Fälligkeit besteht von dem Zeitpunkt an, von dem der Berechtigte die Vermächtniserfüllung verlangen kann. Das Vermächtnis wird grundsätzlich nach § 271 Abs. 1 BGB sofort mit dem Anfall des Vermächtnisses fällig.[257] Abweichend hiervon kann der Erblasser die Fälligkeit gemäß § 2181 BGB dem freien Belieben des Beschwerten überlassen oder abweichende Anordnungen zur Fälligkeit zu einem späteren Zeitpunkt treffen.[258]

---

256 *Beckervordersandfort/Sielker*, § 2, Rn. 37.

257 *Roth/Maulbetsch/Schulte/Maulbetsch*, § 2, Rn. 28.

258 *Roth/Maulbetsch/Schulte/Maulbetsch*, § 2, Rn. 28, 31.

Ohne eine abweichende Bestimmung durch den Erblasser entsteht die Steuerschuld damit gemäß § 9 Abs. 1 Nr. 1 ErbStG mit dem Anfall des Vermächtnisses, d. h. im Regelfall mit dem Tod des Erblassers.

2. Betagte Ansprüche

Abweichend von der Grundregel des § 9 Abs. 1 Nr. 1 ErbStG entsteht die Steuer für den Erwerb des unter einer Betagung Bedachten sowie für zu einem Erwerb gehörende betagte Ansprüche gemäß § 9 Abs. 1 Nr. 1 Buchst. a ErbStG mit dem Zeitpunkt des Eintrittes des Ereignisses. Der betagte Erwerb wird somit von dem Gesetzgeber in Bezug auf die Entstehung der Erbschaftsteuer mit dem bedingten oder befristeten Erwerb gleichgestellt.

a) Begriff der Betagung

Unter einer betagten Schuld wird zivilrechtlich eine bereits unbedingt wirksam entstandene, aber noch nicht fällige Forderung verstanden.[259]

In steuerlicher Hinsicht wird zwischen solchen betagten Ansprüchen, bei denen der Zeitpunkt der Fälligkeit ungewiss ist, und jenen Ansprüchen, bei denen der Zeitpunkt der Fälligkeit festgelegt ist, unterschieden.

Ursprünglich hatte der RFH mit seinem Urteil vom 08.09.1931 einen besonderen erbschaftsteuerlichen Begriff der Betagung entwickelt. Danach sollten entstandene, aber noch nicht fällige Ansprüche unabhängig davon, ob das Fälligkeitsdatum zum Erbfall feststand oder noch unbestimmt war, zur Entstehung der Erbschaftsteuer mit dem Tod des Erblassers führen.[260] Für den RFH war kein Grund zu sehen, den Fall des betagten Erwerbes dem aufschiebend bedingten oder befristeten Erwerb hinsichtlich der Entstehung der Steuerschuld gleichzustellen.[261] Weil der Grund für die gesetzliche Regelung für den RFH nicht ersichtlich war, hielt er die gesetzliche Regelung für unbeachtlich und wendete die Vorschrift des § 9 Abs. 1 Nr. 1 Buchst. a) ErbStG nicht an.[262]

Diese Rechtsprechung hat der BFH mit seinem Urteil vom 27.08.2003 jedenfalls teilweise aufgegeben.[263] Der BFH differenziert nunmehr sehr klar zwischen

---

259 KG, Urteil vom 15.09.1997, Az.: 12 U 8810/96, – juris –; *Grüneberg/Ellenberger*, § 163, Rn. 2; *Grüneberg/Sprau*, § 813, Rn. 7; *Meincke/Hannes/Holtz*, § 9, Rn. 24; *MüKoBGB/Westermann*, § 163, Rn. 3.

260 RFH, Urteil vom 08.09.1931, Az.: I E 173/31, RStBl. 1931, S. 895; *Meincke/Hannes/Holtz*, § 9, Rn. 24.

261 *Meincke*, ZEV 2004, S. 35 (36).

262 *Meincke*, ZEV 2004, S. 35 (37).

263 BFH, Urteil vom 27.08.2003, Az.: II R 58/01, BStBl. 2003 II, S. 921, BFHE 203, S. 279.

solchen betagten Ansprüchen, bei denen die Forderung bereits entstanden und lediglich ihre Fälligkeit auf einen bestimmten Zeitpunkt hinausgeschoben ist, und jenen betagten Ansprüchen, bei denen der Zeitpunkt des Eintritts des zur Fälligkeit führenden Ereignisses unbestimmt ist. Im zuerst genannten Fall folgt nach Auffassung des BFH aus der bewertungsrechtlichen (§ 12 Abs. 1 ErbStG i. V. m. § 12 Abs. 3 BewG) Behandlung noch nicht fälliger Forderungen, dass die Erbschaftsteuer für solche Ansprüche, die zu einem bestimmten (feststehenden) Zeitpunkt fällig werden, dem Regelfall des § 9 Abs. 1 Nr. 1 ErbStG entsprechend bereits im Zeitpunkt des Todes des Erblassers entsteht. In Bezug auf solche betagten Ansprüche folgt der BFH somit weiterhin der bereits durch den RFH begründeten Rechtsprechung.

Anders sind nach neuer Auffassung des BFH jedoch die zuletzt genannten Fälle der Betagung zu behandeln, bei denen der Zeitpunkt des Eintritts des zur Fälligkeit führenden Ereignisses unbestimmt ist. In diesen Fällen entsteht die Steuer – ebenso wie bei einer aufschiebend bedingten oder befristeten Forderung – erst mit dem Eintritt des Ereignisses, welches zur Fälligkeit führt.[264] Hierzu führt der BFH zu Recht aus, dass für diejenigen betagten Ansprüche, bei denen der Zeitpunkt des zur Fälligkeit führenden Ereignisses unbestimmt ist, die Anwendung von § 12 Abs. 3 BewG versage, da der Zeitpunkt für den Eintritt der Fälligkeit fehle und weil damit die Berechnungs- und Schätzungsgrundlage für eine Abzinsung oder den Ansatz eines niedrigeren Wertes als des Nennwertes fehle.[265]

Diese neue Auffassung des BFH ist in der Literatur jedenfalls in Bezug auf ihre Begründung auf Kritik gestoßen. Während *Jens Peter Meincke* es zwar grundsätzlich für zweckmäßig erachtet, für betagte Ansprüche ein eigenes Steuerentstehungsdatum vorzusehen, überzeugt ihn die Begründung, dass Ansprüche dieser Art – d. h. betagte Ansprüche mit unbestimmtem Fälligkeitszeitpunkt – noch nicht bewertbar sind, nicht. Zur Untermauerung seiner Kritik führt er zwei Beispiele an, aus denen sich ergeben soll, dass entgegen der Auffassung des BFH auch bei einem ungewissen Zeitpunkt der Fälligkeit eine Bewertung des betagten Anspruches möglich ist. Für den Fall, dass der Erblasser z. B. Gläubiger eines bis zum Tod des Schuldners gestundeten Pflichtteilsanspruches sei, sei es möglich, die Lebenserwartung des Schuldners zu prognostizieren und den Pflichtteilsanspruch entsprechend abzuzinsen. Auch der Zeitraum, den eine Versicherungsgesellschaft für die zur Feststellung des

264 BFH, Urteil vom 27.08.2003, Az.: II R 58/01, BStBl. 2003 II, S. 921, BFHE 203, S. 279.
265 BFH, Urteil vom 27.08.2003, Az.: II R 58/01, BStBl. 2003 II, S. 921, BFHE 203, S. 279.

Versicherungsfalles nötigen Ermittlungen benötige, lasse sich abschätzen und die Forderung entsprechend abzinsen.[266]

Die von *Meincke* genannten Beispiele treffen jedoch nicht auf alle Fälle einer betagten Forderung mit unbestimmter Fälligkeit zu. Insbesondere das Bestimmungsvermächtnis verdeutlicht, dass der BFH zu Recht seine Auffassung zutreffend abgeändert hat. Wie oben in Kapitel 2 festgestellt, kann der Erblasser ohne Weiteres dem Bestimmungsberechtigten auch die Bestimmung des Zeitpunktes der Erfüllung des Vermächtnisses überlassen.[267] Dieser Zeitpunkt kann weder geschätzt noch – wie beispielweise die Lebenserwartung – anhand von Tabellen oder Statistiken prognostiziert werden.

Der BFH unterscheidet damit zu Recht zwischen solchen betagten Ansprüchen, bei denen der Zeitpunkt des zur Fälligkeit führenden Ereignisses unbestimmt ist, und jenen betagten Ansprüchen, bei denen der Zeitpunkt der Erfüllung festgelegt ist.

b) Unbestimmter Zeitpunkt des zur Fälligkeit führenden Ereignisses

Hat der Erblasser den Zeitpunkt der Erfüllung des Vermächtnisses dem freien Belieben des Beschwerten überlassen, greift die Auslegungsregel des § 2181 BGB. Danach wird die Leistung spätestens mit dem Tod des Beschwerten fällig.

Die Auslegungsregel des § 2181 BGB betrifft nur die Fälligkeit des Vermächtnisses.[268] Der Anfall des Vermächtnisses bestimmt sich – sofern nicht die §§ 2177, 2178 BGB Anwendung finden – nach § 2176 BGB, womit das Vermächtnis mit dem Erbfall anfällt.[269] Lediglich in der Anordnung, dass der Bedachte das Vermächtnis erst beim Tod des Beschwerten erhalten soll, liegt regelmäßig mehr als das Hinausschieben der Fälligkeit, nämlich eine Zeitbestimmung für den Anfall des Vermächtnisses.[270]

Aus zivilrechtlicher Sicht liegt durch das Auseinanderfallen von Entstehung des Anspruches und Fälligkeit des Anspruches eine Betagung vor. Da der Zeitpunkt der Fälligkeit dann, wenn die Erfüllung dem freien Belieben des Beschwerten überlassen ist, ungewiss ist, findet § 9 Abs. 1 Nr. 1 Buchst. a) ErbStG Anwendung. Wird das Vermächtnis von dem Beschwerten zu dessen Lebzeiten

266 *Meincke*, ZEV 2004, S. 35 (37).
267 Vgl. hierzu Kapitel 2, III.1.
268 *Erman/Nobis*, § 2181, Rn. 1; *Grünewald/Weidlich*, § 2181, Rn. 1; *RGRK/Johannsen*, § 2181, Rn. 1; *Soergel/Wolf*, § 2181, Rn. 1; *Staudinger/Otte*, § 2181, Rn. 3.
269 *Grünewald/Weidlich*, § 2181, Rn. 2; *RGRK/Johannsen*, § 2181, Rn. 1.
270 *Staudinger/Otte*, § 2181, Rn. 4.

erfüllt, entsteht die Steuer nach allgemeiner Ansicht mit Eintritt des Ereignisses, d. h. mit der Vermächtniserfüllung.[271] Das führt dazu, dass der Erbe bis zur Fälligkeit des Vermächtnisses allein steuerpflichtig ist und den Erwerb einschließlich dessen, was er zur Vermächtniserfüllung später benötigt, zu versteuern hat. Eine Abzugsmöglichkeit der Vermächtnisleistung als Nachlassverbindlichkeit gemäß § 10 Abs. 5 Nr. 2 ErbStG ist erst mit Vermächtniserfüllung möglich.[272]

c) Festgelegter Zeitpunkt der Fälligkeit

Der Erblasser kann den Zeitpunkt der Fälligkeit des Vermächtnisses auch im Rahmen seiner letztwilligen Verfügung selbst festlegen. Bestimmt der Erblasser einen späteren Zeitpunkt als den Erbfall, ohne hierbei gleichzeitig auch den Anfall des Vermächtnisses abweichend von § 2176 BGB zu regeln, fällt das Vermächtnis gemäß § 2176 BGB mit dem Erbfall an und wird zu dem vom Erblasser festgelegten Zeitpunkt fällig. Zivilrechtlich liegt damit auch hier eine Betagung vor, da die Forderung mit dem Erbfall entsteht und lediglich ihre Fälligkeit hinausgeschoben ist.[273]

Nach der vorstehend unter Ziffer a) dargestellten Auffassung des BFH, die von der Literatur unwidersprochen geteilt wird, betrifft die Regelung des § 9 Abs. 1 Nr. 1 Buchst. a) ErbStG jedoch nicht alle Ansprüche, die zivilrechtlich als betagt anzusehen sind.[274] Unter Berufung auf seine ständige Rechtsprechung[275] führt der BFH aus, aus der bewertungsrechtlichen Behandlung noch nicht fälliger Forderungen folge, dass die Erbschaftsteuer für solche Ansprüche, die zu einem bestimmten (festgelegten) Zeitpunkt fällig werden, dem Regelfall des § 9 Abs. 1 Nr. 1 ErbStG entsprechend bereits mit dem Zeitpunkt des Todes

---

271 BFH, Urteil vom 27.08.2003, Az.: II R 58/01, BStBl. 2003 II, S. 921, BFHE 203, S. 279; *Beckervordersandfort/Sielker*, § 2, Rn. 38; *Evertz*, ZErb 2004, S. 373 (375); *von Oertzen/Loose/Fumi*, § 9, Rn. 46; *Daragan/Halaczinsky/Riedel/Halaczinsky*, § 9, Rn. 20; *Schmid*, § 2, Rn. 14; *Troll/Gebel/Jülicher/Gottschalk/Gottschalk*, § 9, Rn. 34.

272 *Beckervordersandfort/Sielker*, § 2, Rn. 38; *Evertz*, ZErb 2004, S. 373 (375).

273 *Grüneberg/Ellenberger*, § 163, Rn. 2.

274 BFH, Urteil vom 07.10.2009, Az.: II R 27/07, BFH/NV 2010, S. 891; BFH, Beschluss vom 14.05.2014, Az.: II B 82/13, BeckRS 2014, 95590; *Beckervordersandfort/Sielker*, § 2, Rn. 39; *von Oertzen/Loose/Fumi*, § 9 ErbStG, Rn. 45.

275 BFH, Urteil vom 18.03.1987, Az.: II R 133/84, BFH/NV 1988, 489; BFH, Urteil vom 27.08.2003, Az.: II R 58/01, BStBl. II 2003, S. 921, BFHE 203, S. 279; BFH, Urteil vom 16.01.2008, Az.: II R 30/06, BStBl. II 2008, S. 626; BFHE 220, S. 518; BFH, Urteil vom 21.04.2009, Az.: II R 57/07, BStBl. II 2009, S. 606, BFHE 224, S. 279.

des Erblassers entsteht. Das Vermächtnis ist in diesem Fall gemäß § 10 Abs. 5 Nr. 2 ErbStG beim Tod des Erblassers als Nachlassverbindlichkeit abzugsfähig.[276]

3. Aufschiebend bedingtes oder befristetes Vermächtnis

Gemäß § 2177 BGB ist der Anfall des Vermächtnisses bei einem aufschiebend bedingten oder befristeten Vermächtnis bis zum Eintritt der Bedingung oder des Anfangstermins hinausgeschoben. Gemäß § 9 Abs. 1 Nr. 1 Buchst. a) ErbStG entsteht die Steuer für den Erwerb des unter einer aufschiebenden Bedingung oder Befristung Bedachten sowie für zu einem Erwerb gehörende aufschiebend bedingte oder befristete Ansprüche mit dem Zeitpunkt des Eintritts der Bedingung oder des Ereignisses. Die Erbschaftsteuer folgt auch hier dem erbrechtlichen Anfallprinzip.[277]

Nach Auffassung von *Paul Richard Gottschalk* sind auch die Bestimmungsvermächtnisse gemäß §§ 2151, 2153 BGB und die Zweckvermächtnisse gemäß § 2156 BGB, bei denen die Bestimmung des Bedachten oder der Leistung dem Beschwerten oder einem Dritten überlassen ist, aufschiebend bedingte Vermächtnisse. *Gottschalk* meint, das Bestimmungsrecht sei ein Gestaltungsrecht, das wie eine aufschiebende Bedingung wirke, und verweist hierbei auf das Urteil des BFH vom 05.03.1971, mit dem der BFH für Recht erkannt hat, dass ein mietvertragliches Optionsrecht ein Gestaltungsrecht ist und als echte Bedingung im Sinne des § 4 BewG vor seiner Ausübung nicht bei früheren Stichtagen berücksichtigt werden kann.[278]

Die Auffassung von *Gottschalk* ist jedenfalls aus den in der nachstehenden Ziffer 4 genannten Gründen vom Ergebnis her zutreffend, auch wenn ein Bestimmungsvermächtnis im Sinne des § 2151 BGB nicht als aufschiebend bedingtes oder befristetes Vermächtnis nach § 2177 BGB angesehen werden kann.

4. Vermächtnis bei einem noch nicht erzeugten oder bestimmten Bedachten

Gemäß § 2178 BGB erfolgt der Anfall des Vermächtnisses erst mit dem Eintritt des Ereignisses, wenn die Persönlichkeit des Bedachten erst durch ein nach

276 *Beckervordersandfort/Sielker*, § 2, Rn. 39.

277 *Troll/Gebel/Jülicher/Gottschalk/Gottschalk*, § 9, Rn. 33.

278 BFH, Urteil vom 05.03.1971, Az.: III R 130/68, BStBl. II 1971, S. 481, BFHE 102, S. 102; *Troll/Gebel/Jülicher/Gottschalk/Gottschalk*, § 9, Rn. 34.

dem Erbfall eintretendes Ereignis bestimmt wird. Ob die Steuer für den Erwerb auch hier gemäß § 9 Abs. 1 Nr. 1 Buchst. a) ErbStG erst mit Eintritt des Ereignisses entsteht, lässt sich der Vorschrift nicht direkt entnehmen. Zwar wird der Eintritt eines Ereignisses als Entstehungszeitpunkt genannt, dies bezieht sich aber nach dem Wortlaut der Vorschrift auf den Erwerb des unter einer aufschiebenden Bedingung, einer Betagung oder Befristung stehenden Anspruches.

Rechtsprechung zu der Frage, ob § 9 Abs. 1 Nr. 1 Buchst. a) ErbStG auch auf solche Vermächtnisse anzuwenden ist, die gemäß § 2178 BGB mit einem nach dem Erbfall eintretenden Ereignis anfallen, findet sich bislang nicht. In der Literatur führt allein *Anton Steiner* im Zusammenhang mit einem Herausgabevermächtnis aus, dass die Steuer im Falle des Eintritts eines ungewissen Ereignisses nach dem Erbfall, beispielsweise einer Wiederverheiratung, gemäß § 9 Abs. 1 Nr. 1 Buchst. a) ErbStG mit dem Eintritt des ungewissen Ereignisses entsteht.[279]

Wie oben[280] festgestellt, fällt ein Bestimmungsvermächtnis mit der Ausübung des Bestimmungsrechtes an, da die Ausübung des Bestimmungsrechtes ein Ereignis im Sinne des § 2178 BGB ist. Auch wenn ein Bestimmungsvermächtnis kein aufschiebend bedingtes Vermächtnis darstellt, ist *Gottschalk* jedenfalls dahingehend zuzustimmen, dass das Bestimmungsrecht wie eine aufschiebende Bedingung wirkt. Damit muss § 9 Abs. 1 Nr. 1 Buchst. a) ErbStG auch dann Anwendung findet, wenn der Anfall eines Vermächtnisses nach § 2178 BGB erfolgt. Das lässt sich insbesondere auch damit begründen, dass § 2178 BGB die Bestimmung der Persönlichkeit des Bedachten durch ein Ereignis mit der Geburt eines zum Zeitpunkt des Erbfalls noch nicht gezeugten Bedachten gleichsetzt. Dass die Steuer für den Erwerb aufgrund eines Vermächtnisses an eine zum Zeitpunkt des Erbfalles noch nicht gezeugte Person nicht gemäß § 9 Abs. 1 Nr. 1 ErbStG mit dem Tod des Erblassers, sondern zwingend gemäß § 9 Abs. 1 Nr. 1 Buchst. a) ErbStG erst mit der Geburt entstehen kann, liegt mangels Vorhandenseins eines Steuersubjektes auf der Hand. Für den zivilrechtlich gleichgesetzten Fall, dass die Persönlichkeit des Bedachten erst durch ein Ereignis nach dem Erbfall bestimmt wird, kann daher nichts anderes gelten.

Dass § 9 Abs. 1 Nr. 1 Buchst. a) ErbStG auch für Vermächtnisse, die gemäß § 2178 BGB anfallen, gelten muss, zeigt sich im Weiteren auch anhand der in

279 *Steiner*, ErbStB 2011, S. 144 (145).
280 Siehe oben KAPITEL 3, IX.

der zivilrechtlichen Literatur genannten Beispielen zu § 2178 BGB, wonach § 2178 BGB dann Anwendung finden soll, wenn Vermächtnisnehmer derjenige Neffe, der als Erster heiratet, oder dasjenige Kind, das als Erstes das juristische Staatsexamen besteht, sein soll. In beiden Fällen ist offensichtlich, dass das Vermächtnis möglicherweise gar nicht anfallen kann, entweder weil kein Neffe heiratet oder kein Kind das juristische Staatsexamen besteht. Folglich kann die Steuer auch nicht entstehen, bevor nicht das maßgebliche Ereignis, d. h. die Heirat oder das Bestehen des Examens, eingetreten ist.

Die Steuer für den Anfall eines Bestimmungsvermächtnisses entsteht folglich gemäß § 9 Abs. 1 Nr. 1 Buchst. a) ErbStG mit der Ausübung des Bestimmungsrechtes und dem daraus resultierenden Anfall des Bestimmungsvermächtnisses.

II. Anwendbarkeit des § 6 Abs. 4 ErbStG

1. Grundsatz

§ 6 Abs. 4 ErbStG bestimmt, dass Vermächtnisse, die erst beim Tod des Beschwerten fällig werden, den Nacherbschaften gleichgestellt werden. Damit greift die erbschaftsteuerliche Fiktion des § 6 Abs. 2 S. 1 ErbStG, wonach bei Eintritt der Nacherbfolge derjenige, auf den das Vermögen übergeht, den Erwerb als vom Vorerben stammend zu versteuern hat. Vermächtnisse, die mit dem Tod des Beschwerten fällig werden, sind damit abweichend vom Zivilrecht in steuerlicher Hinsicht als Erwerb vom Beschwerten zu behandeln.[281]

Bei Anordnung eines kombinierten Bestimmungs- und Zweckvermächtnisses würde daher eine Bestimmung im Testament, dass das Vermächtnis erst mit dem Tod des Letztversterbenden fällig sein soll, einem Interesse zur Ausnutzung von Steuerfreibeträgen zuwiderlaufen. Das Vermächtnis wäre – vorausgesetzt der Bestimmungsberechtigte hat eine Bestimmung vorgenommen – als Erwerb vom Letztversterbenden zu versteuern. Folglich ist weder bei dem Tod des Erstversterbenden eine die Bereicherung mindernde Vermächtnislast nach § 10 Abs. 5 Nr. 2 ErbStG noch beim Tod des Längerlebenden gegeben.[282] Beim Tod des Längerlebenden ist jedoch ist jedoch eine Erblasserschuld nach § 10 Abs. 5 Nr. 1 ErbStG abzugsfähig.[283]

---

281 *Evertz*, ZErb 2004, S. 373 (374).
282 R E 6 S. 3 und 4 ErbStR 2019; *Schmid*, § 2, Rn. 12.
283 R E 6 S. 4 ErbStR 2019.

2. Anwendbarkeit bei Vermächtniserfüllung nach freiem Belieben des Bestimmungsberechtigten zur Festlegung des Erfüllungszeitpunktes

Gemäß § 2181 BGB wird ein Vermächtnis, dessen Erfüllungszeitpunkt dem freiem Belieben des Beschwerten überlassen ist, im Zweifel mit dem Tod des Beschwerten fällig.

Ob dies grundsätzlich zu einer Anwendbarkeit von § 6 Abs. 4 ErbStG führt, ist umstritten. *Jürgen Ebeling* ist der Ansicht, eine Anwendung von § 6 Abs. 4 ErbStG sei nur dann anzunehmen, wenn der Erblasser durch ausdrückliche testamentarische Anordnung bestimmt hat, dass das Vermächtnis erst mit dem Tod des Letztversterbenden fällig werden soll. Soweit hingegen der testamentarischen Anordnung zu entnehmen sei, dass das Vermächtnis zu einem früheren Zeitpunkt als dem Tod des Beschwerten fällig werden soll, handele es sich nicht um einen unter § 6 Abs. 4 ErbStG fallenden Erwerb, sondern um einen Erwerb des Vermächtnisnehmers nach seinen persönlichen Verhältnissen zum Erblasser.[284]

Dem hält *Keim* zu Recht entgegen, dass nach dem Wortlaut des § 6 Abs. 4 ErbStG nicht nur Nachvermächtnisse gemäß § 2191 BGB, d. h. solche Vermächtnisse, die erst mit dem Tod des Beschwerten anfallen, sondern ausdrücklich auch jene Vermächtnisse erfasst sind, die zwar bereits mit dem Tod des Erstversterbenden anfallen, d. h. entstehen, aber erst beim Tod des Letztversterbenden fällig sind.[285] Nach der wohl herrschenden Ansicht und auch der Meinung der Finanzverwaltung führt eine erst durch die Auslegungsregel des § 2181 BGB mit dem Tod des Erblassers eintretende Fälligkeit zur Anwendbarkeit des § 6 Abs. 4 ErbStG.[286]

Entgegen der Auffassung von *Ebeling* kommt § 6 Abs. 4 ErbStG nicht nur dann zur Anwendung, wenn der Erblasser ausdrücklich bestimmt hat, dass das Vermächtnis erst beim Tod des Letztversterbenden fällig wird, sondern in jedem Fall auch dann, wenn der Erblasser die Zeit der Erfüllung gemäß § 2181 BGB dem freien Belieben des Beschwerten überlassen hat und der Beschwerte vor der Erfüllung verstirbt, vorausgesetzt der Anfall des Vermächtnisses ist bereits erfolgt. Der Wortlaut des § 6 Abs. 4 ErbStG spricht eindeutig

284 *Ebeling*, ZEV 2000, S. 87 (90).

285 *Keim*, ZEV 2016, S. 6 (11).

286 R E 6 ErbStR 2019; *Beckervordersandfort/Sielker*, § 2, Rn. 41 f; *Evertz*, ZErb2004, 373 (375); *Evertz*, NJW 2008, S. 557 (558); *Kanzleiter*, FS für Brambring, S. 225 (231); *Keim*, ZEV 2016, S. 6 (11); *Schmid*, § 2, Rn. 13.

gegen die Ansicht von *Ebeling*, da § 6 Abs. 4 ErbStG nicht unterscheidet, ob sich die Fälligkeit aus einer Anordnung des Erblassers oder aus der Zweifelsfallregelung des § 2181 BGB ergibt. *Ebeling* führt zwar zutreffend aus, dass zivilrechtlich streng zwischen dem Zeitpunkt des Vermächtnisanfalls und dem Erfüllungszeitpunkt zu unterscheiden ist,[287] diese Differenzierung spielt aber gerade im Rahmen des § 6 Abs. 4 ErbStG keine Rolle, da § 6 Abs. 4 ErbStG ausdrücklich nur auf die Fälligkeit und nicht darauf abstellt, wann das Vermächtnis angefallen ist.

§ 6 Abs. 4 ErbStG ist damit anwendbar, wenn die Fälligkeit des Vermächtnisses dadurch eintritt, dass der Beschwerte verstirbt, ohne zuvor ein bereits angefallenes Vermächtnis erfüllt zu haben.

3. Anwendbarkeit bei Vermächtniserfüllung zu einem vom Erblasser festgelegten Erfüllungszeitpunkt

Nach wohl allgemeiner Auffassung findet § 6 Abs. 4 ErbStG auf solche Vermächtnisse, die zu einem von dem Erblasser festgelegten Zeitpunkt erfüllt werden sollen, keine Anwendung.[288]

Wie oben unter Ziffer I.2.c dieses Kapitels bereits ausgeführt, erkennt der BFH die Regelung des § 9 Abs. 1 Nr. 1 Buchst. a) ErbStG für betagte Ansprüche, die zu einem bestimmten Zeitpunkt fällig werden, nicht an.[289] Hieraus folgt, dass ein Vermächtnis im ersten Erbfall abzugsfähig ist, womit gleichzeitig für eine Anwendung von § 6 Abs. 4 ErbStG kein Raum besteht.

III. Auswirkungen auf das sogenannte Supervermächtnis

Durch das sogenannte Supervermächtnis soll in steuerlicher Hinsicht erreicht werden, dass auf der Seite des Vermächtnisnehmers erbschaftssteuerliche Freibeträge nicht verloren gehen und das Vermächtnis auf der Seite des Längerlebenden gemäß § 10 Abs. 5 Nr. 2 ErbStG als Nachlassverbindlichkeit abzugsfähig ist. Zu prüfen ist, ob dieses Ziel mit einem Supervermächtnis mit offenem Erfüllungszeitpunkt (1.), einem Supervermächtnis mit festgelegtem

---

287 *Ebeling*, ZEV 2000, S. 87 (90).

288 *Beckervordersandfort/Bock*, ZErb 2020, S. 117 (118); *Beckervordersandfort/Sielker*, § 2, Rn. 42; *Bredemeyer*, ZErb 2017, S. 343 (347); *Evertz*, ZErb 2004, S. 373 (375); *Keim*, ZEV 2016, S. 6 (11); *J. Mayer*, DStR 2004, S. 1409 (1412); *Schmid*, § 2, Rn. 15; *Siebert*, EE 2007, S. 194 (196); *Wachter*, ErbR 2019, S. 621 (623).

289 BFH, Urteil vom 27.08.2003, Az.: II R 58/01, BStBl. 2003 II, S. 921, BFHE 203, S. 279; *Evertz*, ZErb 2004, 373.

Zeitpunkt für die Erfüllung (2.) oder mit einem Sockelvermächtnis mit aufgesetztem Supervermächtnis (3.) erreicht werden kann.

1. Supervermächtnis mit offenem Erfüllungszeitpunkt

Bei dem Supervermächtnis mit offenem Erfüllungszeitpunkt wird der Zeitpunkt der Erfüllung des Vermächtnisses in das freie Belieben des Bestimmungsberechtigten gestellt. Bestimmungsberechtigt kann der Beschwerte (a)) oder ein Dritter (b)) sein. Zudem kann ein potenziell Bedachter einen Antrag nach § 2151 Abs. 3 S. 2 BGB stellen (c)).

a) Bestimmung durch den Beschwerten

Gegen die Anordnung eines Supervermächtnisses mit offenem Erfüllungszeitpunkt wird vielfach die Kritik erhoben, dass ein offener Erfüllungszeitpunkt in steuerlicher Hinsicht zu einer Anwendbarkeit von § 6 Abs. 4 ErbStG führt, da § 2181 BGB bestimmt, dass die Leistung im Zweifel mit dem Tod des Beschwerten fällig wird.[290] Um die Anwendbarkeit von § 6 Abs. 4 ErbStG zu vermeiden, soll es nicht allein ausreichend sein, § 2181 BGB abzubedingen, sondern erforderlich sein, den Fälligkeitszeitpunkt unabhängig vom Todeszeitpunkt des Letztversterbenden anzuordnen.[291]

Diese Kritik ist teilweise berechtigt, und zwar dann, wenn der Beschwerte gleichzeitig der alleinige Bestimmungsberechtigte ist.

Wie oben[292] festgestellt, entsteht die Steuer für ein Bestimmungsvermächtnis gemäß § 9 Abs. 1 Nr. 1 Buchst. a) ErbStG mit der Ausübung der Bestimmung und dem daraus resultierenden Anfall des Bestimmungsvermächtnisses. Dies gilt gleichermaßen für ein kombiniertes Bestimmungs- und Zweckvermächtnis, da auch dieses mit der Ausübung der Bestimmung der Persönlichkeit des Bedachten gemäß § 2178 BGB anfällt.

Das hat zur Folge, dass zunächst bei dem Längerlebenden gemäß § 9 Abs. 1 Nr. 1 ErbStG die volle Steuerlast entsteht und erst mit Ausübung des Bestimmungsrechtes die steuerliche Entlastung des Längerlebenden gemäß § 10 Abs. 5

290 *Beckervordersandfort/Bock*, ZErb 2020, S. 117 (118); *Beckervordersandfort/Sielker*, § 2, Rn. 42; *Bredemeyer*, ZErb 2017, S. 343 (347); *Evertz*, ZErb 2004, S. 373 (375); *Keim*, ZEV 2016, S. 6 (11); *J. Mayer*, DStR 2004, S. 1409 (1412); *Mönch/Weinmann/Weinmann*, § 3 ErbStG, Rn. 110a; *Schmid*, § 2, Rn. 15; *Siebert*, EE 2007, S. 194 (196); *Wachter*, ErbR 2019, S. 621 (623).

291 *Beckervordersandfort/Sielker*, § 2, Rn. 42.

292 Siehe oben Kapitel 6, I.4.

Nr. 2 ErbStG geltend gemacht werden kann.[293] Aus Sicht des Vermächtnisnehmers handelt es sich um einen steuerpflichtigen Erwerb, der gemäß § 9 Abs. 1 Nr. 1 Buchst. a) ErbStG mit dem Zeitpunkt des Ereignisses, d. h. mit Ausübung der Bestimmung, zur Entstehung der Steuer führt. Der Erwerb ist hier allein steuerpflichtig im Verhältnis zum Erblasser. Beim Beschwerten, der das Vermächtnis zu erfüllen hat, kommt es zu einer Korrektur der ursprünglichen Veranlagung, wobei ihm die zu hoch entrichtete Steuer voll erstattet wird.[294]

Wird das Bestimmungsrecht nicht ausgeübt, weil der Bestimmungsberechtigte es nicht mehr ausüben kann, ist zu differenzieren, ob der Bestimmungsberechtigte das Bestimmungsrecht infolge eigenen Versterbens nicht mehr ausüben kann oder ob während der Lebenszeit des Bestimmungsberechtigten ein anderer Grund eintritt, der die Ausübung des Bestimmungsrechtes dauerhaft verhindert, z. B. der Eintritt der dauerhaften Geschäftsunfähigkeit.

Verstirbt der Beschwerte, kann das Bestimmungsrecht nicht mehr ausgeübt werden, womit das Vermächtnis gemäß § 2151 Abs. 3 S. 1 BGB i. V. m. § 2178 BGB nunmehr anfällt und mangels abweichender Bestimmung des Erblassers auch gemäß § 271 Abs. 1 BGB fällig wird. Wie oben festgestellt,[295] sind der Tod des Bestimmungsberechtigten und das daraus resultierende Unvermögen, dass Bestimmungsrecht noch ausüben zu können, als Ereignis im Sinne des § 2178 BGB zu qualifizieren, sodass das Bestimmungsvermächtnis anfällt und die zu dem vom Erblasser festgelegten Personenkreis gehörenden Personen Gesamtgläubiger werden.

In diesem Fall wird das sogenannte Supervermächtnis somit mit dem Tod des Beschwerten fällig, womit § 6 Abs. 4 ErbStG greift.

Ob diese Konsequenz aber für die Vermächtnisnehmer im Ergebnis steuerlich negativ ist, ist fraglich. Wie oben festgestellt, muss die Leistungsbestimmung für das Zweckvermächtnis dann, wenn der Bestimmungsberechtigte vor der Vornahme der Leistungsbestimmung verstirbt, durch das Gericht erfolgen. Das Gericht muss die Entscheidung nach billigem Ermessen treffen. Da nun der zweite Erbfall eingetreten ist, kann in den Fällen, in denen die zu dem bestimmten Personenkreis gehörenden Personen gleichzeitig Schlusserben sind, der Zweck der Abfindung für den Ausschluss von der gesetzlichen Erbfolge wirtschaftlich nicht mehr erreicht werden. Der weitere Zweck, die steuerlichen

---

293 *von Oertzen/Lindermann*, ZEV 2020, S. 144 (147, 148); *Wachter*, ErbR 2019, S. 621 (622, 623).

294 *Troll/Gebel/Jülicher/Gottschalk/Gottschalk*, § 6, Rn. 140.

295 Siehe oben Kapitel 3, IX.

Freibeträge nach dem Tod des Erstversterbenden ausschöpfen zu können, ist im Hinblick auf § 6 Abs. 4 ErbStG nicht mehr möglich. Bei Ausübung billigen Ermessens könnte ein Gericht daher die Vermächtnisleistung nur mit Null festsetzen. Jegliche Festsetzung eines Geldbetrages wäre willkürlich, da der Vermächtniszweck nicht erreicht werden kann. Steuerliche Nachteile durch die Anwendbarkeit von § 6 Abs. 4 ErbStG sind daher nicht ersichtlich.

Kann der Beschwerte das Bestimmungsrecht hingegen deswegen nicht mehr ausüben, weil er dauerhaft geschäftsunfähig geworden ist, kommt § 6 Abs. 4 ErbStG nicht zur Anwendung, da das Vermächtnis nicht mit dem Tod, sondern vielmehr zu Lebzeiten des Beschwerten angefallen ist und mangels abweichender Bestimmung gemäß § 271 Abs. 1 BGB sofort fällig wird. In diesem Fall kann die durch das Gericht festzusetzende Vermächtnisleistung gemäß § 10 Abs. 5 Nr. 2 ErbStG bei dem Beschwerten rückwirkend steuermindernd berücksichtigt werden. Aufseiten des Vermächtnisnehmers erfolgt gemäß § 9 Abs. 1 Nr. 1 Buchst. a) ErbStG ein steuerlicher Erwerb, für den der persönliche Freibetrag nach § 16 Abs. 1 ErbStG in Anspruch genommen werden kann.

b) Bestimmung durch einen Dritten

Eine Anwendbarkeit von § 6 Abs. 4 ErbStG ist dann nicht gegeben, wenn nicht der Beschwerte, sondern ein Dritter Bestimmungsberechtigter ist. Die Vorschrift des § 2181 BGB findet hier keine Anwendung, weil die Zeit der Erfüllung des Vermächtnisses nicht dem Beschwerten, sondern einem Dritten überlassen ist. Nach dem Wortlaut des § 2181 BGB gilt die Vorschrift ausdrücklich nur für den Fall, dass die Erfüllung des Vermächtnisses dem freien Belieben des Beschwerten überlassen ist. Für eine entsprechende Anwendung auf den Fall, dass die Erfüllung dem freien Belieben eines Dritten obliegt, besteht kein Raum. Derjenige, in dessen Belieben die Erfüllung des Vermächtnisses gestellt ist, ist in dieser Konstellation nicht weggefallen, sodass es keiner Zweifelsfallregelung bedarf. Die Zeit der Erfüllung kann durch den Dritten weiterhin bestimmt werden.

Somit kann das Versterben des Beschwerten dann, wenn das Bestimmungsrecht einem Dritten übertragen ist, auch keine Fälligkeit des Vermächtnisses zur Folge haben, womit gleichzeitig eine Anwendbarkeit von § 6 Abs. 4 ErbStG ausscheidet.

Damit erscheint es zunächst möglich, dass bei Bestimmung durch einen Dritten selbst nach dem Tod des Beschwerten – bei dem Supervermächtnis also auch nach dem Tod des Letztversterbenden – noch eine Vermächtnisbestimmung durch den bestimmungsberechtigten Dritten erfolgen kann, die zu einer steuerlichen Berücksichtigung nach dem Tod des Erstversterbenden führt, womit auch die Ausnutzung erbschaftsteuerlicher Freibeträge nach dem Erstversterbenden durch Vermächtnisbestimmung sogar nach dem Tod des Letztversterbenden möglich wäre. Durch die Bestimmung des Dritten würde eine Verbindlichkeit des Erstversterbenden begründet werden, die mit der Ausübung des Bestimmungsrechtes fällig würde.

Diese Verbindlichkeit wäre jedoch nach dem Tod des Letztversterbenden nicht als Nachlassverbindlichkeit vom Erwerb des Letztversterbenden abzugsfähig.

Gemäß § 10 Abs. 5 Nr. 1 ErbStG können vom Erwerb des Erben die vom Erblasser herrührenden persönlichen Verbindlichkeiten, die gemäß § 1922 Abs. 1 BGB, § 45 AO auf die Erben übergegangen sind, als Nachlassverbindlichkeit abgezogen werden. Der Abzug setzt aber nach ständiger Rechtsprechung des BFH und der allgemeinen Auffassung der Literatur voraus, dass die Verbindlichkeiten rechtlich bestehen und den Erblasser im Todeszeitpunkt wirtschaftlich belastet haben.[296]

Für den Fall, dass ein bestimmungsberechtigter Dritter nach dem Tod des Letztversterbenden noch das Bestimmungsrecht ausüben würde, hätten die aus der Bestimmung resultierenden Verbindlichkeiten den Letztversterbenden im Todeszeitpunkt nicht belastet. Mangels Ausübung des Bestimmungsrechtes vor dem Tod des Letztversterbenden wären die aus der Bestimmung resultierenden Verbindlichkeiten im Todeszeitpunkt noch nicht entstanden und daher gegen den Letztversterbenden auch nicht durchzusetzen.

Damit würde eine Abziehbarkeit des Vermächtnisses als Nachlassverbindlichkeit gemäß § 10 Abs. 5 Nr. 1 ErbStG ausscheiden.

Der durch das sogenannte Supervermächtnis beabsichtigte steuerliche Effekt wäre hierdurch geschmälert. Zwar wäre das Vermächtnis als Erwerb des Vermächtnisnehmers vom Erstversterbenden zu berücksichtigen, sodass der Vermächtnisnehmer den steuerlichen Freibetrag nach dem Erstversterbenden in Anspruch nehmen könnte, das Vermögen des Letztversterbenden wäre aber nicht um den Vermächtnisbetrag reduziert, womit der Vermächtnisnehmer dann, wenn er auch als (teilweiser) Schlusserbe eingesetzt wäre, den Wert

296 Siehe nur: BFH, Urteil vom 27.06.2007, Az.: II R 30/05, BStBl. 2007 II, S. 651, BFHE 217, S. 190; *Meincke/Hannes/Holtz*, § 10, Rn. 40; *Troll/Gebel/Jülicher/Gottschak/Gottschalk*, § 10, Rn. 129.

des Vermächtnisses im Rahmen steuerlichen Erwerbs nicht in Abzug bringen könnte.

c) Antrag nach § 2151 Abs. 3 S. 2 BGB

Wählt ein potenziell Begünstigter des Vermächtnisses den Weg, den Bestimmungsberechtigten durch Stellung eines Antrages gemäß § 2151 Abs. 3 Satz 2 BGB zur Ausübung des Bestimmungsrechtes zu zwingen, kommt eine Anwendbarkeit von § 6 Abs. 4 ErbStG nicht in Betracht. Übt der Bestimmungsberechtigte sein Bestimmungsrecht innerhalb der durch das Gericht bestimmten Frist aus, fällt das Vermächtnis gemäß § 2178 BGB an.

Lässt der Bestimmungsberechtigte die Frist verstreichen, werden die Bedachten mit Fristablauf Gesamtgläubiger und sind berechtigt, das Vermächtnis zu fordern.

Damit liegt auch hier ein Fall des § 9 Abs. 1 Nr. 1 Buchst. a) ErbStG vor. Die Steuer entsteht mit dem Eintritt des Ereignisses, d. h. mit Ablauf der vom Gericht gesetzten Frist. Die steuerliche Entlastung gemäß § 10 Abs. 5 Nr. 2 ErbStG kann mit Eintritt des Ereignisses geltend gemacht werden.

2. Supervermächtnis mit zunächst offenem Erfüllungszeitpunkt und Festlegung der Fälligkeit durch den Bestimmungsberechtigten.

Die Formulierungsvorschläge sehen teilweise vor, dass der Bestimmungsberechtigte auch den Zeitpunkt der Fälligkeit des Vermächtnisses bestimmen können soll.[297] Damit kommt auch in Betracht, dass das Supervermächtnis nicht gemäß § 271 Abs. 1 BGB mit der Ausübung des Bestimmungsrechtes fällig wird, sondern der Bestimmungsberechtigte einen späteren Fälligkeitszeitpunkt festlegt. Da durch die Ausübung der Bestimmung das von § 9 Abs. 1 Nr. 1 Buchst. a) ErbStG vorausgesetzte Ereignis eintritt, entsteht die Steuer auch hier zum Zeitpunkt der Ausübung des Bestimmungsrechtes. Gleichzeitig ist das Vermächtnis gemäß § 10 Abs. 5 Nr. 2 ErbStG abzugsfähig. In diesem Fall ist allerdings zu berücksichtigen, dass die hinausgeschobene Fälligkeit des Vermächtnisanspruches dazu führt, dass die Vermächtnisforderung gemäß § 12 Abs. 1 ErbStG i. V. m. § 12 Abs. 3 BewG abzuzinsen ist.[298]

---

297 Siehe z. B.: *Langenfeld*, JuS 2002, S. 351 (353); *Nieder/Kössinger/R. Kössinger/Zintl*, § 6, Rn. 209; *Sammet*, 5.1.4.1.1 § 2; *Schmidt*, BWNotZ 1998, 97 (101).

298 *von Oertzen/Loose/Fumi*, § 9, Rn. 45; *J. Mayer*, DStR 2004, S. 1409 (1412).

Auch hier besteht keine Gefahr, dass § 6 Abs. 4 ErbStG zur Anwendung kommt, weil durch die Bestimmung des Fälligkeitszeitpunktes durch den Bestimmungsberechtigten ebenso wie bei einer Bestimmung des Zeitpunktes der Erfüllung durch den Erblasser selbst gewährleistet ist, dass das Vermächtnis nicht mit dem Tod des Beschwerten, sondern zu einem anderen festgelegten Zeitpunkt fällig wird. Das gilt auch dann, wenn der Beschwerte unerwartet vor dem von ihm selbst festgelegten Fälligkeitszeitpunkt verstirbt. In diesem Fall kann die Vermächtnislast in der Regel gemäß § 10 Abs. 5 Nr. 1 ErbStG als Nachlassverbindlichkeit abgezogen werden. Die Verbindlichkeit hat bestanden und den Letztversterbenden auch in dessen Todeszeitpunkt wirtschaftlich belastet. Hat der Bestimmungsberechtigte den Zeitpunkt der Fälligkeit allerdings so weit hinausgeschoben, dass eine lebzeitige Erfüllung durch den Letztversterbenden tatsächlich nicht in Betracht kommt oder jedenfalls zweifelhaft ist, kann eine Abzugsfähigkeit als Nachlassverbindlichkeit nach dem Tod des Letztversterbenden an dem Erfordernis scheitern, dass die Verbindlichkeit den Erblasser im Todeszeitpunkt belastet haben muss.[299]

3. Supervermächtnis mit festgelegtem Auffangtermin für die Erfüllung

Zur Vermeidung der Anwendbarkeit des § 6 Abs. 4 ErbStG wird als Korrektiv zu dem Supervermächtnis mit offenem Erfüllungszeitpunkt vorgeschlagen, dass der Erblasser bei Errichtung der letztwilligen Verfügung einen festgelegten Erfüllungszeitpunkt anordnet, zu dem das sogenannte Supervermächtnis zu erfüllen ist.[300] Um zu vermeiden, dass auf der Grundlage von § 6 Abs. 4 ErbStG angenommen wird, der Erwerb stamme steuerlich vom Längerlebenden, darf nach Auffassung der Vertreter dieser Ansicht der Zeitpunkt der Zuwendung nicht im freien Belieben des Längerlebenden liegen.[301]

Keim vertritt zusätzlich die Auffassung, dass auch eine Anordnung des Erblassers, wonach der Zeitpunkt der Erfüllung nicht dem freien Belieben

---

299 Siehe nur: BFH, Urteil vom 27.06.2007, Az.: II R 30/05, BStBl. 2007 II, S. 651, BFHE 217, S. 190; *Meincke/Hannes/Holtz*, § 10, Rn. 40; *Troll/Gebel/Jülicher/Gottschak/Gottschalk*, § 10, Rn. 129.

300 *Beckervordersandfort/Bock*, ZErb 2020, S. 117 (118); *Beckervordersandfort/Sielker*, § 2, Rn. 42; *Bredemeyer*, ZErb 2017, S. 343 (347); *Evertz*, ZErb 2004, S. 373 (375); *Keim*, ZEV 2016, S. 6 (11); *J. Mayer*, DStR 2004, S. 1409. (1412); *Mönch/Weinmann/Weinmann*, § 3 ErbStG, Rn. 110a; *Schmid*, § 2, Rn. 15; *Siebert*, EE 2007, S. 194 (196); *Wachter*, ErbR 2019, S. 621 (623).

301 *Bredemeyer*, ZErb 2017, S. 343 (347).

des Bestimmungsberechtigten, sondern dessen billigen Ermessen überlassen wird, eine Anwendung von § 2181 BGB und damit auch § 6 Abs. 4 ErbStG ausschließt.[302]

Die Annahmen, dass ein fester Erfüllungszeitpunkt oder auch die Anordnung des billigen Ermessens anstelle des freien Beliebens erforderlich seien, basieren auf der oben dargestellten Rechtsprechung des BFH, nach der dann, wenn der Zeitpunkt der Erfüllung des Vermächtnisses bestimmt ist, für die Entstehung der Steuer die Grundregel des § 9 Abs. 1 Nr. 1 ErbStG gilt und das Vermächtnis nach § 10 Abs. 5 Nr. 2 ErbStG abzugsfähig ist.[303] Diese Rechtsprechung des BFH gilt zwar ohne Zweifel für jedes gewöhnliche Vermächtnis, das durch den Erblasser bereits gegenständlich bestimmt ist und nach dem Tod des Erblassers zu einem bestimmten Zeitpunkt erfüllt werden soll.

Für das sogenannte Supervermächtnis findet das Urteil des BFH vom 07.10.2009[304] entgegen der von den Befürwortern eines festen Erfüllungszeitpunktes vertretenen Ansicht aber keine Anwendung. Der BFH hat in seinem Urteil sehr klar zwischen solchen betagten Ansprüchen, bei denen die Forderung bereits entstanden ist und lediglich ihre Fälligkeit hinausgeschoben ist, und jenen betagten Ansprüchen, bei denen der Zeitpunkt des Eintritts des zur Fälligkeit führenden Ereignisses unbestimmt ist, differenziert. Im zuerst genannten Fall folgt nach zutreffender Auffassung des BFH aus der bewertungsrechtlichen (§ 12 Abs. 1 ErbStG i. V. m. § 12 Abs. 3 BewG) Behandlung noch nicht fälliger Forderungen, dass die Erbschaftsteuer für solche Ansprüche, die zu einem bestimmten (feststehenden) Zeitpunkt fällig werden, dem Regelfall des § 9 Abs. 1 Nr. 1 ErbStG entsprechend bereits im Zeitpunkt des Todes des Erblassers entsteht. Anders sind nach ebenso zutreffender Auffassung des BFH jedoch die zuletzt genannten Fälle der Betagung zu behandeln, bei denen der Zeitpunkt des Eintritts des zur Fälligkeit führenden Ereignisses unbestimmt ist. In diesen Fällen entsteht die Steuer – ebenso wie bei einer aufschiebend bedingten oder befristeten Forderung – erst mit dem Eintritt des Ereignisses, das zur Fälligkeit führt.[305]

Wie bereits oben[306] festgestellt, fallen das Bestimmungsvermächtnis und somit auch das sogenannte Supervermächtnis gemäß § 2178 BGB erst mit der

302 *Keim*, ZEV 2016, S. 6 (12).
303 So z. B. *Beckervordersandfort/Sielker*, § 2, Rn. 26.
304 BFH, Urteil vom 07.10.2009, Az.: II R 27/07, BFH/NV 2010, S. 89.
305 BFH, Urteil vom 07.10.2009, Az.: II R 27/07, BFH/NV 2010, S. 89.
306 Siehe oben Kapitel 3, IX.

Ausübung des Bestimmungsrechtes an. Damit liegt auch dann, wenn ein fester Termin für die Erfüllung des sogenannten Supervermächtnisses bestimmt ist, ein Fall des § 9 Abs. 1 Nr. 1 Buchst. a) ErbStG vor. Die Steuer entsteht mit dem Einritt des Ereignisses, d. h. mit Ausübung der Bestimmung und nicht bereits mit dem Tod des Erblassers. Die steuerliche Entlastung gemäß § 10 Abs. 5 Nr. 2 ErbStG kann erst mit Eintritt des Ereignisses geltend gemacht werden.

Dieses Ergebnis begründet sich unbeschadet des Umstandes, dass das ein Bestimmungsvermächtnis in zivilrechtlicher Hinsicht gemäß § 2178 BGB erst mit der Ausübung der Bestimmung anfällt, in steuerlicher Hinsicht nicht allein mit der vorstehend dargestellten Auffassung des BFH, sondern auch mit der Struktur des sogenannten Supervermächtnisses selbst. Wenn ein Bestimmungsberechtigter die Möglichkeit hat, aus einem Kreis von Personen einen oder mehrere auszusuchen, die ausgehend von dem klassischen sogenannten Supervermächtnis ein Vermächtnis zur Ausnutzung ihrer steuerlichen Freibeträge erhalten sollen, dann kann der Bestimmungsberechtigte auch ein oder mehrere Vermächtnisse in nach billigem Ermessen zu bestimmender Höhe bestimmen. Da erst mit Ausübung des Bestimmungsrechtes – d. h. mit der Gestaltung durch den Bestimmungsberechtigten – feststeht, wie viele Vermächtnisse in welcher Höhe bestimmt worden sind, kann weder § 9 Abs. 1 Nr. 1 ErbStG Anwendung finden noch kann gemäß § 10 Abs. 5 Nr. 2 ErbStG eine steuerliche Entlastung geltend gemacht werden. Solange das Bestimmungsrecht nicht ausgeübt wird, ist jegliche Wertermittlung in Bezug auf das sogenannte Supervermächtnis unmöglich.

4. Sockelvermächtnis mit aufgesetztem Supervermächtnis

Für das Sockelvermächtnis gilt zunächst, dass dieses gemäß § 2176 BGB mit dem Tod des Erblassers anfällt und gemäß § 271 Abs. 1 BGB sofort fällig ist. Damit entsteht die Steuer gemäß § 9 Abs. 1 Nr. 1 ErbStG mit dem Tod des Erblassers. Das Vermächtnis kann gemäß § 10 Abs. 5 Nr. 2 ErbStG als Verbindlichkeit in Abzug gebracht werden.

Für das aufgesetzte Supervermächtnis gilt das zu den vorstehenden Ziffern 1. Bis 3. Beschriebene. Für das aufgesetzte Supervermächtnis entsteht die Steuer gemäß § 9 Abs. 1 Nr. 1 Buchst. a) ErbStG mit Ausübung der Bestimmung. Erst mit Ausübung der Bestimmung ist das aufgesetzte Supervermächtnis gemäß § 10 Abs. 5 Nr. 2 ErbStG als Verbindlichkeit abzugsfähig.

Ist der Beschwerte auch der Bestimmungsberechtigte und verstirbt er vor Ausübung des Bestimmungsrechtes, kann das Bestimmungsrecht nicht mehr ausgeübt werden, womit das sogenannte aufgesetzte Supervermächtnis gemäß

§ 2151 Abs. 3 S. 1 BGB i. V. m. § 2178 BGB nunmehr anfällt und mangels abweichender Bestimmung des Erblassers auch gemäß § 271 Abs. 1 BGB fällig wird.

In diesem Fall wird das sogenannte aufgesetzte Supervermächtnis folglich mit dem Tod des Beschwerten fällig, womit § 6 Abs. 4 ErbStG greift.

IV. Zusammenfassung

1. Die Erbschaftsteuer für das sogenannte Supervermächtnis entsteht gemäß § 9 Abs. 1 Nr. 1 Buchst. A ErbStG mit der Ausübung des Bestimmungsrechtes durch den Bestimmungsberechtigten und dem hieraus resultierenden Anfall des sogenannten Supervermächtnisses.
2. Übt der Bestimmungsberechtigte das Bestimmungsrecht zu Lebzeiten des Längerlebenden aus, kann das Vermächtnis zum Zeitpunkt der Ausübung des Bestimmungsrechtes gemäß § 10 Abs. 5 Nr. 2 ErbStG als Verbindlichkeit von dem steuerpflichtigen Erwerb in Abzug gebracht werden.
3. Ist ein Dritter Bestimmungsberechtigter und übt dieser das Bestimmungsrecht erst nach dem Tod des Letztversterbenden aus, ist das Vermächtnis im Verhältnis zwischen dem Vermächtnisnehmer und dem Erstversterbenden als Erwerb vom Erstversterbenden zu versteuern. Mangels wirtschaftlicher Belastung des Erstversterbenden kann es jedoch weder bei dem ersten Erbfall von dem Beschwerten als Verbindlichkeit aus Vermächtnissen gemäß § 10 Abs. 5 Nr. 2 ErbStG noch bei dem zweiten Erbfall gemäß § 10 Abs. 5 Nr. 1 ErbStG als Verbindlichkeit des Erblassers in Abzug gebracht werden.
4. Ein sogenanntes Supervermächtnis mit offenem Erfüllungszeitpunkt kann zu einer Anwendbarkeit von § 6 Abs. 4 ErbStG führen, wenn der Beschwerte auch der Bestimmungsberechtigte ist und die Bestimmung nicht mehr ausführen kann, weil er nachverstirbt. Gleiches gilt für ein aufgesetztes Supervermächtnis. Das sogenannte (aufgesetzte) Supervermächtnis fällt dann mit dem Tod des Letztversterbenden an und wird – sofern der Erblasser nichts Abweichendes angeordnet hat – gemäß § 271 Abs. 1 BGB mit dem Tod des Letztversterbenden fällig.
5. Eine Anwendbarkeit von § 6 Abs. 4 ErbStG kommt nicht in Betracht, wenn der Beschwerte das Bestimmungsrecht lebzeitig nicht mehr ausüben kann, insbesondere bei dauerhafter Geschäftsunfähigkeit. In diesem Fall fällt das sogenannte Supervermächtnis zu dem Zeitpunkt an, zu dem sich der Umstand verwirklicht, dass das Bestimmungsrecht dauerhaft nicht mehr ausgeübt werden kann, und wird auch in diesem Zeitpunkt gemäß § 271 Abs. 1 BGB fällig.

6. Eine Anwendbarkeit von § 6 Abs. 4 ErbStG kommt für ein sogenanntes Supervermächtnis mit offenem Erfüllungszeitpunkt nicht in Betracht, wenn ein Dritter Bestimmungsberechtigter ist. In diesem Fall fällt das sogenannte Supervermächtnis mit der Ausübung des Bestimmungsrechtes durch den Dritten und nicht mit dem Tod des Beschwerten an und wird auch nicht beim Tod des Beschwerten fällig.
7. Die Anordnung eines festen Erfüllungszeitpunktes für ein sogenanntes Supervermächtnis ist zur Vermeidung der Anwendbarkeit von § 6 Abs. 4 ErbStG nicht erforderlich. Erlebt der Beschwerte als Bestimmungsberechtigter den festgelegten Zeitpunkt, fällt das Supervermächtnis auch in diesem Falle nur an, wenn er das Bestimmungsrecht ausübt oder der Bestimmungsberechtigte eine auf Antrag eines der potenziell Bedachten durch das Nachlassgericht gemäß § 2151 Abs. 3 S. 2 BGB gesetzte Frist verstreichen lässt. Verstirbt der bestimmungsberechtigte Beschwerte aber vor dem festgelegten Erfüllungszeitpunkt oder vor Ablauf der durch das Nachlassgericht gesetzten Frist, fällt das sogenannte Supervermächtnis mit dem Tod des Letztversterbenden an und wird gemäß § 271 Abs. 1 BGB mit dem Tode des Letztversterbenden auch fällig, sodass § 6 Abs. 4 ErbStG trotz der Anordnung eines festgelegten Erfüllungszeitpunktes zur Anwendung kommt.

Nachdem damit die erbschaftsteuerlichen Fragen zu dem sogenannten Supervermächtnisses geklärt sind, wird im nachfolgenden KAPITEL 7 untersucht, was es für ein sogenanntes Supervermächtnis im Hinblick auf die Abgabenordnung zu beachten gilt.

Kapitel 7 Supervermächtnis und Abgabenordnung

In steuerrechtlicher Hinsicht stellt sich die Frage, ob ein zivilrechtlich unwirksames Vermächtnis dann, wenn es von den beteiligten Personen trotz Unwirksamkeit erfüllt wird, bei der Erbschaftbesteuerung steuerlich anzuerkennen ist (I.), ob eine Zweckbestimmung, deren ausdrücklicher Inhalt auf eine Erbschaftsteuerersparnis durch das Ausnutzen von Freibeträgen ausgerichtet ist, einen Missbrauch steuerlicher Gestaltungsmöglichkeiten darstellt (II.) sowie ob und unter welchen Voraussetzungen die Festlegung eines festen Zeitpunktes für die Erfüllung des sogenannten Supervermächtnisses zur Anwendbarkeit von § 42 AO führen kann (III.).

I. Steuerliche Beachtung unwirksamer Vermächtnisse gemäß § 41 AO

§ 41 Abs. 1 AO bestimmt, dass es für die Besteuerung unerheblich ist, dass ein Rechtsgeschäft unwirksam ist oder unwirksam wird, wenn die Beteiligten das wirtschaftliche Ergebnis dieses Rechtsgeschäfts gleichwohl eintreten lassen oder bestehen lassen, sofern sich nicht aus Steuergesetzen etwas anderes ergibt.

Das Erbschaftsteuergesetz enthält keine von den §§ 40 ff. AO abweichenden Vorschriften. Demgemäß gilt § 41 AO nach seinem Wortlaut und Sinn auch für die Verkehrssteuern.[307] Bei der Erbschaftsteuer werden deshalb der steuerlichen Abwicklung auch solche letztwilligen Verfügungen zugrunde gelegt, die unwirksam sind, insbesondere auch nichtige Testamente sowie auch lediglich mündliche Anordnungen des Erblassers.[308]

---

307 BFH, Urteil vom 03.02.1988, Az.: I R 399/83, BStlBl. II 1988, 416, BFHE 153, S. 58; *Koenig/Koenig*, § 41, Rn. 4; *Tipke/Kruse*, § 41, Rn. 8; *Troll/Gebel/Jülicher/Gottschalk/Gebel*, Anh. AO, Rn. 12.

308 BFH, Urteil vom 15.03.2000, Az.: II R 15/98, BFH/NV 2000, S. 1165; FG Köln, Urteil vom 05.04.2005, Az.: 9 K 7416/01, openJur 2011, 36045; FG Nürnberg, Urteil vom 14.01.2016, Az.: 4 K 747/15, REWIS RS 2016, 17681.

1. Formale Unwirksamkeit

Der BFH geht im Anschluss an sein Urteil vom 02.12.1969[309] zu der früheren Vorschrift des § 11 ErbStG 1925/1934 in ständiger Rechtsprechung davon aus, dass die Regelung des § 41 AO ebenfalls auf unwirksame letztwillige Verfügungen und insbesondere auch Vermächtnisse Anwendung findet.[310]

Während die frühere Vorschrift des § 11 ErbStG 1925/1934 die heute von der Rechtsprechung praktizierten Grundsätze auf eine wegen Formmangels nichtige Verfügung von Todes wegen beschränkte,[311] hat der BFH nach Ablösung dieser Vorschrift im Urteil vom 07.10.1981 erkannt, dass die Vorschrift des § 41 AO 1977 die Unbeachtlichkeit der Unwirksamkeit des Rechtsgeschäfts nicht mehr auf bestimmte Fälle der Unwirksamkeit begrenzt, sondern jegliche Art der Unwirksamkeit betrifft. Ziel der Regelung sei, ein bürgerlich-rechtlich unwirksames Rechtsgeschäft für die Besteuerung dem formal (voll) wirksamen Rechtsgeschäft gleichzustellen, wenn die Beteiligten – aus welchen Gründen auch immer – den Erfolg eintreten lassen.[312] Die Literatur folgt der Rechtsprechung und will unwirksame Verfügungen von Todes wegen erbschaftsteuerlich anerkennen, wenn und soweit sie von den Erbprätendenten tatsächlich befolgt werden.[313] Das Urteil des BFH vom 07.10.1981 wird hierbei in der Literatur so interpretiert, dass der Grund der Unwirksamkeit inzwischen ohne Belang ist.[314]

Diese Interpretation geht jedenfalls dann zu weit, wenn die Unwirksamkeit eines Vermächtnisses darauf beruht, dass der Erblasser bei Anordnung eines Zweckvermächtnisses gemäß § 2156 BGB einen unzulässigen Zweck bestimmt hat. Der bisherigen Rechtsprechung, insbesondere auch dem Urteil des BFH vom 07.10.1981 liegen nahezu sämtlich Sachverhalte zugrunde, bei welchen eine Anordnung des Erblassers aus formalen Gründen unwirksam war. In dem seitens des BFH mit Urteil vom 07.10.1981 entschiedenen Fall hatte die Erblasserin nach dem Tod des Ehemannes ein weiteres, von den Bestimmungen

---

309 BFH, Urteil vom 02.12.1969, Az.: II 120/64, BStBl. II 1970, S. 119, BFHE 97, S. 311.

310 BFH, Urteil vom 07.10.1981, Az.: II R 16/80, BStBl. II 1982, S. 28, BFHE 134, S. 181; BFH, Urteil vom 15.03.2000, Az.: II R 15/98, BStBl. 2000 II, S. 588, BFHE 191, S. 403; BFH, Urteil vom 28.03.2007, Az.: II R 25/05, BStBl. 2007 II, S. 461, BFHE 215, S. 557; BFH, Beschluss vom 01.09.2020, Az.: II B 16/20 ZEV 2021, S. 53 (55).

311 *Gebel*, UVR 1995, S. 239 (240).

312 BFH, Urteil vom 07.10.1981 (II R 16/80) BStBl. II 1982, S. 28, BFHE 134, S. 181.

313 *Gebel*, UVR 1995, S. 239 (242, 243); *Koenig/Koenig*, § 41 AO, Rn. 20; *Meincke/Hannes/Holtz*, § 3 ErbStG, Rn. 33, 34; *Thysohn-Wadle*, ZEV 2002, S. 221; *Tipke/Kruse/Drüen*, § 41, Rn. 27; *Troll/Gebel/Jülicher/Gottschalk*, § 3 ErbStG, Rn. 57 ff.

314 *Troll/Gebel/Jülicher/Gottschalk*, § 3 ErbStG, Rn. 57.

des gemeinschaftlichen Testamentes der Ehegatten abweichendes Testament errichtet, das aufgrund der Wechselbezüglichkeit des gemeinschaftlichen Testamentes der Ehegatten gemäß § 2271 Abs. 2 BGB mangels Widerrufsmöglichkeit der gemeinschaftlichen Verfügung analog § 2289 Abs. 1 S. 2 BGB unwirksam war.[315] Der Entscheidung des BFH vom 28.03.2007 lag ein Sachverhalt zugrunde, nach welchem der Erblasser ein Verschaffungsvermächtnis lediglich mündlich bekundet hatte und kein formgültiges Testament gemäß §§ 2231, 2247 BGB vorlag.[316] In dem Beschluss vom 01.09.2020 hat der BFH unter Zurückweisung einer Nichtzulassungsbeschwerde am Ende der Entscheidung in einem obiter dictum auf seine bisherige Rechtsprechung hingewiesen und nochmals ausdrücklich dargelegt, dass ein formunwirksames Vermächtnis dann erbschaftssteuerlich zu erfassen ist, wenn feststeht, dass der Beschwerte die Rechtshandlungen, die sich als Erfüllung dieses Vermächtnisses darstellen, mit dem Willen vorgenommen hat, dem (formunwirksam) geäußerten letzten Willen des Erblassers zu entsprechen.[317] Damit lässt sich die Rechtsprechung des BFH ausschließlich dahingehend interpretieren, dass der Grund der Unwirksamkeit nur dann ohne Belang ist, wenn die Unwirksamkeit auf formalen Gründen beruht.

Ein formunwirksames Vermächtnis ist nach Auffassung des BFH dann erbschaftsteuerlich zu erfassen, wenn feststeht, dass der Beschwerte die Rechtshandlungen, die sich als Erfüllung dieses Vermächtnisses darstellen, mit dem Willen vorgenommen hat, dem (formunwirksam) geäußerten letzten Willen des Erblassers zu entsprechen.[318] Der BFH stellt dabei zur Begründung im Wesentlichen darauf ab, dass der Erbschaftsteuer der Erwerb von Todes wegen unterliegt, d. h. der kraft Gesetzes erfolgte oder auf Willenserklärungen des Erblassers beruhende Erwerb von Vermögen. Wird eine Verfügung von Todes wegen ausgeführt, obwohl sie unwirksam ist, und beruht die Ausführung der Verfügung auf der Beachtung des erblasserischen Willens, den Begünstigter und Belasteter anerkennen, so hat nach Auffassung des BFH die Besteuerung das wirtschaftliche Ergebnis dieses Vollzuges zu beachten.[319]

---

315 BFH, Urteil vom 07.10.1981, Az.: II R 16/80, BStBl. II 1982, S. 28, BFHE 134, S. 181.

316 BFH, Urteil vom 28.03.2007, Az.: II R 25/05, BStBl. II 2007, S. 461, BFHE 215, S. 557.

317 BFH, Beschluss vom 01.09.2020, Az.: II B 16/20, ZEV 2021, S. 53 (55).

318 BFH, Urteil vom 28.03.2007, Az.: II R 25/05, BStBl. 2007 II, S. 461, BFHE 215, S. 557; BFH, Beschluss vom 01.09.2020, Az.: II B 16/20, ZEV 2021, S. 53 (55).

319 BFH, Urteil vom 15.03.2000, Az.: II R 15/98, BStBl. 2000 II, S. 588, BFHE 191, S. 403.

Dem ist jedenfalls dann, wenn die Unwirksamkeit der letztwilligen Verfügung oder des Vermächtnisses auf ausschließlich formalen Mängeln beruht, uneingeschränkt zuzustimmen.

2. Materielle Unwirksamkeit

Fraglich ist aber, ob die Anwendbarkeit von § 41 Abs. 1 AO auch dann gegeben ist, wenn die Unwirksamkeit des Vermächtnisses nicht auf formalen Mängeln beruht, sondern auf einer nicht hinreichend bestimmten Zweckbestimmung oder auf einer Bestimmung eines unzulässigen Zweckes basiert und Begünstigter und Belasteter die Verfügung dennoch einvernehmlich ausführen.

Die Anwendbarkeit des § 41 Abs. 1 AO auf (form-)unwirksame Vermächtnisse wird im Wesentlichen damit begründet, dass die Ausführung der Verfügung auf dem erblasserischen Willen beruht. Das kann bei der Formunwirksamkeit einer letztwilligen Verfügung ohne Weiteres angenommen werden, da der vom Erblasser bewusst oder unbewusst in Kauf genommene Formmangel keine Rückschlüsse dahingehend erlaubt, dass die Umsetzung seines Willens tatsächlich nicht gewollt war.

a) Nicht hinreichend bestimmter Zweck

Hat der Erblasser einen nach § 2156 BGB zu bestimmenden Zweck nicht hinreichend bestimmt genug angegeben, wie beispielsweise *um ihm (dem Vermächtnisnehmer) eine Freude zu machen*,[320] wird man ebenso wie bei einem Formmangel annehmen müssen, dass eine Vermächtniserfüllung durch den Beschwerten auf dem Willen des Erblassers beruht und damit auch § 41 Abs. 1 AO Anwendung findet.

b) Unzulässige Zweckbestimmung

Hat der Erblasser einen Zweck bestimmt, der es nicht ermöglicht, die Leistung nach billigem Ermessen zu bestimmen, ergibt sich eine andere Ausgangslage. In diesem Fall lässt jedenfalls eine von dem Beschwerten einseitig festgelegte Vermächtnisleistung nicht notwendig darauf schließen, dass der Erblasser diese festgelegte Vermächtnisleistung auch gewollt hat. Es ist daher zu differenzieren, ob feststellbar ist, dass die Vermächtniserfüllung auf dem Willen des Erblassers beruht.

---

320 Vgl. oben Kapitel 4, II.

aa) Feststellbarer Erblasserwille

Ist der Wille des Erblassers feststellbar, führt eine durch den Bestimmungsberechtigten festgelegte Vermächtnisleistung zur Anwendbarkeit von § 41 Abs. 1 AO. Hat der Erblasser beispielsweise *die möglichst gerechte, wirtschaftlich sinnvolle und streitvermeidende Nachlassverteilung* als Zweck bestimmt, was nach den Feststellungen in KAPITEL 5 unzulässig ist,[321] ist ohne Zweifel davon auszugehen, dass eine Vermächtnisleistung, die zu einer streitvermeidenden Nachlassverteilung führt, dem Willen des Erblassers entspricht.

bb) Nicht feststellbarer Erblasserwille

Ist nicht zweifelsfrei feststellbar, ob die Vermächtnisleistung dem Willen des Erblassers entspricht, führt die unzulässige Zweckbestimmung dazu, dass § 41 Abs. 1 AO keine Anwendung findet.

Dies zeigt sich anschaulich bei dem von *Beckervordersandfort/Bock* vorgeschlagenen Zweck der *Abmilderung der Erbschaftssteuerprogression*, soweit sich diese nicht ausschließlich auf den ersten Erbfall beziehen soll. Bei Vorgabe dieses Zweckes könnte der Beschwerte ohne Weiteres festlegen, dass eine die Erbschaftssteuerfreibeträge übersteigende Summe von dem Beschwerten an den Begünstigten gezahlt wird, der lediglich mit dem Eingangssteuersatz von § 19 Abs. 1 ErbStG zu versteuern ist. Als Beispiel kann hier zusätzlich zu einem Sockelvermächtnis zugunsten eines Kindes in Höhe des Erbschaftssteuerfreibetrages von derzeit 400.000 € gemäß § 16 Abs. 1 S. 1 Nr. 2 ErbStG die Bestimmung eines sogenannten Supervermächtnisses durch den Bestimmungsberechtigten in Höhe eines Betrages von 50.000 € genannt werden.

Im ersten Erbfall tritt hier keine Abmilderung der Erbschaftssteuerprogression ein, da die erste Wertgrenze des § 19 Abs. 1 ErbStG nicht überschritten wird. Der Vermächtniszweck wird folglich im ersten Erbfall nicht erreicht.

Ob im zweiten Erbfall eine Abmilderung der Steuerprogression eintreten wird, kann aus den in KAPITEL 5 genannten Gründen zum Zeitpunkt des ersten Erbfalls nur in Ausnahmefällen ermittelt werden.[322]

Wenn nicht festgestellt werden kann, ob der von dem Erblasser bestimmte Zweck durch die Vermächtnisleistung erreicht wird, kann gleichermaßen nicht festgestellt werden, ob die von dem Beschwerten festgelegte Vermächtnisleistung dem tatsächlichen Willen des Erblassers entspricht. Im Gegenteil ist

321 Siehe oben KAPITEL 5, IV.
322 Siehe oben KAPITEL 5, VI.

anzunehmen, dass die Vermächtnisleistung, die nicht zur Erreichung des vom Erblasser bestimmten Zweckes führt, auch nicht von diesem gewollt war.

Damit fehlt es an der für die Anwendbarkeit von § 41 Abs. 1 AO und die hieraus folgende erbschaftssteuerliche Anerkennung unwirksamer letztwilliger Verfügungen hinreichend sicheren Feststellung eines entsprechenden Erblasserwillens.

cc) Konsequenz

Hieraus folgt, dass ein Vermächtnis mit einem unzulässigen Zweck nicht zu einer Anwendbarkeit des § 41 Abs. 1 AO führt, sondern die Vermögenszuwendung an den vermeintlichen Vermächtnisnehmer im Verhältnis von dem vermeintlich Beschwerten zu dem vermeintlich Begünstigten als freigebige Zuwendung gem. § 7 Abs. 1 ErbStG zu versteuern ist.

Das Gesetz räumt dem Erblasser durch § 2156 BGB lediglich dann die Befugnis ein, dass ein anderer als der Erblasser die Leistung bestimmen kann, wenn der Erblasser den Zweck der Leistung in zulässiger Weise bestimmt hat. Der andere darf also nur dann über die Aufteilung des Nachlasses bestimmen, wenn der Erblasser hierfür einen zulässigen Zweck vorgegeben hat. Hat der Erblasser keinen zulässigen Zweck bestimmt und nimmt der Bestimmungsberechtigte eine Leistungsbestimmung vor, die diesem unzulässigen Zweck entspricht, dann erhält der Begünstigte des unwirksamen Vermächtnisses eine Leistung, die ihm zivilrechtlich nicht zusteht.

Ist der Bestimmungsberechtigte gleichzeitig auch der Beschwerte, verzichtet der Beschwerte auf einen Teil des Nachlasses, der ihm zivilrechtlich zusteht. Gleiches gilt, wenn der Beschwerte aufgrund der unwirksamen Leistungsbestimmung eines Dritten eine vermeintliche Vermächtnisleistung auskehrt. Die Vermächtnisleistung ist in diesem Fall eine freiwillige Leistung des Beschwerten und damit eine freigebige Zuwendung im Sinne des § 7 Abs. 1 ErbStG des mit dem unwirksamen Vermächtnis Beschwerten an den Begünstigten.

Im Ergebnis liegt hier kein anderer Fall als dann vor, wenn der Beschwerte ein von einem Erblasser betragsmäßig festgelegtes Vermächtnis aus freien Stücken aufstockt. Hierzu hat der BFH mit Urteil vom 13.06.1962 ausdrücklich entschieden, dass kein Erwerb von Todes wegen aufgrund eines Vermächtnisses, sondern ein Erwerb aufgrund einer freiwilligen Mehrleistung seitens des Erben vorliegt, die sich gegebenenfalls als freigebige Zuwendung darstellt.[323]

---

323 BFH, Urteil vom 13.06.1962, Az.: II 154/60 U, BStBl. 1962, S. 336, BFHE 75, S. 187.

Es kann keinen Unterschied machen, ob ein Beschwerter ohne zivilrechtlich wirksame Anordnung des Erblassers ein angeordnetes Vermächtnis betragsmäßig aufstockt oder ein Beschwerter ohne zivilrechtlich wirksame Zweckbestimmung des Erblassers eine Leistungsbestimmung vornimmt, bei welcher nicht festgestellt werden kann, ob sie dem Willen des Erblassers entspricht.

In beiden Fällen liegt kein Erwerb aufgrund eines wirksamen Vermächtnisses, sondern ein Erwerb aufgrund einer freiwilligen Leistung des Beschwerten vor.

c. *Fazit*

Festzuhalten ist damit, dass jedenfalls dann, wenn eine durch den Beschwerten oder einen Dritten einseitig bestimmte Vermächtnisleistung nicht auf einem nach außen hin erkennbaren Erblasserwillen beruht, § 41 Abs. 1 AO keine Anwendung findet.

3. Steuerliche Beachtung durch Erbvergleich

Etwas anderes kann sich allerdings dann ergeben, wenn die Vermächtnisleistung nicht aufgrund einseitiger Bestimmung durch einen Bestimmungsberechtigten festgelegt, sondern vielmehr durch einen Erbvergleich einvernehmlich geregelt wird.

Nach einer schon vom RFH begründeten und vom BFH übernommenen höchstrichterlichen Rechtsprechung ist das Ergebnis eines ernsthaft gemeinten Vergleichs, der die gütliche Regelung streitiger Erbverhältnisse zum Ziel hat, der Erbschaftsbesteuerung zugrunde zu legen.[324] Um einen Erbvergleich in diesem Sinne handelt es sich auch bei der einvernehmlichen Beseitigung etwa bestehender Ungewissheiten über die den Erben zufallenden Beträge. Zwar sind die Bedachten grundsätzlich nicht berechtigt, nach dem Erbfall durch freie Vereinbarung den Umfang der steuerpflichtigen Bereicherung zu beeinflussen. Dies gilt aber dann nicht, wenn bei Streit oder Ungewissheit darüber, ob und in welchem Umfang ein Erwerb vorliegt, die Bedachten einen ernstgemeinten Erbvergleich schließen.[325] Ein solcher Vergleich kann dann Verbindlichkeit im

---

324 BFH, Urteil vom 24. Juli 1972, Az.: II R 35/70, BStBl. II 1972, S 886, BFHE 106, S. 555; BFH, Urteil vom 22.11.1995, Az.: II R 89/93, BStBl. II 1996, S. 242, BFHE 179, S. 436; BFH, Beschluss vom 19.09.2000, Az.: II B 10/00, BFH/NV 2001, S. 163; BFH, Urteil vom 04.05.2011, Az.: II R 34/09, BStBl. II 2011, S. 725, BFHE 233, S. 184.

325 BFH, Urteil vom 04.05.2011, Az.: II R 34/09, BStBl. II 2011, S. 725, BFHE 233, S. 184.

Besteuerungsverfahren beanspruchen, wenn er seinen letzten Rechtsgrund noch im Erbrecht findet.[326]

Schließen der Beschwerte und der Bedachte also eine Vereinbarung ab, in der sie sich einvernehmlich über die Höhe einer Vermächtnisleistung und auch die mögliche Unwirksamkeit eines zivilrechtlich unwirksamen Zweckvermächtnisses verständigen, ist diese Vereinbarung im Besteuerungsverfahren als verbindlich anzuerkennen.

4. Zusammenfassung

Bezogen auf das sogenannte Supervermächtnis lässt sich damit zusammenfassend festhalten, dass eine lediglich formale Unwirksamkeit eines sogenannten Supervermächtnisses dessen steuerliche Anerkennung gemäß § 41 Abs. 1 AO nicht beeinträchtigt.

Wird ein sogenanntes Supervermächtnis mit einem durch den Erblasser festgelegten unzulässigen Zweck erfüllt, ist für die steuerliche Anerkennung zu unterscheiden, ob feststellbar ist, dass die durch den Bestimmungsberechtigten festgelegte Vermächtnisleistung dem Willen des Erblassers entspricht. Ist ein entsprechender Erblasserwille feststellbar, ist das Vermächtnis gemäß § 41 Abs. 1 AO steuerlich anzuerkennen. In den Fällen, in denen nicht festgestellt werden kann, dass die Vermächtnisleistung auch dem Willen des Erblassers entspricht, findet § 41 Abs. 1 AO keine Anwendung. Die Vermächtnisleistung ist steuerlich als freiwillige Zuwendung des Beschwerten an den Begünstigten zu betrachten und unterliegt in diesem Verhältnis einer eventuellen Besteuerung.

Dem können Beschwerter und Begünstigter damit entgegentreten, dass sie einen Erbvergleich abschließen, der seinen letzten Rechtgrund noch im Erbrecht findet. Können die Zweifel an der möglichen Unwirksamkeit durch einen einvernehmlichen Erbvergleich beseitigt werden, ist der abgeschlossene Vergleich dem Besteuerungsverfahren zugrunde zu legen.

II. Missbrauch rechtlicher Gestaltungsmöglichkeiten gem. § 42 AO

Das sogenannte Supervermächtnis ist auf die Einsparung von Erbschaftsteuern angelegt. Dementsprechend stellt sich die Frage, ob dessen Anordnung nicht grundsätzlich oder in bestimmten Gestaltungsvarianten als rechtlicher

---

326 BFH, Urteil vom 01.07.2008, Az.: II R 71/06, BStBl. II 2008, S. 874, BFHE 222, S. 63.

Gestaltungsmissbrauch im Sinne von § 42 AO zu werten ist und auch die Ausübung des Bestimmungsrechtes zu einer Anwendbarkeit von § 42 AO führen kann.

1. Grundsatz

Gemäß § 42 Abs. 1 AO kann durch Missbrauch von Gestaltungsmöglichkeiten des Rechts das Steuergesetz nicht umgangen werden.

Ein solcher Missbrauch liegt nach § 42 Abs. 2 Satz 1 AO i. d. F. des Jahressteuergesetzes 2008 vom 20.12.2007 vor, wenn eine unangemessene rechtliche Gestaltung gewählt wird, die bei dem Steuerpflichtigen oder einem Dritten im Vergleich zu einer angemessenen Gestaltung zu einem gesetzlich nicht vorgesehenen Steuervorteil führt; dies ist allerdings nicht der Fall, wenn der Steuerpflichtige für die gewählte Gestaltung außersteuerliche Gründe nachweist, die nach dem Gesamtbild der Verhältnisse beachtlich sind (§ 42 Abs. 2 Satz 2 AO).[327]

§ 42 AO gilt nach dem Wortlaut für alle Steuerarten und ist daher ohne Zweifel auch im Erbschaftssteuerrecht anwendbar.[328] Die Absicht und das Ziel, Steuern zu sparen oder zu vermeiden, sind aber im Rahmen der Ausübung von Gestaltungsmöglichkeiten des Rechts unschädlich.[329] Den Steuerpflichtigen ist es grundsätzlich nicht verwehrt, ihre rechtlichen Verhältnisse so zu gestalten, dass sich eine geringere steuerliche Belastung ergibt.[330] Allein das Bestreben, Steuern zu sparen bzw. Den Tatbestand für die Inanspruchnahme eines Steuerfreibetrages zu verwirklichen, macht eine rechtliche Gestaltung noch nicht unangemessen.[331] Dabei steht es auch Angehörigen grundsätzlich frei, ihre Rechtsverhältnisse untereinander steuerlich möglichst günstig zu gestalten.[332] Nach § 42 AO sind die rechtlichen Formen aber ausnahmsweise unbeachtlich,

---

327 BFH, Urteil vom 10.07.2019, Az.: X R 21–22/17, BWNotZ 2020, S. 74 (76); *Fehrenbacher*, § 8, Rn. 48.

328 BFH, Beschluss vom 24.05.2000, Az.: II B 74/99, BFH/NV 2001, S. 162; *Piltz*, ZEV 2005, S. 469 (472); *Tipke/Kruse/Drüen*, § 42 AO, Rn. 85.

329 *Fehrenbacher*, § 8, Rn. 48; *Fischer*, DB 1996, S. 644 (646); *Klein/Ratschow*, § 42 AO, Rn. 42; *Streppel*, ZErb 2022, S. 139 (143).

330 BFH, Beschluss vom 29.11.1982, Az.: GrS 1/81, BStBl. II 1983, S. 272; BFHE 137, S. 433.

331 BFH, Urteil vom 03.02.1998 (IX R 38/96), BStBl. II 1998, S. 539, BFHE 185, 379.

332 BFH, Urteil vom 29.08.2007 (IX R 17/07), BStBl. 2008 II, S. 502; *Klein/Ratschow*, § 42 AO, Rn. 42.

wenn sie zum Zweck der Steuerumgehung oder Steuerminderung als missbräuchliche Ausnutzung rechtlicher Mittel einzuordnen sind.[333]

2. Meinungsstand zur Anwendbarkeit bei dem sogenannten Supervermächtnis

In der Literatur zu dem sogenannten Supervermächtnis wird diskutiert, ob in der Anordnung eines Supervermächtnisses ein Gestaltungsmissbrauch gesehen werden kann.[334] *Detlev Jürgen Piltz* vertritt die Auffassung, dass in der „Nutzung" von Vorschriften des BGB, also im Falle des Supervermächtnisses der Vorschriften der §§ 2151 ff. BGB, die das ErbStG seiner Besteuerung ausdrücklich zugrunde legt, von vorneherein kein Missbrauch liegen kann.[335] Was zivilrechtlich als Vermächtnis gelte, gleich in welcher Form, könne kein Rechtsmissbrauch sein. Außerdem ließe sich auch die Rechtsfolge in solchen Fällen nicht vorstellen, weil es keine „den wirtschaftlichen Vorgängen angemessene rechtliche Gestaltung" gebe, die an die Stelle der von den Beteiligten durch das Testament erlaubten Gestaltung gesetzt werden könne.[336]

Keim hat sich dieser Auffassung, dass das, was zivilrechtlich als Vermächtnis erlaubt ist, steuerrechtlich kein Rechtsmissbrauch sein kann, ausdrücklich angeschlossen. *Keim* meint, es könne keinen Missbrauch darstellen, wenn die Beteiligten von einer Ermächtigung im Testament Gebrauch machen und die Verteilung so vornehmen, dass sie steuergünstig ist.[337]

Von Oertzen/Lindermann weisen darauf hin, dass es sich bei den zu erzielenden steuerlichen Freibeträgen des § 16 ErbStG und den Progressionsstufen des § 19 ErbStG um gesetzlich vorgesehene Steuervorteile im Sinne des § 42 Abs. 2 S. 1 AO handele. Somit habe es keinen Umgehungscharakter, wenn diese Freibeträge gezielt ausgenutzt würden.[338] Zudem sprächen auch die beachtlichen außersteuerlichen Gründe, die durch die Anordnung des Supervermächtnisses verfolgt würden, gegen einen Missbrauch. Diese lägen in der subjektiven Veranlassung, anstelle von unzweifelhaft steuerlich abziehbaren Vermächtnissen ein Supervermächtnis anzuordnen, um die zivilrechtliche Verfügungsbefugnis des länger lebenden Ehegatten aufrechtzuerhalten. Dies sei insbesondere

333 *Fehrenbacher*, § 8, Rn. 48.
334 *Streppel*, ZErb 2022, S. 139 (143).
335 *Piltz*, ZEV 2005, S. 469 (472).
336 *Piltz*, ZEV 2005, S. 469 (472).
337 *Keim*, ZEV 2016, S. 6 (12).
338 *Von Oertzen/Lindermann*, ZEV 2020, S. 144 (147).

bei jungen Familien von elementarer Bedeutung, damit die Ausübung des Vermächtnisses an die gegebenenfalls veränderte Vermögenssituation des Längerlebenden angepasst werden könne.[339]

Für *Fröhler* ergeben sich keine erbschaftsteuerlichen Bedenken aus § 42 AO. Nach seinem Dafürhalten ist es legitim und hat keinen Umgehungscharakter, wenn Freibeträge gezielt ausgenutzt werden.[340]

Grundsätzlich sehen auch *Beckervordersandfort/Bock* in der Gestaltung eines Supervermächtnisses keinen Missbrauch im Sinne von § 42 AO, allerdings mit der Einschränkung, dass restriktive Vorschriften des ErbStG wie etwa § 6 Abs. 4 ErbStG nicht umgangen werden dürften.[341]

Zusammenfassend lässt sich damit feststellen, dass die Möglichkeit eines Missbrauchs im Sinne von § 42 Abs. 2 AO mit den Argumenten abgelehnt wird, die Ausnutzung gesetzlich vorgesehener Steuervorteile könne keinen Missbrauch steuerlicher Gestaltungsmöglichkeiten darstellen und das, was zivilrechtlich als Vermächtnis erlaubt ist, keinen Missbrauch im Sinne der Steuergesetze bedeuten.

3. Stellungnahme

Das Argument, dass die Ausnutzung von gesetzlich vorgesehenen Steuervorteilen keinen Missbrauch darstellen kann, trägt allein nicht. Zu der bis zum 31.12.2007 gültigen Fassung von § 42 AO war anerkannt, dass eine Umgehung auch dadurch eintreten kann, dass eine steuermindernde Norm ergangen wird.[342] Damit konnte auch die Ausnutzung gesetzlich vorgesehener Steuervorteile der Vorschrift des § 42 AO unterfallen.

Ebenso kann allein der Umstand, dass eine Regelung zivilrechtlich zulässig ist, nicht zu einem Ausschluss der Anwendbarkeit von § 42 AO führen.

Die durch das Jahressteuergesetz 2008[343] mit Wirkung ab dem 01.01.2008 eingeführte Neufassung des § 42 AO definiert den Missbrauch in § 42 Abs. 2 AO. Ein Missbrauch liegt danach vor, wenn eine unangemessene rechtliche Gestaltung gewählt wird, die bei dem Steuerpflichtigen oder einem Dritten im Vergleich zu einer angemessenen Gestaltung zu einem gesetzlich nicht

339 *Von Oertzen/Lindermann*, ZEV 2020, S. 144 (147).

340 *Langenfeld/Fröhler*, Rn. 205.

341 *Beckervordersandfort/Bock*, ZErb 2020, S. 117 (119).

342 *Kruse*, S. 144; *Piltz*, BB 1987, Beilage 14, S. 9; *Tipke/Kruse/Drüen*, § 42 (bis 31.12.2007) AO, Rn. 47.

343 BGBl. I 2007, S. 3150 (3171).

vorgesehenen Steuervorteil führt. Maßstab für die Unangemessenheit ist das Vorliegen von wirtschaftlichen oder sonst beachtlichen außersteuerlichen Gründen, die sich aus dem Gesamtbild der Verhältnisse ergeben müssen.[344]

Zur Feststellung eines möglichen Missbrauchs soll somit zunächst ein Vergleich zwischen einer angemessenen rechtlichen Gestaltung und den Auswirkungen der gewählten rechtlichen Gestaltung gezogen werden. Ergibt der Vergleich einen Steuervorteil bei dem Steuerpflichtigen oder Dritten, ist weiter zu prüfen, ob dieser Steuervorteil gesetzlich vorgesehen ist. Ist der Steuervorteil gesetzlich nicht vorgesehen, ist zu prüfen, ob die gewählte Gestaltung unangemessen ist.[345] Voraussetzung für die Annahme eines Missbrauchs ist damit weiterhin die Unangemessenheit der Gestaltung.[346] Wann eine Gestaltung unangemessen ist, bleibt auch nach der Neufassung der Vorschrift offen. Auch der Anwendungserlass hilft nicht weiter, er besagt lediglich, dass eine Gestaltung dann auf ihre Angemessenheit zu prüfen ist, wenn sie ohne Berücksichtigung der beabsichtigten steuerlichen Effekte unwirtschaftlich, umständlich, kompliziert, schwerfällig, gekünstelt, überflüssig, ineffektiv oder widersinnig erscheint.[347]

Inhaltlich hat sich damit durch die Neufassung gegenüber der durch die Rechtsprechung des Bundesfinanzhofs geprägten Rechtslage nichts geändert.[348] Die Frage der Unangemessenheit muss weiterhin im konkreten Einzelfall geprüft werden. Sie kann nicht abstrakt normiert, sondern nur im konkreten Einzelfall festgestellt werden, indem die gewählten rechtlichen Gestaltungen mit dem zugrunde liegenden wirtschaftlichen Sachverhalt sowie dem Normzweck der umgangenen oder erschlichenen Norm verglichen werden.[349]

4. Supervermächtnis mit offenem Erfüllungszeitpunkt

Das sogenannte Supervermächtnis verfolgt zwei Ziele: Einerseits soll der länger lebende Ehegatte oder Lebenspartner die längst mögliche Verfügungsmacht über das beiderseitige Vermögen haben, andererseits sollen die steuerlichen

344 *Fehrenbacher*, § 8, Rn. 48.
345 Deutscher Bundestag, Drucksache 16/7036 vom 08.11.2007, S. 24; *Klein/Ratschow*, § 42 AO, Rn. 46.
346 *Hey*, BB 2020, S. 1044 (1046).
347 AEAO zu § 42, Rn. 2.2.
348 *Hey*, BB 2020, S. 1044 (1046).
349 *Hey*, BB 2020, S. 1044 (1046).

Freibeträge der Kinder oder Kindeskinder nach dem Tod des Erstversterbenden möglichst nicht verloren gehen.

Wie oben festgestellt wurde,[350] lässt sich die Idee des Supervermächtnisses dadurch, dass Bestimmungsvermächtnisse gemäß § 2178 BGB erst mit der Ausübung der Bestimmung anfallen, nicht auf den Zeitpunkt des ersten Erbfalles realisieren. Zunächst muss das Bestimmungsrecht ausgeübt werden, um überhaupt aufseiten des Vermächtnisnehmers einen steuerpflichtigen Erwerb zu generieren, für den dieser dann seinen steuerlichen Freibetrag gemäß § 16 Abs. 1 ErbStG in Anspruch nehmen kann.

Die Anordnung eines kombinierten Bestimmungs- und Zweckvermächtnisses, nach dem ein Abkömmling oder mehrere Abkömmlinge eine Abfindung für den Ausschluss von der gesetzlichen Erbfolge zum Zwecke der Ausnutzung erbschaftsteuerlicher Freibeträge erhalten sollen, stellt für sich betrachtet keine unangemessene Gestaltung dar. Dem Erblasser ist es im Rahmen seiner Testierfreiheit jederzeit möglich, ein oder mehrere Vermächtnisse auszusetzen, die auf der Vermächtnisnehmerseite zur Ausnutzung der erbschaftsteuerlichen Freibeträge führen. Freibeträge werden hierbei nicht erschlichen, ihre Ausnutzung ist vielmehr die gesetzliche Folge des § 16 Abs. 1 ErbStG.

Der Umstand, dass im Falle eines kombinierten Bestimmungs- und Zweckvermächtnis nicht der Erblasser selbst, sondern der Bestimmungsberechtigte die Vermächtnisleistung festlegt, führt nicht zu einem anderen Ergebnis. Der Gesetzgeber hat mit den Vorschriften der §§ 2151, 2156 BGB abweichend von dem sich aus § 2065 Abs. 2 BGB ergebenden Grundsatz der Höchstpersönlichkeit der Erbenbestimmung ausdrücklich die Möglichkeit geschaffen, dass nicht der Erblasser selbst, sondern auch ein vom Erblasser bestimmter Dritter die Vermächtnisleistung bestimmen kann. Eine Gestaltungsmöglichkeit, die der Gesetzgeber in zivilrechtlicher Hinsicht ausdrücklich gestattet, kann für sich betrachtet keine unangemessene Gestaltung im Sinne des § 42 AO sein. Ein Vergleich mit dem Normzweck der vermeintlich „erschlichenen" Norm, d. h. der Steuerbefreiung gemäß § 16 Abs. 1 ErbStG, führt nicht dazu, dass die Gestaltung des sogenannten Supervermächtnisses in der ursprünglich von *Schmidt* vorgeschlagenen Form[351] Bedenken im Hinblick auf § 42 AO aufwirft.

Normzweck des § 16 Abs. 1 ErbStG ist insbesondere die Umsetzung des aus Art. 6 Abs. 1 GG folgenden Familienprinzips. Danach ist der erbschaftsteuerliche Zugriff bei Familienangehörigen im Sinne der Steuerklasse I (§ 15

350 Siehe oben Kapitel 6.

351 *Schmidt*, BWNotZ 1998, 97 (101).

Abs. 1 ErbStG) derart zu mäßigen, dass jedem dieser Steuerpflichtigen der jeweils auf ihn überkommende Nachlass – je nach Größe – zumindest zum deutlich überwiegenden Teil oder bei kleineren Vermögen völlig steuerfrei zugutekommt.[352] Die Gestaltung des sogenannten Supervermächtnisses in der ursprünglich von *Schmidt* vorgeschlagenen Form läuft diesem Normzweck nicht zuwider. Die Gestaltung wird dem Normzweck und dem aus Art. 6 Abs. 1 GG folgenden Familienprinzip vielmehr gerecht, indem sie gerade gewährleisten soll, dass die sich aus § 16 Abs. 1 ErbStG ergebenden gesetzlichen Freibeträge optimal genutzt werden können und nicht – wie es bei dem Berliner Testament der Regelfall ist – im ersten Erbfall ungenutzt bleiben.

Bei einem Vergleich der Gestaltung mit dem Normzweck des § 16 Abs. 1 ErbStG macht es auch keinen Unterschied, ob der Erblasser die Vermächtnisleistung vollständig selbst bestimmt oder die Bestimmung in nach §§ 2151, 2156 BGB zulässiger Weise einem Bestimmungsberechtigten überlassen hat. Wenn der Erblasser in zulässiger Weise bestimmen kann, dass im Falle seines Todes ein Vermächtnisnehmer ein Vermächtnis in Höhe seines aus § 16 Abs. 1 ErbStG resultierenden Freibetrages erhalten soll – was völlig unzweifelhaft ist –, dann kann er die Bestimmung auch ohne Weiteres in zivilrechtlich zulässiger Weise einem Bestimmungsberechtigten überlassen, ohne hierbei gleichzeitig das Steuergesetz zu umgehen. § 16 Abs. 1 ErbStG bestimmt, dass der Erwerb in Höhe der in den § 16 Abs. 1 Nr. 1–7 ErbStG genannten Beträgen steuerfrei bleibt.

Die Gestaltung des sogenannten Supervermächtnisses in der ursprünglich von *Schmidt* vorgeschlagenen Form stellt somit keinen steuerlichen Gestaltungsmissbrauch gemäß § 42 AO dar.

5. Supervermächtnis mit festgelegtem Auffangtermin für die Erfüllung

Bedenken im Hinblick auf § 42 AO werden in der Literatur in Bezug auf die Gestaltungsvariante des sogenannten Supervermächtnisses mit festgelegtem Auffangtermin für die Erfüllung[353] aufgeworfen.

352 BVerfG, BStBl. II 1995, S. 671 (674).

353 Vgl. oben Kapitel 2, II.2.

a) Meinungsstand

Beckervordersandfort/Sielker wollen den Fälligkeitszeitpunkt des Vermächtnisses unabhängig vom Todeszeitpunkt des Letztversterbenden positiv anordnen, ohne dass die Anordnung als Umgehung im Sinne des § 42 AO zu werten sein soll. Eine Umgehung des § 42 AO ist nach Auffassung der vorgenannten Autoren jedenfalls darin zu sehen, dass ein konkreter Fälligkeitszeitpunkt zu Lebzeiten des Letztversterbenden mit einer Stundung des Vermächtnisses bis zum Tod des Letztversterbenden verbunden wird. Eine Umgehung soll weiterhin darin zu sehen sein, wenn die Auffangfrist für die Fälligkeit des Vermächtnisses angesichts des Lebensalters der Beschwerten und Bedachten zum Zeitpunkt der Errichtung der Verfügung bewusst unrealistisch lang bestimmt wird, sodass aus einer Ex-ante-Sicht anhand der üblichen Lebenserwartung voraussehbar ist, dass der Tod des Beschwerten vor dem Ablauf der Frist eintritt.[354] Hierbei soll nicht allein auf die Lebenserwartung des Beschwerten abzustellen sein. Vielmehr soll es auf der Hand liegen, auch die Lebenserwartung des Erblassers mit einzubeziehen und zu schauen, wie weit die Lebenserwartung des Beschwerten diejenige des Erblassers übersteigt. Eine zulässige Höchstfrist soll dann etwa lediglich in der positiven Differenz der Lebenserwartungen liegen können.[355]

Bredemeyer schlägt aufgrund seiner Auffassung, die Anwendbarkeit von § 6 Abs. 4 ErbStG müsse vermieden werden, vor, einen spätesten Zeitpunkt für die Erfüllung des Vermächtnisses festzulegen, der so zu wählen ist, dass dieser durch den länger Lebenden auch noch erlebt wird. Zu vermeiden sind nach Ansicht *Bredemeyers* daher zeitliche Festlegungen, die dies nicht gewährleisten, beispielsweise „zum 100. Lebensjahr" oder „30 Jahre nach dem Eintritt des ersten Erbfalls". Möglich seien eine fixe Altersfestlegung im Rahmen der zu erwartenden Entwicklung („70. Lebensjahr", „75. Lebensjahr") oder eine flexiblere Festlegung („zwei Jahre vor Erreichung des statistisch im Zeitpunkt des 1. Erbfalls zu errechnenden Lebensalters").[356]

Nach Auffassung von *Evertz* dürften sich Probleme mit § 42 AO i. V. m. § 6 Abs. 4 ErbStG nur dann ergeben, wenn man die Auffangfrist angesichts des Lebensalters der Beteiligten und Bedachten zum Zeitpunkt der Errichtung der Verfügung bewusst unrealistisch lang bestimme. Der Auffangtermin solle so bestimmt werden, dass er nach der üblichen Lebenserwartung des Erben

354 *Beckervordersandfort/Sielker*, § 2, Rn. 42.
355 *Beckervordersandfort/Sielker*, § 2, Rn. 44.
356 *Bredemeyer*, ZErb 2017, S. 343 (347).

(gemeint ist wohl des Beschwerten) aus Ex-ante-Sicht voraussehbar vor dessen Todeszeitpunkt liege.[357]

Keim vertritt die Meinung, dass die Zeit der Erfüllung des Vermächtnisses dem freien Belieben des Beschwerten überlassen werden solle, aber ein realistischer Auffangtermin, z. B. fünf Jahre nach dem ersten Erbfall, im Testament ausdrücklich zu nennen sei. Die Anordnung eines Fälligkeitstermines, zu dem der länger lebende Ehegatte mit an Sicherheit grenzender Wahrscheinlichkeit nicht mehr lebe, müsse als rechtsmissbräuchlich im Sinne des § 42 AO angesehen werden.[358]

Schmid weist darauf hin, dass ein Missbrauch von rechtlichen Gestaltungsmöglichkeiten im Sinne des § 42 AO durch die Finanzverwaltung angenommen werden könnte, wenn ein fixer Termin als Auffangtermin angeordnet werde, den der länger lebende Ehegatte voraussichtlich nicht mehr erleben werde. Als realistischen Auffangtermin nennt *Schmid* im Regelfall fünf Jahre oder – bei älteren Testierenden – jedenfalls auch drei Jahre.[359]

Thomas Curdt ist der Auffassung, dass die bewusste Ausschaltung von § 6 Abs. 4 ErbStG dadurch, dass das Vermächtnis nicht bereits mit dem Tod des Beschwerten, sondern erst zu einem späteren Zeitpunkt anfällt und fällig wird, rechtsmissbräuchlich im Sinne von § 42 AO sein könnte.[360]

b) Stellungnahme

Sämtliche vorgenannten Autoren gehen bei ihren Vorschlägen davon aus, dass ein fixer Auffangtermin notwendig ist, um eine Anwendbarkeit von § 6 Abs. 4 ErbStG zu vermeiden.

Hierbei wird zunächst übersehen, dass § 6 Abs. 4 ErbStG überhaupt nur in dem Fall zur Anwendung kommen kann, in dem der Beschwerte auch der Bestimmungsberechtigte ist.[361] In den Fällen, in denen ein Dritter Bestimmungsberechtigter ist, kann das Supervermächtnis nicht mit dem Tod des Beschwerten fällig werden, da es erst mit der Ausübung des Bestimmungsrechtes durch den Dritten anfällt.[362] In diesen Fällen ist auch eine Vermeidungsstrategie obsolet, da eine Anwendbarkeit von § 6 Abs. 4 ErbStG gar nicht in Betracht kommt.

---

357 *Evertz*, ZErb 2004, S. 373 (375).
358 *Keim*, ZEV 2016, S. 6 (12).
359 *Schmid*, § 2, Rn. 15.
360 *Kapp/Ebeling/Curdt*, § 6, Rn. 52.
361 Siehe oben Kapitel 6, II.1.a).
362 Siehe oben Kapitel 6, III.1.b).

Fraglich ist damit lediglich, ob die Anordnung eines festen Auffangtermins für die Fälligkeit eines sogenannten Supervermächtnisses in den Fällen, in denen der Beschwerte auch der Bestimmungsberechtigte ist, zu einer Anwendbarkeit von § 42 AO führen kann.

Durch die Bestimmung eines fixen Auffangtermins soll vermieden werden, dass das sogenannte Supervermächtnis gemäß § 2181 BGB im Zweifel mit dem Tod des Beschwerten fällig wird. Voraussetzung dafür, dass das sogenannte Supervermächtnis überhaupt fällig werden kann, ist aber zunächst, dass es überhaupt anfällt. Ein festgelegter Erfüllungszeitpunkt muss daher nicht (nur) die Fälligkeit, sondern den Anfall des Vermächtnisses betreffen. Legt der Erblasser fest, das Vermächtnis solle zu einem bestimmten Termin anfallen und gleichzeitig auch fällig werden, kann eine solche Festlegung aber selbst dann, wenn der Auffangtermin so gewählt ist, dass der Beschwerte den Termin mit an Sicherheit grenzender Wahrscheinlichkeit nicht mehr erleben kann, nicht zu einer Anwendbarkeit von § 42 AO führen.

Dies begründet sich mit der oben[363] dargestellten Rechtsfolge, dass dann, wenn der bestimmungsberechtigte Beschwerte vor Ausübung der Bestimmung stirbt, im Zeitpunkt des Todes die tatbestandlichen Voraussetzungen des § 2151 Abs. 3 S. 2 BGB erfüllt sind und das sogenannte Supervermächtnis den zum bestimmten Personenkreis gehörenden Personen anfällt. Da der Bestimmungsberechtigte auch die Leistungsbestimmung nach § 2156 BGB nicht mehr durchführen kann, muss diese nach billigem Ermessen durch das Gericht erfolgen, wobei das Gericht mangels Möglichkeit der weiteren Zweckerreichung die Leistung nur mit Null festsetzen kann. Da insoweit kein Steuervorteil in Betracht kommt, kann § 42 AO auch keine Anwendung finden.

Etwas anderes ergibt sich auch dann nicht, wenn der Erfüllungstermin, der dann auch als Bestimmungstermin zu verstehen ist, so gewählt wird, dass der Beschwerte ihn mit an Sicherheit grenzender Wahrscheinlichkeit noch erleben kann, der Beschwerte aber vor der Ausübung des Bestimmungsrechtes verstirbt.

Verstirbt der Beschwerte nicht vor der Ausübung und bestimmt er den Vermächtnisnehmer und die Vermächtnisleistung, entsteht hierdurch weder ein vom Gesetz nicht vorgesehener Steuervorteil noch liegt eine unangemessene Gestaltung vor. Vielmehr handelt es sich um eine ausdrücklich vom Gesetzgeber durch die §§ 2151, 2156 BGB vorgesehene Form der letztwilligen Verfügung, die keine unangemessene Gestaltung im Sinne von § 42 Abs. 2 AO

363 Siehe oben Kapitel 6, III.1.a).

sein kann. Dies gilt auch dann, wenn der Erblasser einen Termin bestimmt, bis zu dem die Bestimmung auszuüben ist. Wenn bereits ein Bestimmungsvermächtnis zulässig ist, ohne dass der Erblasser einen Termin für die Zeit der Bestimmung festlegen muss, dann ist erst recht ein Vermächtnis zulässig, mit dem der Erblasser den Bestimmungsberechtigten in der zeitlich Freiheit der Bestimmung einschränkt.

6. Missbrauch durch Ausübung des Bestimmungsrechtes

Im Rahmen der gesamten Diskussion zur Notwendigkeit der Festlegung eines fixen Erfüllungszeitpunktes wird in keiner Weise berücksichtigt, dass die Ausübung des Bestimmungsrechtes durch den Bestimmungsberechtigten nicht zwangsläufig mit der Fälligkeit des Vermächtnisses einhergehen muss.

Schmidt hat bereits in seinem ursprünglichen Formulierungsvorschlag für das später sogenannte Supervermächtnis vorgesehen, dass der Bestimmungsberechtigte die Zeit der Erfüllung nach freiem Belieben gemäß § 2181 BGB festlegen kann.[364]

Durch diese Vermächtnisanordnung wird dem Bestimmungsberechtigten die Möglichkeit eröffnet, entweder einen Zeitpunkt zu bestimmen, den er mit großer Wahrscheinlichkeit oder auch ohne Zweifel nicht erleben wird (a)) oder den er mit großer Wahrscheinlichkeit selbst erleben wird (b)).

a) Fälligkeit (voraussichtlich) nach dem Tod des Beschwerten

Der Bestimmungsberechtigte könnte einen Zeitpunkt für die Fälligkeit des Vermächtnisses bestimmen, der entweder nach dem gewöhnlichen Lauf der Dinge mit großer Wahrscheinlichkeit oder auch ohne Zweifel erst nach dem Tod des Beschwerten liegt. Beispielweise könnte ein achtzigjähriger Beschwerter anordnen, dass das von ihm bestimmte Vermächtnis erst in 20 Jahren oder auch ein Jahr nach seinem eigenen Tod fällig sein soll. Eine vom Ergebnis her gleiche Bestimmung kann auch ein Dritter als Bestimmungsberechtigter vornehmen.

In einem solchen Fall stellt sich nicht die Frage, ob die Vermächtnisanordnung als solche einen Missbrauch von rechtlichen Gestaltungsmöglichkeiten gemäß § 42 AO darstellt, sondern diejenige, ob eine solche Ausübung des Bestimmungsrechtes als Missbrauch steuerlicher Gestaltungsmöglichkeiten anzusehen ist.

---

364 Vgl. oben Kapitel 2, I.

Das wäre der Fall, wenn die Ausübung des Bestimmungsrechtes dergestalt, dass der Beschwerte selbst die Fälligkeit nicht mehr erleben kann oder nach dem gewöhnlichen Lauf der Dinge nicht mehr erleben wird, eine unangemessene rechtliche Gestaltung darstellen würde, die zu einem gesetzlich nicht vorgesehenen Steuervorteil führt.

Eine entsprechende Gestaltung durch den Bestimmungsberechtigten hätte zur Folge, dass der Bestimmungsberechtigte hiermit den Anfall des Vermächtnisses gemäß § 2178 BGB auslösen würde und gleichzeitig eine Betagung bewirken würde, bei der die Fälligkeit auf einen bestimmten Zeitpunkt hinausgeschoben ist. In entsprechender Anwendung der Rechtsauffassung des BFH im Urteil vom 27.08.2003,[365] dass dann, wenn der Fälligkeitszeitpunkt feststeht, die Anwendung von § 12 Abs. 3 BewG nicht scheitert, entstünde die Steuer sodann mit der Ausübung des Bestimmungsrechtes. Gleichzeitig wäre die Vermächtnisleistung mit der Ausübung der Bestimmung gemäß § 10 Abs. 5 Nr. 2 ErbStG als Nachlassverbindlichkeit abzugsfähig.

Der Bestimmungsberechtigte könnte somit durch eine dem Tod des Erstversterbenden zeitnah folgende Ausübung des Bestimmungsrechtes bewirken, dass die von dem sogenannten Supervermächtnis gewollten Ziele eintreten: Zum einen könnte der Bestimmungsberechtigte durch die hinausgeschobene Fälligkeit sich selbst die weitere Verfügungsbefugnis über das beiderseitige Vermögen erhalten, zum anderen würde der gewünschte steuerliche Effekt eintreten, dass die durch die Bestimmung festgelegte Vermächtnisleistung gemäß § 10 Abs. 5 Nr. 2 ErbStG als Nachlassverbindlichkeit abzugsfähig wäre und die steuerlichen Freibeträge des § 16 Abs. 1 ErbStG durch die Vermächtnisnehmer in Anspruch genommen werden könnten und nicht ungenutzt verfallen würden.

In zivilrechtlicher Hinsicht handelt es sich um eine Gestaltungsmöglichkeit, die der Gesetzgeber ausdrücklich gestattet. Wann ein Bestimmungsberechtigter die Bestimmung ausübt, liegt – abgesehen von den Fällen, in denen das Gericht gemäß § 2151 Abs. 3 S. 2 BGB eine Frist zur Ausübung gesetzt hat – in dessen freiem Belieben. Ebenso kann – wie sich aus § 2181 BGB eindeutig ergibt – die Bestimmung der Fälligkeit in das freie Belieben des Bestimmungsberechtigten gestellt werden.

Wie oben[366] festgestellt wurde, findet § 6 Abs. 4 ErbStG auf Vermächtnisse, die zu einem vom Erblasser festgelegten Zeitpunkt fällig werden, keine Anwendung. Da für die Nichtanwendbarkeit von § 6 Abs. 4 ErbStG die festgelegte

365 BFH, Urteil vom 27.08.2003, II R 58/01, BStBl. 2003 II, S. 921, BFHE 203, S. 279.

366 Siehe oben Kapitel 6, I.3.

Fälligkeit und nicht der Umstand, wer die Fälligkeit bestimmt hat, maßgeblich ist, gilt dies auch dann, wenn nicht der Erblasser, sondern der Bestimmungsberechtigte die Fälligkeit festlegt.

Der Bestimmungsberechtigte hat es folglich in der Hand, durch die Ausübung des Bestimmungsrechtes den Anfall des Vermächtnisses zu bewirken und gleichzeitig die Fälligkeit des Vermächtnisses bis nach dem Tod des Letztversterbenden hinauszuschieben, ohne dabei in steuerlicher Hinsicht die Abzugsfähigkeit des Vermächtnisses als Nachlassverbindlichkeit gemäß § 10 Abs. 3 Nr. 2 ErbStG zu beeinträchtigen und aufseiten der Vermächtnisnehmer die Inanspruchnahme der steuerlichen Freibeträge des § 16 Abs. 1 ErbStG für den gemäß § 9 Abs. 1 Nr. 1 ErbStG bei Bestimmungsausübung anfallenden Erwerb zu vereiteln.

Der bestimmungsberechtigte Beschwerte könnte damit – ohne tatsächlich selbst mit dem Vermächtnis wirtschaftlich belastet zu sein – für sich den Steuervorteil der Abzugsfähigkeit des von ihm bestimmten Vermächtnisses in Anspruch nehmen und gleichzeitig den ausgewählten Vermächtnisnehmern die Möglichkeit schaffen, die Steuerfreibeträge des § 16 Abs. 1 ErbStG für den Vermächtnisanfall nach dem Tod des Erstversterbenden zu nutzen. In gleicher Weise könnte ein bestimmungsberechtigter Dritter dem Beschwerten den Steuervorteil der Abzugsfähigkeit des Vermächtnisses ohne tatsächliche wirtschaftliche Belastung verschaffen und ebenfalls den Vermächtnisnehmern die Möglichkeit eröffnen, die Steuerfreibeträge des § 16 Abs. 1 ErbStG nach dem Tod des Erstversterbenden in Anspruch zu nehmen.

Für einen Vermächtnisnehmer wäre eine derartige Gestaltung nach dem ersten Erbfall jedenfalls dann, wenn die Vermächtnisleistung den persönlichen Freibetrag des Vermächtnisnehmers nach § 16 Abs. 1 ErbStG nicht übersteigt, ohne monetäre Auswirkungen, im zweiten Erbfall ergäbe sich aber für einen Vermächtnisnehmer, der gleichzeitig auch Schlusserbe ist, die bereits oben[367] aufgezeigte Problematik, dass die Verbindlichkeit nach dem Todes des Letztversterbenden nicht als Nachlassverbindlichkeit vom Erwerb des Letztversterbenden in Abzug gebracht werden kann. Gemäß § 10 Abs. 5 Nr. 1 ErbStG können vom Erwerb des Erben nur solche Verbindlichkeiten, die gemäß § 1922 Abs. 1 BGB, § 45 Abs. 1 AO auf die Erben übergegangen sind, in Abzug gebracht werden, die den Erblasser im Todeszeitpunkt wirtschaftlich belastet haben.[368]

---

367 Siehe oben KAPITEL 6, III.1.b).

368 Siehe nur: BFH, Urteil vom 27.06.2007, Az.: II R 30/05, BStBl. 2007 II, S. 651, BFHE 217, S. 190; *Meincke/Hannes/Holtz*, § 10, Rn. 40; *Troll/Gebel/Jülicher/Gottschak/Gottschalk*, § 10, Rn. 129.

Zwar wäre das Vermächtnis als Erwerb des Vermächtnisnehmers vom Erstversterbenden zu berücksichtigen, sodass der Vermächtnisnehmer den steuerlichen Freibetrag nach dem Erstversterbenden in Anspruch nehmen könnte, das Vermögen des Letztversterbenden wäre aber nicht um den Vermächtnisbetrag reduziert, womit der Vermächtnisnehmer für den Fall, dass er auch als (teilweiser) Schlusserbe eingesetzt wäre, den Wert des Vermächtnisses im Rahmen steuerlichen Erwerbs nicht in Abzug bringen könnte.

Damit würde für einen Vermächtnisnehmer mit Ausnahme des Umstandes, dass jedenfalls dann, wenn die Vermächtnisleistung den persönlichen Freibetrag des § 16 Abs. 1 ErbStG nicht übersteigt, keine Steuerbelastung einstehen würde, kein Vorteil eintreten. Der Vermächtniszweck – nämlich die Ausschöpfung des steuerlichen Freibetrages im ersten Erbfall – würde zwar erreicht, der Freibetrag wäre aber dennoch „verschenkt", weil die Vermächtnisleistung im zweiten Erbfall nicht als Nachlassverbindlichkeit abgezogen werden könnte und damit steuerlich aufseiten des Vermächtnisnehmers die gleiche steuerliche Auswirkung zu verzeichnen wäre, als hätte es kein Vermächtnis gegeben.

Lediglich aufseiten des Beschwerten würde somit durch die Fallgestaltung der Vorteil eintreten, dass die Vermächtnisleistung als Nachlassverbindlichkeit vom steuerlichen Erwerb in Abzug gebracht werden könnte und damit auf die Vermächtnisleistung keine Erbschaftsteuer anfallen würde.

Dies hält einer Überprüfung nach § 42 Abs. 2 AO nicht stand.

aa) Gesetzlich vorgesehener Steuervorteil

Zunächst ist es bereits zweifelhaft, ob der bei dem Beschwerten eintretende Steuervorteil, dass das Vermächtnis bereits im ersten Erbfall gemäß § 10 Abs. 5 Nr. 2 ErbStG als Nachlassverbindlichkeit in Abzug gebracht werden kann, tatsächlich gesetzlich vorgesehen ist.

Die Annahme, dass eine Abzugsfähigkeit im ersten Erbfall gegeben ist, beruht auf dem Urteil des BFH vom 27.08.2003,[369] mit dem dieser erkannt hat, dass die Erbschaftsteuer für solche Ansprüche, die zu einem bestimmten (feststehenden) Zeitpunkt fällig werden, dem Regelfall des § 9 Abs. 1 Nr. 1 ErbStG unterfällt. Nach Auffassung des BFH erfüllen lediglich diejenigen betagten Ansprüche, bei denen der Zeitpunkt des Eintritts des zur Fälligkeit führenden Ereignisses unbestimmt ist, den Tatbestand des § 9 Abs. 1 Nr. 1 Buchst. a) ErbStG. Es entspricht dem Normzweck des § 9 Abs. 1 Nr. 1 Buchst. a) ErbStG, solche

369 BFH, Urteil vom 27.08.2003, Az.: II R 58/01, BStBl. 2003 II, S. 921, BFHE 203, S. 279.

Ansprüche, bei denen der Zeitpunkt der Fälligkeit unbestimmt ist, mit aufschiebend bedingten und befristeten Ansprüchen gleichzustellen.

Dem Hinausschieben des Zeitpunkts der Steuerentstehung durch § 9 Abs. 1 Nr. 1 Buchst. a) ErbStG liegt die Erwägung zugrunde, dass in den Fällen, in denen der Zeitpunkt der Fälligkeit unbestimmt ist, eine wirtschaftliche Bereicherung um das von Todes wegen Erworbene noch nicht im Zeitpunkt des Todes des Erblassers eintritt.[370]

Das Gesetz sieht somit den oben genannten Steuervorteil nicht vor. Im Gegenteil soll es gerade, wenn die wirtschaftliche Bereicherung um das von Todes wegen Erworbene noch nicht zum Zeitpunkt des Todes des Erstversterbenden zu einer Bereicherung führt, nach dem Willen des Gesetzgebers auch erst dann zu einer Entstehung der Steuer kommen, wenn die wirtschaftliche Bereicherung eintritt.

Die Rechtsprechung des BFH, dass die Erbschaftsteuer für betagte Ansprüche, die zu einem bestimmten (feststehenden) Zeitpunkt fällig werden, dem Regelfall des § 9 Abs. 1 Nr. 1 ErbStG entsprechend bereits im Zeitpunkt des Todes des Erblassers entsteht, ist damit auf den Fall, dass ein Bestimmungsberechtigter durch die Ausübung der Bestimmung den Anfall des Vermächtnisses auslöst und gleichzeitig einen späteren Zeitpunkt der Fälligkeit des Vermächtnisses bestimmt, nicht anwendbar.

Auch dann, wenn der Bestimmungsberechtigte den Zeitpunkt der Fälligkeit des Vermächtnisses abweichend von dem Zeitpunkt der Bestimmung festlegt, entsteht die Steuer gemäß § 9 Abs. 1 Nr. 1 Buchst. a) ErbStG mit der Ausübung der Bestimmung und nicht bereits mit dem Erbfall.

Auch dann tritt aber ein gesetzlich nicht vorgesehener Steuervorteil ein. § 9 Abs. 1 Nr. 1 Buchst a) ErbStG setzt nach dem Normzweck eine wirtschaftliche Bereicherung voraus.[371] Eine solche tritt bei dem Vermächtnisnehmer jedoch nicht ein, wenn die Fälligkeit bis nach dem Tod des Beschwerten hinausgeschoben ist. Die wirtschaftliche Bereicherung tritt in diesem Fall erst mit der Fälligkeit des Vermächtnisses ein und auch nur dann, wenn der Vermächtnisnehmer nicht gleichzeitig Alleinerbe des Beschwerten ist. Ist der Vermächtnisnehmer Alleinerbe, tritt gemäß § 1922 Abs. 1 BGB Konfusion ein, womit eine

370 BFH, Urteil vom 27.08.2003, Az.: II R 58/01, BStBl. 2003 II, S. 921, BFHE 203, S. 279 unter Berufung auf RTDrucks., III. Wahlperiode Nr. 798, S. 15, zur Vorgängervorschrift des § 14 Abs. 1 Nr. 1 Buchst. a ErbStG vom 10. August 1925, RGBl I 1925, 320.

371 BFH, Urteil vom 27.08.2003, Az.: II R 58/01, BStBl. 2003 II, S. 921, BFHE 203, S. 279.

wirtschaftliche Bereicherung des Vermächtnisnehmers nicht mehr stattfinden kann.

bb) Widersinnige und unangemessene Gestaltung

Unbeschadet der zuvor getroffenen Feststellungen erscheint eine solche Gestaltung aber auch widersinnig und damit unangemessen im Sinne von § 42 Abs. 2 AO. Durch das sogenannte Supervermächtnis soll neben dem Erhalt der Verfügungsgewalt über das beiderseitige Vermögen gleichzeitig erreicht werden, dass die steuerlichen Freibeträge des § 16 Abs. 1 ErbStG der Kinder oder Kindeskinder nicht verschenkt werden. Genau das tritt aber ein, wenn die Testierenden ein Berliner Testament errichtet haben, in dem das Kind oder die Kinder als Schlusserben eingesetzt werden, und wenn der Bestimmungsberechtigte nach dem ersten Erbfall bestimmt, dass das Kind oder die Kinder ein Vermächtnis in Höhe ihres persönlichen steuerlichen Freibetrages gemäß § 16 Abs. 1 ErbStG erhalten sollen, die Vermächtnisse aber erst nach dem Tod des Letztversterbenden fällig sein sollen.

Die Gestaltung ist auch nicht mit dem Fall vergleichbar, in dem ein Pflichtteilsberechtigter – der gleichzeitig Schlusserbe ist – nach dem Tod des Pflichtteilsverpflichteten den noch nicht der Verjährung unterliegenden Pflichtteilsanspruch nach dem Erstversterbenden geltend macht. Hierzu hat der BFH mit Urteil vom 19.02.2013[372] entschieden, dass der Pflichtteilsanspruch als Erwerb des Pflichtteilsberechtigten nach dem Tod des Erstverserbenden anzusehen ist und die Pflichtteilsverbindlichkeit auch dann, wenn in zivilrechtlicher Hinsicht Konfusion eingetreten ist, als Nachlassverbindlichkeit im zweiten Erbfall in Abzug gebracht werden kann. Das Erbschaftssteuerrecht folgt hinsichtlich der Konfusion nicht der zivilrechtlichen Beurteilung. Vielmehr gelten infolge des Erbanfalls durch Vereinigung von Recht und Verbindlichkeit oder von Recht und Belastung erloschene Rechtsverhältnisse gemäß § 10 Abs. 3 ErbStG als nicht erloschen. Diese Fiktion umfasst auch das Recht des Pflichtteilsberechtigten, der Alleinerbe des Pflichtteilsverpflichteten ist, die Geltendmachung des Pflichtteils fiktiv nachzuholen.[373]

Anders als in dem Fall, in dem ein Bestimmungsberechtigter den Zeitpunkt der Fälligkeit eines Vermächtnisses so bestimmt, dass ein Vermächtnis des Erstversterbenden erst nach dem Tod des Letztversterbenden fällig werden soll, liegt die Abzugsfähigkeit der Pflichtteilslast hier darin begründet, dass der

372 BFH, Urteil vom 19.02.2019, Az.: II R 47/11, BStBl. II 2013, S. 332, BFHE 240, S. 186.
373 BFH, Urteil vom 19.02.2019, Az.: II R 47/11, BStBl. II 2013, S. 332, BFHE 240, S. 186.

Pflichtteilsberechtigte den noch nicht der Verjährung unterliegenden Pflichtteilsanspruch erst nach dem Tod des Letztversterbenden geltend macht. Die damit auch erst nach dem Tod des Pflichtteilsverpflichteten eintretende Fälligkeit des Pflichtteilsanspruch muss nach zutreffender Auffassung des BFH auch dann noch als Nachlassverbindlichkeit abzugsfähig sein, weil der Pflichtteilsberechtigte andernfalls auch in solchen Fällen, in denen er keine Gelegenheit hatte, den Pflichtteil geltend zu machen, durch die eingetretene Konfusion unbegründet benachteiligt wäre. Das wäre z. B. dann der Fall, wenn der Pflichtteilsverpflichtete kurze Zeit nach dem Erstversterbenden ebenfalls verstirbt, ohne dass der Pflichtteilsberechtigte faktisch überhaupt die Möglichkeit hatte, den Pflichtteil geltend zu machen.

cc) Fazit

Eine Bestimmung durch den Bestimmungsberechtigten, dass die Fälligkeit des Vermächtnisses erst nach dem Tod des Beschwerten eintreten soll, verstößt damit gegen § 42 Abs. 2 AO.

b) Fälligkeit (voraussichtlich) zu Lebzeiten des Beschwerten

Bestimmt der Bestimmungsberechtigte eine spätere Fälligkeit, die nicht bewusst so gewählt wird, dass sie in jedem Fall nach dem Tod des Beschwerten eintritt, ist keine widersinnige Regelung erkennbar. Tritt die Fälligkeit zu Lebzeiten des Beschwerten ein, hat das zur Folge, dass zunächst bei dem Längerlebenden gemäß § 9 Abs. 1 Nr. 1 ErbStG die volle Steuerlast entsteht und mit Ausübung des Bestimmungsrechtes die steuerliche Entlastung des Längerlebenden gemäß § 10 Abs. 5 Nr. 2 ErbStG geltend gemacht werden kann.[374]

Aus Sicht des Vermächtnisnehmers handelt es sich um einen steuerpflichtigen Erwerb, der gemäß § 9 Abs. 1 Nr. 1 Buchst. a) ErbStG mit dem Zeitpunkt des Ereignisses, d. h. mit Ausübung der Bestimmung, zur Entstehung der Steuer führt. Der Erwerb ist hier allein steuerpflichtig im Verhältnis zum Erblasser. Beim Beschwerten, der das Vermächtnis zu erfüllen hat, kommt es zu einer Korrektur der ursprünglichen Veranlagung, wobei ihm die zu hoch entrichtete Steuer voll erstattet wird.[375]

---

374 *Von Oertzen/Lindermann*, ZEV 2020, S. 144 (147, 148); *Wachter*, ErbR 2019, S. 621 (622, 623).

375 Vgl. oben Kapitel 6, III.1.a).

Die hinausgeschobene Fälligkeit des Vermächtnisanspruches führt dazu, dass die Vermächtnisforderung gemäß § 12 Abs. 1 ErbStG i. V. m. § 12 Abs. 3 BewG abzuzinsen ist.[376]

Verstirbt nun der Beschwerte unerwartet vor Eintritt der Fälligkeit, sind die steuerlichen Folgen identisch. Die Vermächtnisverbindlichkeit, die gemäß § 1922 Abs. 1 BGB, § 45 Abs. 1 AO auf die Erben übergegangen ist, kann von den Erben gemäß § 10 Abs. 5 Nr. 1 ErbStG als Nachlassverbindlichkeit in Abzug gebracht werden, auch wenn die Verbindlichkeit den Erblasser faktisch nicht belastet hat. Nach der Rechtsprechung des BFH stellt diese Nachlassverbindlichkeit aber eine wirtschaftliche Belastung im steuerlichen Sinne dar, da der Erblasser als Schuldner davon ausgehen konnte, die Verpflichtung unter normalen Umständen erfüllen zu können.[377]

Eine Anwendbarkeit von § 42 AO ist in diesem Fall nicht gegeben. Ein gesetzlich nicht vorgesehener Steuervorteil tritt nicht ein.

7. Zusammenfassung

Weder die Gestaltung des sogenannten Supervermächtnisses in der ursprünglich von *Schmidt* vorgeschlagenen Form noch diejenige mit Festlegung eines Auffangtermines für die Erfüllung des Vermächtnisses stellen somit einen steuerlichen Gestaltungsmissbrauch gemäß § 42 AO dar.

Die Ausübung des Bestimmungsrechtes durch den Beschwerten oder auch einen Dritten bedeutet dann einen steuerlichen Gestaltungsmissbrauch gemäß § 42 AO, wenn der Bestimmungsberechtigte den Zeitpunkt der Fälligkeit des sogenannten Supervermächtnisses so wählt, dass die Fälligkeit definitiv oder nach dem gewöhnlichen Lauf der Dinge voraussichtlich nach dem Tod des Beschwerten eintritt.

Im Anschluss an die im Zusammenhang mit der Abgabenordung zu dem sogenannten Supervermächtnis getroffenen Feststellungen werden in dem nachfolgenden Kapitel 8 abschließend noch ertragssteuerliche Konsequenzen des sogenannten Supervermächtnisses betrachtet.

---

376 Vgl. oben Kapitel 6, III.2.

377 Vgl. nur BFH, Urteil vom 27.06.2007, Az.: II R 30/05, BStBl. 2007 II, S. 651, BFHE 217, S. 190.

Kapitel 8 Ertragsteuerliche Konsequenzen des Supervermächtnisses

I. Folgen angeordneter Verzinsung

Ertragsteuerliche Auswirkungen des sogenannten Supervermächtnisses ergeben sich nicht, wenn das Vermächtnis mit Ausübung des Bestimmungsrechtes gemäß § 2178 BGB anfällt und mangels abweichender Bestimmung auch gleichzeitig fällig ist.

Bei aufgeschobener Fälligkeit führt eine testamentarisch angeordnete Verzinsung nach Auffassung des BFH bei dem Vermächtnisnehmer zu einer Steuerpflicht nach § 20 Abs. 1 Nr. 7 EstG. Gemäß § 20 Abs. 1 Nr. 7 EstG gehören zu den Einkünften aus Kapitalvermögen Erträge aus sonstigen Kapitalforderungen jeder Art, wenn die Rückzahlung des Kapitalvermögens oder ein Entgelt für die Überlassung des Kapitalvermögens zugesagt oder gewährt worden ist. Dies gilt unabhängig von der zivilrechtlichen Ausgestaltung der Kapitalanlage. Der Rechtsgrund der Kapitalüberlassung ist dabei ebenso ohne Bedeutung wie der Umstand, ob die zugrunde liegende Kapitalforderung selbst steuerbar ist. Auch eine nicht freiwillige, sondern erzwungene Kapitalüberlassung kann zu Einnahmen aus Kapitalvermögen führen.[378]

Ein Vermächtnisanspruch gehört nach zutreffender Auffassung des BFH[379] zu den sonstigen Kapitalforderungen im Sinne des § 20 Abs. 1 Nr. 7 EstG, soweit er auf eine Geldleistung gerichtet ist. Legt der Erblasser zugleich bei der Zuwendung eines Vermächtnisbetrages eine Verzinsung für die Zeit bis zur Fälligkeit fest, sind diese Zinsen bei Zufluss als Einkünfte aus Kapitalvermögen steuerpflichtig.[380]

Es ist grundsätzlich denkbar, dass ein Erblasser ein sogenanntes Supervermächtnis anordnet, dessen Fälligkeit in das freie Ermessen des Bestimmungsberechtigten gestellt wird, seitens des Erblassers aber für den Fall der aufgeschobenen Fälligkeit eine Verzinsung angeordnet wird. Die anfallenden Zinsen sind dann bei Zufluss als Einkünfte aus Kapitalvermögen steuerpflichtig.

---

378 BFH, Urteil vom 13.11.2007, Az.: VIII R 36/05, BStBl. II 2008, S. 292; BFH, Urteil vom 20.10.2015, Az.: VIII R 40/13, BStBl. II 2016, S. 342, BFHE 252, S. 260.

379 BFH, Urteil vom 20.10.2015, Az.: VIII R 40/13, BStBl. II 2016, S. 342, BFHE 252, S. 260.

380 BFH, Urteil vom 20.10.2015, Az.: VIII R 40/13, BStBl. II 2016, S. 342, BFHE 252, S. 260, *Ebeling*, NJW 1998, S. 358; *Kesseler/Thouet*, NJW 2008, S. 125 (127).

II. Folgen nicht angeordneter Verzinsung

Die steuerrechtlichen Folgen einer nicht angeordneten Verzinsung des Vermächtnisses bis zum Zeitpunkt der Fälligkeit waren ursprünglich umstritten. *J. Mayer* hat bereits im Jahr 1998 auf die ständige Rechtsprechung des BFH zur einkommensteuerlichen Behandlung unverzinslicher Kapitalforderungen mit einer Laufzeit von mehr als einem Jahr hingewiesen und vor einer möglichen Aufteilung des aufgeschobenen Vermächtnisanspruches in einen Kapital- und einen Zinsanteil gewarnt.[381] Nach Auffassung des BFH stelle die Gestattung einer langfristigen Ratenzahlung eine Kreditgewährung durch den Gläubiger dar. Daher sei der zur Auszahlung gelangende Betrag in einen ertragsteuerrechtlich unbeachtlichen Kapitalwert und in ein Entgelt für die Nutzung für die Überlassung der Kapitalnutzung aufzuteilen. Der auf die Kapitalnutzung entfallende Teil (Zinsanteil) zähle zu den Einkünften aus Kapitalvermögen im Sinne von § 20 Abs. 1 Nr. 7 EstG und sei im Jahr des Zuflusses zu versteuern.

Evers hält diese Warnung von *J. Mayer* für zweifelhaft, da fraglich sei, ob das bloße Noch-nicht-Herausgebenmüssen des Vermächtnisses durch den Erben einer Kreditgewährung durch den Vermächtnisnehmer als „Gläubiger“ tatsächlich gleichzustellen sei. Wenn überhaupt, dann habe hier der Erblasser einen Kredit gewährt, dieser dürfe aber schwerlich als Gläubiger im Sinne der BFH-Rechtsprechung anzusehen sein, dies abgesehen davon, dass der Vermächtnisnehmer auf die Stundung überhaupt keinen Einfluss habe.[382]

Mittlerweile hat der BFH die Frage geklärt und die von *J. Mayer* erhobenen Bedenken bestätigt.[383] Nach Auffassung des BFH stellt es eine – gegebenenfalls unfreiwillige – Kreditgewährung an den Erben dar, wenn die Fälligkeit eines von Todes wegen erworbenen Anspruches einvernehmlich oder durch Anordnung des Erblassers mehr als ein Jahr ab seiner Entstehung hinausgeschoben wird. Der ausbezahlte Betrag enthält neben dem ertragsteuerlich

---

381 *J. Mayer*, ZEV 1998, S. 50 (55) unter Hinweis auf BFH, Urteil vom 14.02.1984, Az.: VIII R 41/82, BStBl. II, S. 550, BFHE 141, S. 121; BFH Urteil vom 19.05.1992, Az.: VIII R 37/90, BFH/NV 1993, S. 87 und BFH, Urteil vom 26.06.1996, Az.: VIII R 67/95, BFH/NV 1997, S. 175.

382 *Evers*, Zerb 2004, S. 373 (376).

383 BFH, Urteil vom 20.10.2015, Az.: VIII R 40/13, BStBl. II 2016, S. 342, BFHE 252, S. 260.

unbeachtlichen Kapitalwert auch dann ein Entgelt für die Überlassung von Kapital zur Nutzung, wenn das Entgelt nicht gesondert vereinbart wird.[384]

Für das sogenannte Supervermächtnis ergeben sich damit erst dann ertragsteuerliche Auswirkungen, wenn entweder der Erblasser eine von dem Anfall des Vermächtnisses abweichende Fälligkeit festgelegt hat, ohne gleichzeitig auch eine Verzinsung zu bestimmen, oder der Bestimmungsberechtigte, der die Fälligkeit kraft Anordnung des Erblassers nach freiem Belieben bestimmen kann, eine spätere Fälligkeit festlegt. In diesen Fällen wäre die unverzinsliche Vermächtnisforderung in einen Zins- und einen Kapitalanteil aufzuteilen. Der in dem Gesamtbetrag enthaltene Zinsanteil wäre nach § 12 Abs. 3 des Bewertungsgesetzes zu ermitteln.[385] Angesichts des gesetzlich angeordneten Zinssatzes von 5,5 % für die Abzinsung würde sich bei einem sogenannten Supervermächtnis zugunsten eines Abkömmlings in Höhe des Freibetrages gemäß § 16 Abs. 1 ErbStG von 400.000 € und einer um fünf Jahre aufgeschobenen Fälligkeit ein Kapitalanteil in Höhe von rund 306.000 € und ein Zinsanteil in Höhe von rund 94.000 € ergeben.

Für den Vermächtnisnehmer würde damit im Jahr des Zuflusses des Zinsanteiles eine nicht nur unerhebliche ertragsteuerliche Belastung entstehen.

---

384 BFH, Urteil vom 20.10.2015, Az.: VIII R 40/13, BStBl. II 2016, S. 342, BFHE 252, S. 260.

385 BFH, Urteil vom 20.10.2015, Az.: VIII R 40/13, BStBl. II 2016, S. 342, BFHE 252, S. 260.

Zusammenfassung

1. Das als Supervermächtnis bezeichnete kombinierte Bestimmungs- und Zweckvermächtnis ist grundsätzlich zulässig.
2. Voraussetzung für ein wirksames kombinierte Bestimmungs- und Zweckvermächtnis im Sinne der §§ 2151 BGB ist, dass der Erblasser den Personenkreis, aus dem der oder die Vermächtnisnehmer ausgewählt werden sollen, hinreichend genau bestimmt hat und der Vermächtniszweck eine Bestimmung der Leistung nach billigem Ermessen ermöglicht.
3. Als Bestimmungsberechtigter im Sinne des § 2151 Abs. 1 BGB und auch im Sinne des § 2156 BGB eignen sich grundsätzlich der Beschwerte, der Bedachte und ein Dritter.
4. Das sogenannte Supervermächtnis fällt dem Vermächtnisnehmer gemäß § 2178 BGB mit der Ausübung der Bestimmung an.
5. Das Bestimmungsrecht ist weder übertragbar noch vererblich. Es kann nur durch den vom Erblasser benannten Bestimmungsberechtigten oder vom Erblasser benannten Ersatzbestimmungsberechtigten ausgeübt werden. Kann der Bestimmungsberechtigte das Bestimmungsrecht nicht mehr ausüben, erlischt es.
6. Kann der Bestimmungsberechtigte das Bestimmungsrecht nicht ausüben, werden die zu dem vom Erblasser bestimmten Personenkreis gehörenden Personen Gesamtgläubiger. Das sogenannte Supervermächtnis fällt in diesem Fall gemäß § 2178 BGB mit dem Ereignis an, das dazu führt, dass der Bestimmungsberechtigte das Bestimmungsrecht nicht ausüben kann, d. h. mit dem Tod des Bestimmungsberechtigten oder auch zu dessen Lebzeiten aus Gründen, die die Ausübung des Bestimmungsrechtes unmöglich machen, beispielsweise mit dem Eintritt der dauerhaften Geschäftsunfähigkeit.
7. Das sogenannte Supervermächtnis scheitert, wenn der Beschwerte als Bestimmungsberechtigter benannt wird, ohne dass gleichzeitig ein Ersatzbestimmungsberechtigter benannt wird, und der Beschwerte vor der Ausübung des Bestimmungsrechtes verstirbt. In diesem Fall werden die durch den Erblasser in den Personenkreis berufenen Personen Gesamtgläubiger einer Vermächtnisleistung, die gemäß §§ 2156 i. V. m. § 315 Abs. 3 S. 2 Halbs. 2 BGB analog durch das Gericht zu bestimmen ist. Da das Gericht die Leistung nach billigem Ermessen zu bestimmen hat und die Zwecke des sogenannten Supervermächtnisses nicht mehr erreicht werden können, kann das Gericht die Leistung nur mit Null bestimmen.

8. Zulässige Zwecke des sogenannten Supervermächtnisses sind die *Abfindung für den Ausschluss von der gesetzlichen Erbfolge*, die *Ausschöpfung erbschaftsteuerlicher Freibeträge auf den Tod des Erstversterbenden* sowie die *Abmilderung der Steuerprogression bezogen auf den Tod des Erstversterbenden*. Die *Ausschöpfung erbschaftsteuerlicher Freibeträge beider Erbfälle*, eine *möglichst gerechte und wirtschaftlich sinnvolle Vermögensverteilung*, eine *streitvermeidende Vermögensverteilung*, eine *Steueroptimierung unter Berücksichtigung aller Begünstigten* sowie *eine Abmilderung der Steuerprogression bezogen auf beide Erbfälle* sind keine zulässigen Zwecke des sogenannten Supervermächtnisses.
9. Die Erbschaftsteuer für das sogenannte Supervermächtnis entsteht gemäß § 9 Abs. 1 Nr. 1 Buchst. a) ErbStG mit der Ausübung des Bestimmungsrechtes durch den Bestimmungsberechtigten und dem hieraus resultierenden Anfall des sogenannten Supervermächtnisses. Übt der Bestimmungsberechtigte das Bestimmungsrecht zu Lebzeiten des Längerlebenden aus, kann das Vermächtnis zum Zeitpunkt der Ausübung des Bestimmungsrechtes gemäß § 10 Abs. 5 Nr. 2 ErbStG als Verbindlichkeit von dem steuerpflichtigen Erwerb in Abzug gebracht werden.
10. Übt ein Dritter als Bestimmungsberechtigter das Bestimmungsrecht erst nach dem Tod des Letztversterbenden aus, ist das Vermächtnis im Verhältnis zwischen dem Vermächtnisnehmer und dem Erstversterbenden als Erwerb vom Erstversterbenden zu versteuern. Mangels wirtschaftlicher Belastung des Erstversterbenden kann es jedoch weder bei dem ersten Erbfall von dem Beschwerten als Verbindlichkeit aus Vermächtnissen gemäß § 10 Abs. 5 Nr. 2 ErbStG noch bei dem zweiten Erbfall gemäß § 10 Abs. 5 Nr. 1 ErbStG als Verbindlichkeit des Erblassers in Abzug gebracht werden.
11. Eine Anwendbarkeit von § 6 Abs. 4 ErbStG kommt für das sogenannte Supervermächtnis nur in Betracht, wenn der Beschwerte auch der Bestimmungsberechtigte ist und dieser die Bestimmung nicht mehr ausführen kann, weil er nachverstirbt.
12. Die Anordnung eines festen Erfüllungszeitpunktes für ein sogenanntes Supervermächtnis ist zur Vermeidung der Anwendbarkeit von § 6 Abs. 4 ErbStG nicht erforderlich, da § 9 Abs. 1 Nr. 1 Buchst. A) ErbStG für betagte Ansprüche, die zu einem bestimmten Zeitpunkt fällig werden, keine Anwendung findet.
13. Eine lediglich formale Unwirksamkeit eines sogenannten Supervermächtnisses beeinträchtigt dessen steuerliche Anerkennung gemäß § 41 Abs. 1 AO nicht. Tritt eine materiellrechtliche Unwirksamkeit hinzu oder ist ein formell wirksames Supervermächtnis materiellrechtlich unwirksam,

findet § 41 Abs. 1 AO dann keine Anwendung, wenn nicht feststellbar ist, dass die Vermächtnisleistung dem Willen des Erblassers entspricht. Die Vermächtnisleistung ist dann steuerlich als freiwillige Zuwendung des Beschwerten an den Begünstigten zu betrachten und unterliegt in diesem Verhältnis einer eventuellen Besteuerung.

14. Die Gestaltung des sogenannten Supervermächtnisses mit offenem Erfüllungszeitpunkt und auch mit einem festgelegten Zeitpunkt für die Erfüllung stellt keinen steuerlichen Gestaltungsmissbrauch gemäß § 42 AO dar. Die Anordnung eines festen Erfüllungstermins führt auch dann nicht zu einer Anwendbarkeit von § 42 AO, wenn der Erfüllungszeitpunkt so gewählt wird, dass der Beschwerte ihn nach dem gewöhnlichen Lauf der Dinge nicht mehr erleben kann oder der Erfüllungszeitpunkt für eine Zeit nach dem Tod angeordnet wird, da hierdurch kein Steuervorteil eintritt.
15. Die Ausübung des Bestimmungsrechtes durch den Bestimmungsberechtigten in der Weise, dass der Beschwerte den Erfüllungszeitraum nicht mehr erlebt oder nach dem gewöhnlichen Lauf der Dinge voraussichtlich nicht erleben wird, stellt einen Missbrauch von rechtlichen Gestaltungsmöglichkeiten gemäß § 42 AO dar.
16. Für das sogenannte Supervermächtnis ergeben sich ertragsteuerliche Auswirkungen, wenn entweder der Erblasser eine von dem Anfall des Vermächtnisses abweichende Fälligkeit festgelegt hat, ohne gleichzeitig auch eine Verzinsung zu bestimmen, oder der Bestimmungsberechtigte, der die Fälligkeit kraft Anordnung des Erblassers nach freiem Belieben bestimmen kann, eine spätere Fälligkeit festlegt. In diesen Fällen wäre die unverzinsliche Vermächtnisforderung in einen Zins- und einen Kapitalanteil aufzuteilen.

Alternativen zum sogenannten Supervermächtnis

Die vorgenommene Untersuchung hat gezeigt, dass das sogenannte Supervermächtnis in den verschiedenen Varianten zahlreiche zivilrechtlich und steuerrechtliche Probleme mit sich bringt.

Das sogenannte Supervermächtnis ist grundsätzlich dann geeignet, die angestrebten Zwecke zu erfüllen, wenn einer der Ehegatten oder eingetragenen Lebenspartner früh verstirbt, insbesondere dann, wenn die Kinder noch minderjährig sind. In diesen Fällen bietet das sogenannte Supervermächtnis dem Längerlebenden ein geeignetes Mittel, möglichst lange über das beiderseitige Vermögen verfügen und dennoch durch spätere Ausübung des Bestimmungsrechtes der Nachfolgegeneration steuerfrei Nachlassvermögen übertragen zu können sowie gegebenenfalls gezahlte Erbschaftsteuer jedenfalls teilweise erstattet zu erhalten.

Das sogenannte Supervermächtnis ist aber nur bedingt geeignet, die angestrebten Zwecke zu erfüllen, wenn beide Ehegatten oder eingetragene Lebenspartner gemeinsam alt werden und der erste Erbfall bei oder kurz vor Erreichen des durchschnittlichen statistischen Lebensaltes eintritt. Ist der Beschwerte auch der Bestimmungsberechtigte, was die Formulierungsvorschläge in der Literatur regelmäßig so vorsehen, stellt sich die Frage, ob der länger lebende Ehegatte altersbedingt überhaupt noch in der Lage ist, das Bestimmungsrecht auszuüben und wenn ja, ob es nicht sehr zeitnah ausgeübt werden muss, um den negativen Folgen des eigenen Todes oder der krankheitsbedingten Unmöglichkeit der Ausübung des Bestimmungsrechtes vorbeugen zu können. Die Intention, noch möglichst lange über das beiderseitige Vermögen verfügen zu können, wird somit durch die Notwendigkeit der möglichst zeitnahen Ausübung der Bestimmung konterkariert.

Mit zunehmendem Alter der Ehegatten bzw. Eingetragenen Lebenspartner steigt zusätzlich die Wahrscheinlichkeit, dass der Längerlebende bereits zum Zeitpunkt des ersten Erbfalls krankheitsbedingt geschäftsunfähig ist, womit das Bestimmungsrecht nicht mehr ausgeübt werden kann. Das sogenannte Supervermächtnis fällt zwar in diesem Fall bereits mit dem Tod des Erstversterbenden an, die Leistungsbestimmung kann aber nur noch durch das Gericht erfolgen.

Der aufgezeigten Problematik wird man im Rahmen der Anordnung eines sogenannten Supervermächtnisses nur damit begegnen können, dass entweder Testamentsvollstreckung angeordnet oder einer der Bedachten oder auch ein fremder Dritter zum Bestimmungsberechtigten bestimmt wird.

Selbst dann besteht aber immer noch die Gefahr, dass der Längerlebende vor Ausübung der Bestimmung nachverstirbt und das sogenannte Supervermächtnis weder im ersten Erbfall gemäß § 10 Abs. 5 Nr. 2 ErbStG als Nachlassverbindlichkeit abzugsfähig ist noch im zweiten Erbfall gemäß § 10 Abs. 5 Nr. 1 ErbStG als Verbindlichkeit des Erblassers berücksichtigt werden kann, womit das sogenannte Supervermächtnis dann insgesamt scheitert.

Unabhängig davon eignet sich das sogenannte Supervermächtnis ohnehin nur für intakte Familienstrukturen. Innerhalb von problembehafteten Familienstrukturen steht einerseits zu besorgen, dass der Beschwerte als Bestimmungsberechtigter möglicherweise die Bestimmung zugunsten einzelner Personen oder auch zugunsten aller Personen des bestimmten Personenkreises nicht ausüben möchte und daher auch nicht ausübt, andererseits besteht für die potenziell Bedachten die Möglichkeit, das Vorhaben der längst möglichen Verfügungsgewalt durch den Längerlebenden durch Stellung eines Antrages nach § 2151 Abs. 3 S. 2 BGB zu durchkreuzen und zu versuchen, die zeitnahe Ausübung des Bestimmungsrechtes zu erzwingen.

Vor diesem Hintergrund stellt sich die Frage, ob die Idee des sogenannten Supervermächtnisses, einerseits dem Längerlebenden die längst mögliche Verfügungsgewalt über das beiderseitige Vermögen zu erhalten und gleichzeitig die steuerlichen Freibeträge des § 16 Abs. 1 ErbStG nicht ungenutzt zu lassen, auch durch andere letztwillige Verfügungen und postmortale Gestaltungen mit ähnlichen zivilrechtlichen und steuerrechtlichen Auswirkungen erreicht werden kann.

Hierzu kommt zum einen ein betragsmäßig festgelegtes Vermächtnis bis zu Höhe des persönlichen Erbschaftsteuerfreibetrages des jeweiligen Vermächtnisnehmers nach § 16 Abs. 1 ErbStG in Betracht (I.), zum anderen können die Ziele des sogenannten Supervermächtnisses auch durch einvernehmliche Auszahlung des Pflichtteils zu Lebzeiten des Längerlebenden oder auch durch Geltendmachung des Pflichtteilsanspruches auf den Tod des Erstversterbenden nach dem Tod des Letztversterbenden erreicht werden (II).

I. Betragsmäßig festgelegtes Vermächtnis

Zur Vermeidung der zahlreichen Probleme, die im Zusammenhang mit der Ausübung des Bestimmungsrechtes im Rahmen des § 2151 BGB und auch der Leistungsbestimmung im Rahmen des § 2156 BGB auftreten können, bietet es sich an, dass der Erblasser ein betragsmäßig festgelegtes Vermächtnis anordnet, dessen Fälligkeit hinausgeschoben wird. Das betragsmäßig festgelegte Vermächtnis kann an die Höhe des gesetzlichen Erbteils angelehnt und durch die Höhe des persönlichen Freibetrages nach § 16 Abs. 1 ErbStG nach oben begrenzt werden. Zusätzlich kann die Fälligkeit des Vermächtnisses abweichend vom Zeitpunkt des Anfalls geregelt werden. Hierbei darf die Fälligkeit aber nicht auf den Tod des Längerlebenden festgelegt werden, da andernfalls die steuerliche Folge des § 6 Abs. 4 ErbStG greift. Der Fälligkeitszeitpunkt muss hierbei unabhängig vom Todeszeitpunkt des Letztversterbenden positiv angeordnet werden, ohne dass diese Anordnung als Umgehung im Sinne von § 42 AO zu werten ist.[386] Dies könnte beispielsweise dadurch erreicht werden, dass die Fälligkeit an die zum Zeitpunkt des ersten Erbfalls noch bestehende durchschnittliche Lebenserwartung des Längerlebenden gekoppelt wird und beispielsweise bestimmt wird, dass das Vermächtnis spätestens zwei Jahre vor dem Erreichen der zum Zeitpunkt des Todes des Erstversterbenden bestehenden durchschnittlichen Lebenserwartung des Längerlebenden gemäß Sterbetafel des Statistischen Bundesamtes fällig wird.

Aufgrund der Feststellungen in Kapitel 8 ist bei einer derartigen Gestaltung zur Vermeidung der aufgezeigten Abzinsungsproblematik eine Verzinsung des Vermächtnisses anzuordnen. Gleichzeitig kann angeordnet werden, dass es dem Längerlebenden jederzeit möglich sein soll, dass Vermächtnis auch vor Fälligkeit auszuzahlen.

Eine derartige Gestaltung bietet gegenüber dem sogenannten Supervermächtnis zahlreiche Vorteile: Die Erbschaftsteuer entsteht dem Regelfall des § 9 Abs. 1 Nr. 1 ErbStG entsprechend bereits im Zeitpunkt des Todes der Erblassers.[387] Der Längerlebende kann das Vermächtnis gemäß § 10 Abs. 5 Nr. 2 ErbStG als Verbindlichkeit von dem steuerpflichtigen Erwerb in Abzug bringen. Der Vermächtnisnehmer kann seinen persönlichen Steuerfreibetrag nach § 16 Abs. 1 ErbStG in Anspruch nehmen. Da keine Bestimmung des Vermächtnisnehmers und des Vermächtnisanspruches mehr notwendig ist, spielt es auch keine Rolle, wenn der Beschwerde zum Zeitpunkt des ersten Erbfalles bereits geschäftsunfähig sein sollte.

Nachteilig ist für den Beschwerten neben der notwendigen Verzinsung lediglich, dass der Fälligkeitszeitpunkt feststeht und dieser durch ihn nicht weiter hinausgeschoben werden kann sowie der Beschwerte – sofern er auch der Bestimmungsberechtigte im Rahmen des sogenannten Supervermächtnisses hätte sein sollen – nicht mehr einzelne Personen aus dem Kreis der potenziellen

---

386 *Beckervordersandfort/Bock*, ZErb 2020, S. 117 (118).
387 BFH, Urteil vom 27.08.2003, Az.: II R 58/01, BStBl. 2003 II. S. 921, BFHE 203, S. 279.

Bedachten nicht auswählen und hierdurch von dem sogenannten Supervermächtnis ausschließen könnte.

II. Einvernehmliche oder postmortale Geltendmachung des Pflichtteils

Den im Zusammenhang mit dem sogenannten Supervermächtnis aufgezeigten Problemen kann jedenfalls innerhalb von intakten Familien damit begegnet werden, dass im Rahmen der Errichtung der letztwilligen Verfügung auf die gängigen Pflichtteilsstrafklauseln verzichtet wird, nach denen derjenige Abkömmling, der nach dem Tod des Erstversterbenden seinen Pflichtteil geltend macht, von der Erbfolge nach dem Tod des Letztversterbenden ausgeschlossen wird.[388]

Durch den Verzicht auf eine übliche Pflichtteilsstrafklausel bleibt zum einen eine einvernehmliche Regelung der Pflichtteilsansprüche zwischen dem Längerlebenden und den Kindern bzw. Kindeskindern nach dem Tod des Erstversterbenden möglich. Zum anderen kann der Pflichtteilsberechtigte auch dann, wenn der zweite Erbfall eintritt, bevor eine einvernehmliche Regelung von Pflichtteilsansprüchen erfolgt ist oder überhaupt erfolgen konnte, Pflichtteilsansprüche nach dem Tod des Erstversterbenden noch geltend machen.

Für Berliner Testamente wird vielfach zur Abwehr von Pflichtteilsansprüchen nach dem Tod des Erstversterbenden vorgeschlagen, zu bestimmen, dass die den Pflichtteil verlangenden Schlusserben auf den Tod des Letztversterbenden enterbt werden.[389] Dies führt dazu, dass diejenigen Pflichtteilsberechtigten selbst dann für den zweiten Erbfall enterbt sind, wenn das Pflichtteilsverlangen im Einvernehmen mit dem Längerlebenden erfolgt.[390] Dies gilt jedenfalls dann, wenn sich der Pflichtteilsstrafklausel keine Anhaltspunkte entnehmen lassen, dass diese, sofern der Pflichtteil im Einvernehmen mit dem Längerlebenden verlangt wird, nicht eingreift.[391] Damit verhindern Pflichtteilsstrafklauseln im Zweifel, dass nach dem Tod des Erstversterbenden zum Zwecke der Ausnutzung erbschaftsteuerlicher Freibeträge im Einvernehmen mit dem Längerlebenden Pflichtteilsansprüche reguliert werden können, ohne die Schlusserbenstellung

---

388 Vgl. z. B. *Nieder/Kössinger/R. Kössinger*, § 14, Rn. 79.

389 Vgl. z. B. *Nieder/Kössinger/R. Kössinger*, § 14, Rn. 77.

390 OLG Frankfurt a. M., Beschluss vom 02.08.2010, Az.: 20 W 49/09, DNotZ 2011, S. 552 (554); OLG Hamm, Beschluss vom 27.01.2021, Az.: 10 W 71/20, ZEV 2021, S. 570 (573).

391 OLG Hamm, Beschluss vom 27.01.2021, Az.: 10 W 71/20, ZEV 2021, S. 570 (573).

des Pflichtteilsberechtigten zu beeinträchtigen. Gleichfalls wird verhindert, dass der Pflichtteilsberechtigte Pflichtteilsansprüche nach dem Tod des Erstversterbenden auch dann noch geltend machen kann, wenn der zweite Erbfall bereits eingetreten ist.

Die einvernehmliche Regelung der Pflichtteilsansprüche und auch die Geltendmachung von Pflichtteilsansprüchen nach dem Tod des Erstversterbenden zu einem Zeitpunkt, zu dem der zweite Erbfall bereits eingetreten ist, bietet aus folgenden Gründen eine geeignete und in bestimmten Fällen auch weitaus zielführendere Alternative zu dem sogenannten Supervermächtnis:

Zunächst ist die einvernehmliche Regelung der Pflichtteilsansprüche auch dann noch möglich, wenn der Längerlebende nicht mehr geschäftsfähig ist. Während die Ausübung des Bestimmungsrechtes im Falle der Geschäftsunfähigkeit des Beschwerten als Bestimmungsberechtigten nicht mehr möglich ist, da der Bestimmungsberechtigte die Bestimmung nur höchstpersönlich durchführen kann, kann die Regelung der Pflichtteilsansprüche auch mit einem Bevollmächtigten oder gesetzlichen Betreuer des Beschwerten erfolgen.

Zusätzlich ist die Geltendmachung eines noch nicht verjährten Pflichtteilsanspruches nach dem Tod des Erstversterbenden auch dann noch steuermindernd möglich, wenn bereits der zweite Erbfall eingetreten ist. Der Pflichtteilsanspruch ist in steuerlicher Hinsicht als Erwerb des Pflichtteilsberechtigten nach dem Tod des Erstverserbenden anzusehen und die Pflichtteilsverbindlichkeit kann auch dann, wenn in zivilrechtlicher Hinsicht Konfusion eingetreten ist, als Nachlassverbindlichkeit im zweiten Erbfall in Abzug gebracht werden kann.[392] Der mit dem sogenannten Supervermächtnis beabsichtigte, aber nach Eintritt des zweiten Erbfalls nicht mehr realisierbare Effekt, dass die Vermächtnisleistung als Erwerb des Vermächtnisnehmers nach dem Tod des Erstversterbenden anzusehen ist und dadurch der persönliche steuerliche Freibetrag nach § 16 Abs. 1 ErbStG ausgeschöpft werden kann, lässt sich somit mit einer Geltendmachung von Pflichtteilsansprüchen auch nach dem Tod des Letztversterbenden noch realisieren.

Ist der Pflichtteilsanspruch hingegen zum Zeitpunkt des Todes des Letztversterbenden verjährt, ist zu differenzieren, ob der Pflichtteilsberechtigte gleichzeitig der Alleinerbe des Pflichtteilsverpflichteten oder ob ein Dritter oder eine Erbengemeinschaft Gläubiger des Pflichtteilsanspruches ist.

---

392 BFH, Urteil vom 19.02.2019, Az.: II R 47/11, BStBl. II 2013, S. 332, BFHE 240, S. 186; vgl. oben Kapitel 6, II. 6.a).

Ist der Pflichtteilsberechtigte Alleinerbe, ist es nicht mehr möglich, den Pflichtteilsanspruch im ersten Erbfall steuermindernd geltend zu machen und im zweiten Erbfall als Nachlassverbindlichkeit in Abzug zu bringen. Der BFH hat es im Urteil vom 19.02.2013 zunächst hat dahinstehen lassen, welche Folgen sich ergeben, wenn ein Pflichtteilsanspruch erst nach der Verjährung geltend gemacht und erfüllt wird,[393] da in dem zu beurteilenden Sachverhalt noch keine Verjährung eingetreten war. Mit Urteil vom 05.02.2020 hat der BFH aber nunmehr entschieden, dass die Fiktion des § 10 Abs. 3 ErbStG nicht so weit reicht, dass der zivilrechtlich aufgrund Konfusion erloschene Pflichtteilsanspruch auch dann noch geltend gemacht werden kann, wenn er im Zeitpunkt der Geltendmachung zivilrechtlich verjährt war.[394]

Das begründet der BFH damit, dass dem bloßen Entstehen des Pflichtteilsanspruches erbschaftsteuerrechtlich weder für den Abzug als Nachlassverbindlichkeit noch für die Besteuerung Bedeutung zukäme und sich dies erst dann ändere, wenn der Pflichtteilsanspruch geltend gemacht werde. Sei zu diesem Zeitpunkt der durch Konfusion zivilrechtlich erloschene Pflichtteilsanspruch bereits verjährt, könnten aus der Geltendmachung nachträglich nicht die erbschaftsteuerrechtlichen Folgen gezogen werden. Zwar hindere zivilrechtlich die Verjährung einer Forderung grundsätzlich nicht deren Geltendmachung, denn die Forderung sei nur dauerhaft mit der Einrede der Verjährung behaftet; der Schuldner sei aber berechtigt, die Leistung zu verweigern (§ 214 Abs. 1 BGB). Dies gelte jedoch nicht für den durch Konfusion erloschenen Pflichtteilsanspruch. § 10 Abs. 3 ErbStG lasse den Pflichtteilsanspruch für Zwecke der Erbschaftsteuer zunächst (fiktiv) fortbestehen, begründe jedoch kein Recht des Pflichtteilsberechtigten, den Anspruch auch noch nach Eintritt der Verjährung fiktiv gegen sich selbst geltend zu machen. Andernfalls würde allein aufgrund der Fiktion des § 10 Abs. 3 ErbStG die Funktion der Verjährung, Rechtsfrieden herbeizuführen, insoweit aufgehoben. Der Erbe könnte zeitlich unbefristet jederzeit seinen zivilrechtlich erloschenen Pflichtteilsanspruch als Nachlassverbindlichkeit mit Rückwirkung gegen sich selbst geltend machen. Das sei aber vom Regelungsgehalt des § 10 Abs. 3 ErbStG nicht umfasst.[395]

Aus der Begründung des BFH folgt, dass dann, wenn der Pflichtteilsanspruch zivilrechtlich nicht durch Konfusion erloschen ist, die Geltendmachung auch dann noch möglich ist, wenn bereits zivilrechtlich Verjährung eingetreten

393 BFH, Urteil vom 19.02.2013, Az.: II R 47/11, BStBl. II 2013, S. 332, BFHE 240, S. 186.

394 BFH, Urteil vom 05.02.2020, Az.: II R 1/16, BStBl. II 2020, S. 581.

395 BFH, Urteil vom 05.02.2020, Az.: II R 1/16, BStBl. II 2020, S. 581.

ist. Ist der Pflichtteilsberechtigte der Alleinerbe des Pflichtteilsverpflichteten, erlöschen durch den Tod des Pflichtteilsverpflichteten –zivilrechtlich betrachtet – sowohl dessen Verbindlichkeit als auch der Pflichtteilsanspruch durch die Vereinigung von Forderung und Schuld in einer Person.[396] Konfusion tritt aber nicht ein, wenn sich der Pflichtteilsanspruch gegen eine Erbengemeinschaft richtet, auch wenn der Pflichtteilsberechtigte Miterbe ist. Hier tritt Konfusion nicht vor der Auseinandersetzung ein.[397]

Daraus folgt, dass die Geltendmachung von Pflichtteilsansprüchen in Familien mit mehr als einem Kind selbst dann eine dem sogenannten Supervermächtnis vorzuziehende Alternative sein kann, wenn hinsichtlich der Pflichtteilsansprüche bereits Verjährung eingetreten ist. Der Längerlebende kann längst möglich, d. h. bis zu seinem eigenen Tod, über das beiderseitige Vermögen verfügen. Nach dem Tod des Längerlebenden können die Kinder einzeln ihre Pflichtteilsansprüche gegen die aus den Kindern bestehende Erbengemeinschaft geltend machen, für den Pflichtteilsanspruch den persönlichen Steuerfreibetrag nach dem Tod des Erstversterbenden ausnutzen und den Pflichtteilsanspruch im zweiten Erbfall gemäß § 10 Abs. 5 Nr. 1 ErbStG als Nachlassverbindlichkeit in Abzug bringen.

Die Alternative der einvernehmlichen Regelung von Pflichtteilsansprüchen bis zum Tod des Letztversterbenden bzw. Die postmortale Geltendmachung von Pflichtteilsansprüchen nach dem Tod des Letztversterbenden ist der Höhe nach allerdings auf den Pflichtteilsanspruch beschränkt, da eine Erhöhung der Pflichtteilsleistung über den gesetzlichen Anspruch hinaus keinen Erwerb von Todes wegen aufgrund eines Pflichtteilsanspruches, sondern einen Erwerb aufgrund einer freiwilligen Mehrleistung seitens des Erben darstellen würde, die als freigebige Zuwendung des Erben zu qualifizieren wäre.[398]

Erreicht der Pflichtteilsanspruch der Höhe nach nicht den persönlichen Freibetrag gemäß § 16 Abs. 1 ErbStG, steht diese Alternative zum sogenannten Supervermächtnis betragsmäßig hinter dem sogenannten Supervermächtnis zurück, da Letzteres die Möglichkeit bietet, eine Vermächtnisleistung bis zur Höhe des gesetzlichen Erbanteiles und des persönlichen steuerlichen Freibetrages gemäß § 16 Abs. 1 ErbStG zu bestimmen.

---

396 BGH, Urteil vom 23.04.2009, Az.: IX ZR 19/08, NJW-RR 2009, S. 1059; *Grüneberg/Weidlich*, § 1922, Rn. 6.

397 *Grüneberg/Weidlich*, § 1922, Rn. 6.

398 BFH, Urteil vom 13.06.1962, Az.: II 154/60 U, BStBl. 1962, S. 336, BFHE 75, S. 187.

Auch in nicht vollständig intakten Familien kann eine modifizierte Pflichtteilsstrafklausel eine Alternative zum sogenannten Supervermächtnis darstellen. Würde eine Pflichtteilsstrafklausel so ausgestaltet, dass die Geltendmachung des Pflichtteilsanspruches dann zum Entfall der Schlusserbschaft führt, wenn die Geltendmachung von Pflichtteilsansprüchen einseitig durch den Pflichtteilsberechtigten erfolgt, nicht aber, wenn sich der Pflichtteilsberechtigte einvernehmlich mit dem Pflichtteilsverpflichteten auf eine Pflichtteilsleistung verständigt, würde ein starker Anreiz für den Pflichtteilsberechtigten bestehen, den Pflichtteil nur im Einvernehmen mit dem Verpflichteten zu beanspruchen, da hierdurch die Stellung als Schlusserbe erhalten bliebe.

Empfehlungen zur Gestaltung eines sogenannten Supervermächtnisses

I. Vorbeugende Anordnungen für den Fall der Geschäftsunfähigkeit des Bestimmungsberechtigten

Wie oben dargestellt wurde, steigt mit zunehmendem Alter die Wahrscheinlichkeit einer Demenzerkrankung stark an und ist sogar bei den statistisch länger lebenden Frauen höher als bei den Männern. Daher wird die Anordnung des Erstversterbenden, den Längerlebenden zum Bestimmungsberechtigten zu bestellen, der Idee des Supervermächtnisses, dem Längerlebenden die größtmögliche Entscheidungsfreiheit zu belassen, nicht gerecht, weil damit gerechnet werden muss, dass der Längerlebende die Entscheidung möglicherweise nicht mehr (wirksam) treffen kann und deswegen auch die steuerlichen Freibeträge nicht ausgenutzt werden können.

Für die kautelarjuristische Praxis bedeutet das, dass bei Anordnung eines Supervermächtnisses, bei dem der Längerlebende der Bestimmungsberechtigte sein soll, vorsorglich Regelungen für den Fall, dass der Bestimmungsberechtigte sein Bestimmungsrecht nicht mehr ausüben kann, vorgesehen werden müssen.

Grundsätzlich empfiehlt sich, von vorne herein einen Testamentsvollstrecker als Bestimmungsberechtigten zu benennen, da hierdurch die Ausübung des Bestimmungsrechtes weitestgehend abgesichert ist.

Wünschen die Testierenden hingegen, dass das Bestimmungsrecht in erster Linie durch den Längerlebenden ausgeübt werden soll, kann entweder ein Testamentsvollstrecker oder auch einer der Bedachten zum Ersatzbestimmungsberechtigten bestellt werden.

Soll einer der Bedachten zum Ersatzbestimmungsberechtigten bestellt werden, empfiehlt es sich, einen Testamentsvollstrecker zum Ersatzbestimmungsberechtigten zu bestellen und gleichzeitig den ausgewählten Bedachten zum Testamentsvollstrecker zu ernennen. Hierdurch kann zum einen die noch nicht höchstrichterlich entschiedene Frage, ob ein Bedachter gleichzeitig Bestimmungsberechtigter im Sinne der §§ 2151 Abs. 1, § 2156 BGB sein kann, umgangen und zum anderen auch dem Umstand vorgebeugt werden, dass der ausgewählte Bedachte selbst aus einem unvorhersehbaren Grund das Bestimmungsrecht nicht ausüben kann.

II. Vermeidung eines Antrages nach § 2151 Abs. 3 S. 2 BGB

Zur Vermeidung des Umstandes, dass einer der Bedachten versucht, den Erblasserwillen durch Antragstellung gemäß § 2151 Abs. 3 S. 2 BGB zu durchkreuzen, ist zu empfehlen, den oder die potenziellen Antragsteller für den Fall der Antragstellung von dem Vermächtnis auszuschließen.

III. Hinreichende Bestimmtheit des Zweckes

Der Vermächtniszweck des sogenannten Supervermächtnisses muss so hinreichend bestimmt angeordnet werden, dass die Vermächtnisleistung durch den Bestimmungsberechtigten nach billigem Ermessen bestimmt werden kann.

Im Rahmen der Formulierung des Zweckes der Ausnutzung der erbschaftsteuerlichen Freibeträge sollte daher hinreichend genau konkretisiert werden, dass es sich um die Ausnutzung der persönlichen Freibeträge gemäß § 16 ErbStG handelt und die Freibeträge des Bedachten im ersten Erbfall gemeint sind.

IV. Zeitliche Beschränkung

Das sogenannte Supervermächtnis soll als Korrektiv zum Berliner Testament wirken. Wie die Untersuchung gezeigt hat, scheitert das sogenannte Supervermächtnis, wenn das Bestimmungsrecht nicht bis zum Tod des Letztversterbenden ausgeübt worden ist. Ist der Beschwerte der Bestimmungsberechtigte, fällt das Vermächtnis im Zeitpunkt des Todes des Letztversterbenden den Bedachten als Gesamtgläubigern an und die Bestimmung der Vermächtnisleistung muss durch das Gericht erfolgen. Ist ein Dritter Bestimmungsberechtigter, fällt das sogenannte Supervermächtnis zwar nicht an, der beabsichtigte Zweck des sogenannten Supervermächtnisses kann aber nicht mehr eintreten, da das Vermächtnis den Beschwerten lebzeitig nicht wirtschaftlich belastet hat.

Das sogenannte Supervermächtnis sollte daher zeitlich beschränkt werden, um keine Abwicklungsprobleme im zweiten Erbfall zu verursachen. Daher empfiehlt sich die Anordnung, dass das Vermächtnis entfällt, wenn die Person des Bedachten und die Vermächtnisleistung nicht bis zum Tod des Letztversterbenden bestimmt worden sind.

Eigene Formulierungsvorschläge für ein sogenanntes Supervermächtnis und Alternativen

I. Ehegatten/Lebenspartner mit zwei und mehr Kindern

Der Erstversterbende von uns beschwert seinen Erben mit folgendem Bestimmungs- und Zweckvermächtnis zugunsten unserer Kinder und Kindeskinder:

Zweck des Vermächtnisses ist es, allen oder einzelnen Vermächtnisnehmern eine Abfindung dafür zu gewähren, dass sie nach dem Tod des Erstversterbenden von der gesetzliche Erbfolge ausgeschlossen sind, und den auszuwählenden Vermächtnisnehmern das Ausnutzen ihrer persönlichen Steuerfreibeträge gemäß § 16 Abs. 1 ErbStG[399] *nach dem Tod des Erstversterbenden*[400] *zu ermöglichen.*

Bestimmungsberechtigt im Sinne von § 2151 Abs. 1 BGB und § 2156 BGB ist der Testamentsvollstrecker.[401] *Das Vermächtnis fällt den Vermächtnisnehmern mit der Ausübung der Bestimmung an.*[402] *Der Bestimmungsberechtigte ist berechtigt,*

---

399 Das sogenannte Supervermächtnis meint mit dem Ausnutzen der persönlichen Steuerfreibeträge die Steuerfreibeträge des § 16 Abs. 1 ErbStG. Da die Bestimmung der Vermächtnisleistung des Zweckvermächtnisses gemäß § 2156 BGB die Ausübung billigen Ermessens erfordert, ist klarstellend in die Formulierung des Zweckvermächtnisses aufzunehmen, welche steuerlichen Freibeträge gemeint sind, um die Ausübung billigen Ermessens zu ermöglichen.

400 Es ist erforderlich, den Zweck des Vermächtnisses auf die Ausnutzung der Freibeträge im ersten Erbfall zu beschränken, da die Einbeziehung beider Erbfälle zu einer Unzulässigkeit der Zweckbestimmung führen. Vgl. oben Kapitel 5, III.

401 Der Testamentsvollstrecker ist die am besten geeignete Person für die Ausübung des Bestimmungsrechtes, da die Ausübung des Bestimmungsrechtes dadurch gesichert ist. Der Testamentsvollstrecker ist im Gegensatz zu dem Beschwerten, den Bedachten oder anderen Dritten gemäß § 2203 BGB verpflichtet, die letztwillige Verfügung des Erblassers zur Ausführung zu bringen.

402 Bislang ist die Frage, ob das Bestimmungsvermächtnis gemäß § 2178 BGB anfällt, nicht höchstrichterlich geklärt. Da der Erblasser aber, wie aus § 2177 BGB folgt, berechtigt ist, den Anfall des Vermächtnisses abweichend von § 2176 BGB zu regeln, ist eine entsprechende Anordnung in der testamentarischen Verfügung vorzusehen (vgl. hierzu auch *Grüneberg/Weidlich*, § 2176, Rn. 2).

die Fälligkeit des oder der Vermächtnisse abweichend von dem Anfall zu regeln. Die Fälligkeit darf jedoch nicht länger als 12 Monate hinausgeschoben werden.[403]

Stellt eines unserer Kinder oder Kindeskinder einen Antrag nach § 2151 Abs. 3 S. 2 BGB, scheidet es mit Antragstellung aus dem Kreis der auszuwählenden Personen aus.[404]

Das Bestimmungs- und Zweckvermächtnis entfällt, wenn das Bestimmungsrecht nicht bis zum Tod des Letztversterbenden ausgeübt worden ist.[405]

Wir ordnen Testamentsvollstreckung nach dem Tod des Erstversterbenden an. Die Aufgabe des Testamentsvollstreckers beschränkt sich auf die Ausübung des Bestimmungsrechtes des durch den Erstversterbenden von uns ausgesetzten Bestimmungs- und Zweckvermächtnisses sowie dessen Erfüllung. Mit Ausübung des Bestimmungsrechtes und der Vermächtniserfüllung ist die Testamentsvollstreckung beendet. Zum Testamentsvollstrecker bestimmen wir XY, ersatzweise ZY. Der Testamentsvollstrecker erhält eine Vergütung in Höhe von ________ €.[406]

II. Variante: Ehegatten/Lebenspartner mit zwei und mehr Kindern – Beschwerter als Bestimmungsberechtigter

Der Erstversterbende von uns beschwert seinen Erben mit folgendem Bestimmungs- und Zweckvermächtnis zugunsten unserer Kinder und Kindeskinder:

---

403 Wie oben in KAPITEL 8, II. festgestellt, stellt es eine Kreditgewährung an den Erben dar, wenn die Fälligkeit eines von Todes wegen erworbenen Anspruches um mehr als ein Jahr ab seiner Entstehung hinausgeschoben wird. Zur Vermeidung einer Abzinsung des Vermächtnisanspruches nach § 12 Abs. 3 BewG sollte daher die Fälligkeit nicht länger als ein Jahr hinausgeschoben werden. Alternativ kann auch eine Verzinsung bis zur Fälligkeit angeordnet werden.

404 Zur Sicherstellung der längst möglichen Verfügungsberechtigung des Längerlebenden kann durch diese Bestimmung in der letztwilligen Verfügung erreicht werden, dass ein potenziell Bedachter die frühzeitige Ausübung der Bestimmung durch einen Antrag nach § 2151 Abs. 3 S. 2 BGB zu erzwingen versucht.

405 Siehe Empfehlungen IV.

406 Sofern als Bestimmungsberechtigter der Testamentsvollstrecker genannt wird, ist gleichzeitig die Anordnung einer Testamentsvollstreckung erforderlich. Sofern im Übrigen keine Testamentsvollstreckung gewünscht oder erforderlich ist, können die Rechte des Testamentsvollstreckers gemäß § 2208 BGB auf die Ausübung des Bestimmungsrechtes beschränkt werden. Der Nehmer

Zweck des Vermächtnisses ist es, allen oder einzelnen Vermächtnisnehmern eine Abfindung dafür zu gewähren, dass sie nach dem Tod des Erstversterbenden von der gesetzliche Erbfolge ausgeschlossen sind, und den auszuwählenden Vermächtnisnehmern das Ausnutzen ihrer persönlichen Steuerfreibeträge gemäß § 16 Abs. 1 ErbStG[407] *nach dem Tod des Erstversterbenden*[408] *zu ermöglichen.*

Bestimmungsberechtigt im Sinne von § 2151 Abs. 1 BGB und § 2156 BGB ist der Beschwerte. Kann der Beschwerte die Bestimmung nicht ausüben, ist ersatzweise der Testamentsvollstrecker bestimmungsberechtigt.[409] *Das Vermächtnis fällt den Vermächtnisnehmern mit der Ausübung der Bestimmung an.*[410] *Der Bestimmungsberechtigte ist berechtigt, die Fälligkeit des oder der Vermächtnisse abweichend von dem Anfall zu regeln. Die Fälligkeit darf jedoch nicht länger als 12 Monate hinausgeschoben werden.*[411]

Stellt eines unserer Kinder oder Kindeskinder einen Antrag nach § 2151 Abs. 3 S. 2 BGB, scheidet es mit Antragstellung aus dem Kreis der auszuwählenden Personen aus.[412]

Das Bestimmungs- und Zweckvermächtnis entfällt, wenn das Bestimmungsrecht nicht bis zum Tod des Letztversterbenden ausgeübt worden ist.[413]

Wir ordnen für den Fall, dass der Beschwerte die Bestimmung gemäß § 2151 BGB, § 2156 BGB nicht ausüben kann, Testamentsvollstreckung nach dem Tod des Erstversterbenden an. Die Aufgabe des Testamentsvollstreckers beschränkt sich auf die Ausübung des Bestimmungsrechtes des durch den Erstversterbenden von uns ausgesetzten Bestimmungs- und Zweckvermächtnisses sowie dessen Erfüllung. Mit Ausübung des Bestimmungsrechtes und der Vermächtniserfüllung ist die Testamentsvollstreckung beendet. Zum Testamentsvollstrecker bestimmen

---

407 Siehe Fußnote I.

408 Siehe Fußnote II.

409 Sofern der Testamentsvollstrecker nicht erstrangig als Bestimmungsberechtigter eingesetzt wird, ist er jedenfalls als Ersatzbestimmungsberechtigter einzusetzen, um hierdurch die Ausübung des Bestimmungsrechtes sicherzustellen. Durch die Einsetzung eines Dritten, der nicht Testamentsvollstrecker ist, oder auch eines der Bedachten kann die tatsächliche Ausübung des Bestimmungsrechtes nicht sichergestellt werden, da diese im Gegensatz zu dem Testamentsvollstrecker nicht verpflichtet sind, die Anordnungen des Erblassers auszuführen.

410 Siehe Fußnote IV.

411 Siehe Fußnote V.

412 Siehe Fußnote VI.

413 Siehe Empfehlungen IV.

wir XY, ersatzweise ZY. Der Testamentsvollstrecker erhält eine Vergütung in Höhe von ________ €.[414]

III. Ehegatten/Lebenspartner mit einem Kind

Der Erstversterbende beschwert seinen Erben mit folgendem Bestimmungs- und Zweckvermächtnis zugunsten seiner gesetzlichen Erben:[415]

Zweck des Vermächtnisses ist es, allen oder einzelnen Vermächtnisnehmern eine Abfindung dafür zu gewähren, dass sie nach dem Tod des Erstversterbenden von der gesetzliche Erbfolge ausgeschlossen sind, und den auszuwählenden Vermächtnisnehmern das Ausnutzen ihrer persönlichen Steuerfreibeträge gemäß § 16 Abs. 1 ErbStG[416] *nach dem Tod des Erstversterbenden*[417] *zu ermöglichen.*

Bestimmungsberechtigt im Sinne von § 2151 Abs. 1 BGB und § 2156 BGB ist der Testamentsvollstrecker.[418] *Das Vermächtnis fällt den Vermächtnisnehmern mit der Ausübung der Bestimmung an.*[419] *Der Bestimmungsberechtigte ist berechtigt, die Fälligkeit des oder der Vermächtnisse abweichend von dem Anfall zu regeln. Die Fälligkeit darf jedoch nicht länger als 12 Monate hinausgeschoben werden.*[420]

---

414 Eine Testamentsvollstreckung kann grundsätzlich auch bedingt angeordnet werden. Da die Testamentsvollstreckung nur in dem Fall erforderlich ist, dass der Beschwerte die Bestimmung nicht ausüben kann, ist die Testamentsvollstreckung lediglich für diesen Fall vorzusehen. Siehe im Übrigen Fußnote VIII.

415 Da der Personenkreis aus mindestens zwei Personen bestehen muss, kann für das Bestimmungsvermächtnis nicht nur das Kind als potenziell Bedachter genannt werden. Weil auch der Beschwerte selbst zum Personenkreis gehören kann, bietet es sich für Familien mit einem Kind an, als Personenkreis die gesetzlichen Erben zu bestimmen, da beim Tod des Erstversterbenden der Ehe- bzw. Lebenspartner und das Kind gemäß der §§ 1924, 1931 Abs. 1 BGB bzw. § 10 Abs. 1 LPartG gesetzliche Erben sind.

416 Siehe Fußnote I.

417 Siehe Fußnote II.

418 Siehe Fußnote III.

419 Siehe Fußnote IV.

420 Wie oben in Kapitel 8, II. festgestellt, stellt es eine Kreditgewährung an den Erben dar, wenn die Fälligkeit eines von Todes wegen erworbenen Anspruches um mehr als ein Jahr ab seiner Entstehung hinausgeschoben wird. Zur Vermeidung einer Abzinsung des Vermächtnisanspruches nach § 12 Abs. 3 BewG sollte daher die Fälligkeit nicht länger als ein Jahr hinausgeschoben werden. Alternativ kann auch eine Verzinsung bis zur Fälligkeit angeordnet werden.

Stellt einer aus dem Kreis der potenziell Bedachten einen Antrag nach § 2151 Abs. 3 S. 2 BGB, scheidet er mit Antragstellung aus dem Kreis der auszuwählenden Personen aus.[421]

Wir ordnen Testamentsvollstreckung nach dem Tod des Erstversterbenden an. Die Aufgabe des Testamentsvollstreckers beschränkt sich auf die Ausübung des Bestimmungsrechtes des durch den Erstversterbenden von uns ausgesetzten Bestimmungs- und Zweckvermächtnisses. Mit Ausübung des Bestimmungsrechtes ist die Testamentsvollstreckung beendet. Zum Testamentsvollstrecker bestimmen wir XY, ersatzweise ZY. Der Testamentsvollstrecker erhält eine Vergütung in Höhe von ________ €.

IV. Alternativ: betragsmäßig festgelegtes Vermächtnis

Der Erstversterbende von uns ordnet zugunsten eines jeden unserer Kinder ein Vermächtnis in Höhe des Betrages an, der sich auf Basis des Nettonachlasses des Erstversterbenden und der Erbteilsquote des jeweiligen Kindes nach den Regeln der gesetzlichen Erbfolge ergibt. Der Vermächtnisanspruch ist der Höhe nach begrenzt auf den jeweiligen sich aus § 16 Abs. 1 ErbStG ergebenden persönlichen steuerlichen Freibetrag des Vermächtnisnehmers. Das Vermächtnis fällt dem jeweiligen Vermächtnisnehmer mit dem Tod des Erstversterbenden an und ist ein Jahr vor dem Zeitpunkt, zu dem der Längerlebende die nach der zum Zeitpunkt des Todes des Erstversterbenden durch das Statistische Bundesamt festgestellte durchschnittliche restliche Lebenserwartung erreicht, zur Zahlung fällig. Bis zur Fälligkeit ist der Vermächtnisanspruch mit Zinsen in Höhe von xy Prozent per anno zu verzinsen. Die Zinsen sind zum Ende eines jeden Kalenderjahres an den jeweiligen Vermächtnisnehmer zur Auszahlung zu bringen. Der Beschwerte kann das Vermächtnis auch vorzeitig zur Auszahlung bringen.

V. Alternativ: modifizierte Pflichtteilsstrafklausel

Sollte einer der Pflichtteilsberechtigten nach dem Tod des Erstversterbenden ohne Zustimmung des Längerlebenden seinen Pflichtteil geltend machen, ist der betreffende Pflichtteilsberechtigte mit seinem gesamten Stamm von der Erbfolge nach dem Längerlebenden einschließlich aller angeordneten Vermächtnisse ausgeschlossen. Dies gilt ausdrücklich nicht, wenn der

421 Siehe oben Fußnote V.

Pflichtteilsanspruch im Einvernehmen mit dem Längerlebenden ermittelt und zur Auszahlung gebracht wird oder der Längerlebende zum Zeitpunkt der Geltendmachung des Pflichtteilsanspruches bereits verstorben ist.

Literaturverzeichnis

Aristoteles: Nikomachische Ethik, übersetzt und hrsg. von J. H. v. Kirchmann, Leipzig 1876

Bamberger, Heinz Georg, Roth, Herbert, Hau, Wolfgang und Poseck, Roman: Kommentar zum Bürgerlichen Gesetzbuch, Band 5 (§§ 1922–2385), 5. Auflage, München 2023

Beckervordersandfort, Ansgar und Bock, Merle: Sockelvermächtnis mit aufgesetztem Supervermächtnis als Gestaltungsalternative zum klassischen Supervermächtnis, Zerb 2020, S. 81–84 und S. 117–120

BeckOK BGB, Hrsg.: Hau, Wolfgang u. a., 65. Edition, München Stand 01.02.2023

Beck'scher Online Großkommentar zum BGB, Gesamt-Hrsg.: Gsell, Beate u. a.: Großkommentar zum Bürgerlichen Gesetzbuch, München 2023

BGB-RGRK: Hrsg. von den Mitgliedern des BGH, Das Bürgerliche Gesetzbuch mit besonderer Berücksichtigung der Rechtsprechung des Reichsgerichts und des Bundesgerichtshofes, Band V. 2. Teil (§§ 2147 bis 2385) 12. Auflage, Berlin/New York 1975

Bickel, Horst: Die Häufigkeit von Demenzerkrankungen, Infoblatt 1, Deutsche Alzheimer Gesellschaft e.V., Selbsthilfe Demenz, Berlin, Stand 2020

Borries, Levin von: Der Charakter des Bestimmungsvermächtnisses und die Rechtsposition der Bedachten in der Zeit zwischen dem Erbfall und der Bestimmung des Vermächtnisnehmers, ErbR 2021, S. 90–96

Bredemeyer, Dierk: Praxisrelevante Fälle zum Vermächtnisrecht, Zerb 2017, S. 343–348

Brox, Hans und Walker, Wolf-Dietrich: Erbrecht, 29. Auflage, München 2021

Bühler, Martin: Erbschaftsteuerreform: Übersicht und Vorschläge zur Verminderung der Steuernachteile beim Berliner Testament, BB 1997, S. 551–560

Burandt, Wolfgang und Rojahn, Dieter: Erbrecht, 4. Auflage, München 2022

Carlebach, Rudolf: Das Berliner Testament, Zeitschrift des Deutschen Notarvereins 1912, S. 490–504

Damrau, Jürgen und Tanck, Manuel: Praxiskommentar Erbrecht, 4. Auflage, Bonn 2020

Daragan, Hanspeter und Halaczinsky, Raymond: Praxiskommentar Erbschaftsteuergesetz und Bewertungsgesetz, 4. Auflage, Bonn 2022

Deutsche Bank AG, Erben und Vererben, Stand November 2018

Deutsches Notarinstitut: Erbschaftsteuerliche Behandlung eines Zweckvermächtnisses („Supervermächtnis"), DnotI – Report 1/2010, S. 3–5

Ebeling, Jürgen: Nochmals zum Thema: Vereinbarungen über Pflichtteilsansprüche, NJW 1998, S. 358.

Ebeling, Jürgen: Korrekturvermächtnisse im Berliner Testament und deren erbschaftsteuerliche Folgen, ZEV 2000, S. 87–90

Enneccerus, Ludwig und Nipperdey, Hans Carl: Lehrbuch des Bürgerlichen Rechts, 15. Auflage, Tübingen 1959

Erman, Walter *(Begr.)*: Bürgerliches Gesetzbuch, Band II, 16. Auflage, Köln 2020

Evertz, Arne: Neues zum „Erbschaftsteuervermächtnis"?, Zerb 2004, S. 373–377

Evertz, Arne: Berliner Testament und Rettung erbschaftsteuerlicher Freibeträge – Ist der Gestaltungsspielraum wirklich enger geworden?, NJW 2008, S. 557–559

Fehrenbacher, Oliver: Steuerrecht, 8. Auflage, Baden-Baden 2023

Fischer, Peter: Die Umgehung des Steuergesetzes, Der Betrieb 1996, S. 644–653

Gebel, Dieter: Der Erwerb von Todes wegen aufgrund unwirksamer letztwilliger Verfügungen, UVR 1995, S. 239–246

Geuder, Matthias: Bedingte und befristete Vermächtnisse in der notariellen Praxis, RnotZ 2021, S. 305–325

Grüneberg, Christian: Bürgerliches Gesetzbuch, mit Nebengesetzen […], 82., neubearbeitete Auflage, München 2023

Haegele, Karl: Zulässigkeit der Bezeichnung eines Erben oder eines Vermächtnisnehmers durch einen Dritten, BWNotZ 1972, S. 74–79

Hartmann, Christian: Ein super Vermächtnis – die Zulässigkeit des sog. Supervermächtnisses und die Möglichkeiten seiner Gestaltung, RnotZ 2022, S. 469–477

Hey, Johanna: Gestaltungsmissbrauch im Steuerrecht nach der Neufassung des § 42 AO und dem dazu ergangenen BMF-Erlass, BB 2009, S. 1044–1048

Holler, Guido: Erbschaftsteuerliche Überlegungen zum gemeinschaftlichen Ehegattentestament, ErbR 2015, S. 495–498

Hölscher, Nikolas: § 2307 BGB: Unerkanntes Risiko für das frühzeitige Unternehmertestament, ZEV 2015, S. 676–682

Horn, Claus-Henrik: Vermächtnisse in der Testamentsgestaltung, NJW 2018, S. 1000–1002

Hoyningen-Huene, Gerrick Freiherr von: Die Billigkeit im Arbeitsrecht, München 1978

Jauernig, Othmar (Begr.)/Stürner, Rolf (Hrsg.): Bürgerliches Gesetzbuch, 18. Auflage München 2021

Juris: PraxisKommentar BGB, 10. Auflage, Saarbrücken 2023

Jülicher, Marc: Vermächtnisse im Steuerrecht, Zerb 2022, S. 81–86

Jünnemann, Matthias: Die Rechtsposition des Bestimmungsvermächtnisnehmers, ZEV 2011, S. 163–167

Kanzleiter, Rainer: Anmerkung zum Urteil zu BGH, Urteil vom 24.04.1991 – IV ZR 156/90, DnotZ 1992, S. 509–513

Kanzleiter, Rainer: Verdient das „Supervermächtnis" diese Bezeichnung? In: FS für Günther Brambring zum 70. Geburtstag, hrsg. von der Rheinischen Notarkammer, München 2011, S. 225–234

Kanzleiter, Rainer: Das Berliner Testament: immer aktuell und immer ergänzungsbedürftig, ZEV 2014, S. 225–232

Kapp, Rheinhard und Ebeling, Jürgen: Erbschaft- und Schenkungsteuergesetz, Kommentar, Stand Dezember 2022, 94. Aktualisierung, Köln

Keim, Christopher: „Super" oder „(super)falsch"? – Das Supervermächtnis zur Erbschaftsteuerersparnis beim Berliner Testament, ZEV 2016, S. 6–14

Kesseler, Christian und Thouet, Philipp: Berliner Testament und Rettung erbschaftsteuerlicher Freibeträge, NJW 2008, S. 125–127

Kipp, Theodor und Coing, Helmut: Erbrecht, 14. Bearbeitung, Tübingen 1990

Klein, Franz und Orlopp, Gerd *(Begr.)*: Abgabenordnung, 15. Auflage, München 2020

Klunzinger, Eugen: Die erbrechtliche Ermächtigung zur Auswahl des Betriebsnachfolgers durch Dritte, BB 1970, S. 1197–1201

Koenig, Ulrich: Abgabenordnung, 4. Auflage, München 2021

Kornblum, Udo: Die Rechtsnatur der Bestimmung der Leistung in den §§ 315–319 BGB, AcP 168 (1968), S. 450–469

Kölmel, Dominik: Der Minderjährige in der notariellen Praxis – Grundlagen, RNotZ 2010, S. 1–31

Kroiß, Ludwig, Horn, Claus-Henrik und Solomon, Dennis: Nachfolgerecht, 2. Auflage, Baden-Baden 2019

Kruse, Heinrich Wilhelm: Lehrbuch des Steuerrechts, Band I, Allgemeiner Teil, München 1991

Kurth, Steffen: Folgen des Todes oder der Geschäftsunfähigkeit des Bestimmungsberechtigten beim Supervermächtnis, ZEV 2021, S. 357–362

Lange, Knut Werner: Erbrecht, 3. Auflage, München 2022

Lange, Heinrich und Kuchinke, Kurt: Erbrecht, 5. Auflage, München 2001

Langenfeld, Gerrit: Das Ehegattentestament, Skript zum Vortrag ZEV Jahrestagung 1999/2000, Bezugsquelle: ZEV Schriftleitung

Langenfeld, Gerrit: Testamentsgestaltung und Steuerrecht: Das Berliner Testament mit Supervermächtnis, JuS 2002, S. 351–353

Langenfeld, Gerrit: In der Testamentsgestaltung lebt das Erbrecht, ZEV 2007, S. 453–458

Lorz, Rainer und Kirchdörfer, Rainer: Unternehmensnachfolge, 2. Auflage, München 2011

Mayer, Jörg: Berliner Testament ade? – Ein Auslaufmodell wegen zu hoher Erbschaftsteuerbelastung?, ZEV 1998, S. 50–62

Mayer, Jörg: Erbschaftsteuersparen um jeden Preis? Testamentsklauseln auf dem Prüfstand, DStR 2004, S. 1371–1376

Mayer, Jörg: Das zwecklose Zweckvermächtnis – Möglichkeiten und Grenzen der Drittbestimmung bei Vermächtnissen, MittBayNot 1999, S. 447–452

Mayer, Norbert: Die Bestimmung des Erben durch Dritte, ZEV 1995, S. 247–249

Meincke, Jens Peter: Anmerkung zum Urteil des BFH vom 27.08.2003, Az.: II R 58/01, ZEV 2004, S. 35–37

Meincke, Jens Peter, Hannes, Frank und Holtz, Michael: Erbschaftsteuer und Schenkungssteuergesetz, Kommentar, 18. Auflage, München 2021

Moench, Dietmar und Weinmann, Norbert: Erbschaft- und Schenkungsteuergesetz, Freiburg im Breisgau, Stand Mai 2023

Mugdan, Benno: Die gesammelten Materialien zum Bürgerlichen Gesetzbuch, V. Band: Erbrecht, Berlin 1899

Muscheler, Karlheinz: Erbrecht, Band II, Tübingen 2010

Münchener Anwaltshandbuch Erbrecht: *Hrsg.*: Scherer, Stephan, 5. Auflage, München 2018

Münchener Kommentar zum Bürgerlichen Gesetzbuch: Band 11, Erbrecht, §§ 1922–2385, 9. Auflage, München 2022

Nieder, Heinrich und Kössinger, Reinhard: Handbuch der Testamentsgestaltung, 6. Auflage, München 2020

NomosKommentar zum Bürgerlichen Gesetzbuch: *Hrsg.*: Kroiß, Ludwig u. a., Band 5, Erbrecht, 6. Auflage, Baden-Baden 2021

Oertzen, Christian von und Lindermann, Florian: Das Supervermächtnis: Ein postmortales Gestaltungselement der Nachfolgeplanung, ZEV 2020, S. 144–148

Oertzen, Christian von und Loose, Matthias: Erbschaftsteuer- und Schenkungsteuergesetz, 2. Auflage, Köln 2020

Piltz, Detlev Jürgen: Doppelbesteuerungsabkommen und Steuerumgehung unter besonderer Berücksichtigung des treaty-shopping, BB 1987, Beilage 14, S. 2–15

Piltz, Detlev Jürgen: Steuerliche Flexibilität nach dem Tode durch offene Vermächtnisse, ZEV 2005, S. 469–473

Protokolle der Kommission für die zweite Lesung des Entwurfs des Bürgerlichen Gesetzbuchs: Band V. Erbrecht, Berlin 1899

Prütting, Hanns, Wegen, Gerhard und Weinreich, Gerd: Bürgerliches Gesetzbuch, 17. Auflage, München 2022

Roth, Wolfgang, Holtz, Michael und Klose, Martina: Strategie und Taktik im Erbrecht, 2. Auflage München 2019

Roth, Wolfgang, Maulbetsch, Thomas und Schulte, Johannes: Vermächtnisrecht, München 2013

Rümelin, Max: Die Billigkeit im Recht, Tübingen 1921

Sammet, Sebastian: Supervermächtnis mit offenem Erfüllungszeitpunkt, Beck'-sche Online-Formulare Vertrag, 65. Edition 2023, Stand: 01.06.2023

Schäfer, Bezirksnotar: Die Mindestanforderungen an die Bestimmtheit des Erblasserwillens bei der letztwilligen Verfügung, Mitteilungen aus der Praxis 1962, S. 188–208

Scheuren-Brandes und Christoph Martin: Zur Entstehungsgeschichte des § 2269 BGB, insbesondere zur Frage der Herkunft der Bezeichnung „Berliner Testament“, Jura 2002, S. 734–735

Schmid, Bernhardt: Steuerfallen im Erbrecht, 2. Auflage, Bonn 2021

Schmoekel, Mathias: Die Geschäfts- und Testierunfähigkeit von Demenzerkrankten, NJW 2016, S. 433–439

Schmidt, Siegfried: Ehegattentestament und Neues Erbschaftsteuerrecht, BWNotZ 1998, S. 97–101

Schwarz, Michael: § 2178 BGB und (Zweck-)Auflage, ZEV 2012, S. 27–28

Sens, Karin: Die Erbenbestimmung durch Dritte, jur. Dis., Marburg 1990

Siebert, Holger: Das „Supervermächtnis“ als Erbschaftsteuervermächtnis, EE 2007, S. 194–197

Soergel, Hans Theodor *(Begr.)*: Bürgerliches Gesetzbuch, Band 22, Erbrecht 2 (§§ 2064–2273), 12. Auflage, Stuttgart usw. 2002/2003

Statista: https://de.statista.com/statistik/daten/studie/273406/umfrage/entwicklung-der-lebenserwartung-bei-geburt-in-deutschland-nach-geschlecht/#professional

Staudinger, Julius von (Begr.): Kommentar zum Bürgerlichen Gesetzbuch mit Einführungsgesetz und Nebengesetzen, Buch 2, Recht der Schuldverhältnisse, §§ 315–326, Neubearbeitung, Berlin 2020

Staudinger, Julius von (Begr.): Kommentar zum Bürgerlichen Gesetzbuch mit Einführungsgesetz und Nebengesetzen, Buch 5, Erbrecht, §§ 2064–2196, 16. Neubearbeitung, Berlin 2019

Staudinger, Julius von (Begr.): Kommentar zum Bürgerlichen Gesetzbuch mit Einführungsgesetz und Nebengesetzen, Buch 5, Erbrecht, §§ 2265–2302, 18. Neubearbeitung, Berlin 2018

Stein, Thomas: Das aufschiebend bedingte Vermächtnis: Eine Möglichkeit zur mehrfachen Nutzung der Steuerfreibeträge und zur Steueroptimierung, ZEV 2011, S. 572–575

Steiner, Anton: Die Besteuerung von Vermächtnissen unbestimmten Inhalts, ErbStB 2011, S. 144–147

Streppel, Thomas: Das Supervermächtnis: Kollateralwirkungen und Optimierungsmöglichkeiten, DNotZ 2021, S. 259–275

Streppel, Thomas: Anordnung von (Super-)Vermächtnissen zur Steueroptimierung trotz Bindungswirkung nach §§ 2271, 2289 BGB?, ZErb 2022, S. 139–143

Thysohn-Wadle, Jutta: Die Anerkennung unwirksamer Testamente im Steuerrecht, ZEV 2002, S. 221–223

Tipke, Klaus und Kruse, Heinrich Wilhelm: Abgabenordnung – Finanzgerichtsordnung, Köln, Stand Juni 2023

Troll, Max, Gebel, Dieter, Jülicher, Marc und Gottschalk, Paul Richard: Erbschaftsteuer- und Schenkungsteuergesetz: Kommentar, Stand Februar 2023, 65. Ergänzungslieferung, München 2021

Uricher, Elmar: Erbrecht, 5. Auflage, Baden-Baden 2023

Wachter, Thomas: Supervermächtnis und Testamentsvollstreckung, ErbR 2019, S. 621–624

Werner, Rüdiger: Die erbschaftsteuerliche Optimierung des Berliner Testaments durch das Supervermächtnis, NWB-EV Nr. 7/2020, S. 222–226

www.ingramcontent.com/pod-product-compliance
Ingram Content Group UK Ltd.
Pitfield, Milton Keynes, MK11 3LW, UK
UKHW021126041026
8980IPUK00026B/828